앞으로 5년,
빛 없는 사람만이 살아남는다

앞으로 5년, 빚 없는 사람만이 살아남는다

돈 걱정 없는 노후를 위해
지금 당장 알아야 할
부채 관리 전략

백정선 · 김의수 지음

비즈니스북스

앞으로 5년,
빚 없는 사람만이 살아남는다

1판 1쇄 발행   2017년 3월 31일
1판 5쇄 발행   2021년 2월 22일

지은이 | 백정선, 김의수
발행인 | 홍영태
발행처 | (주)비즈니스북스
등 록 | 제2000-000225호(2000년 2월 28일)
주 소 | 03991 서울시 마포구 월드컵북로6길 3 이노베이스빌딩 7층
전 화 | (02)338-9449
팩 스 | (02)338-6543
대표메일 | bb@businessbooks.co.kr
홈페이지 | http://www.businessbooks.co.kr
블로그 | http://blog.naver.com/biz_books
페이스북 | thebizbooks
 ISBN 979-11-86805-61-9   03320

프롤로그

'빚 권하는 사회'에서
빚지지 않고 살아남는 법

얼마 전 이름만 들으면 알 만한 언론사 기자 한 분이 아내와 함께 상담실로 찾아왔다. 40대 중반으로 초등학생과 중학생 두 자녀를 두고 있는 이 기자 분은 빚 때문에 너무 고통스러운 시간을 보내고 있다며 우리에게 하소연했다. 많은 사람들이 아직도 '빚을 졌다'고 하면 무분별한 사업 확장이나 사치, 보증을 잘못 선 경우 등 극단적인 상황 혹은 채무자의 잘못만을 생각하곤 한다.

하지만 그렇지 않다는 걸 '경험자'들은 안다. 요즘 속된 말로 대출 없는 사람이 어디 있을까. 오늘날 대한민국에서 정말 평범하게, 누구보다 열심히, 나보다 가족을 위해 사는 사람들이 빚의 수렁으로 떠밀려 들어가고 있다. 상담을 하러 온 기자가 빚을 떠안게 된 까닭도 평범하기 그지없었다. 결혼 초에는 좀 더 빨리 내 집 마련도 하고 아이들 교육 준비도 제대로 하고 싶어서 맞벌이를 했고, 월급의 상당수를 저축했다고 한다. 2007년쯤 재테크를 위해 모아둔 돈을 중국 펀드와 주식 종목 하나에 소위 '몰빵식' 투자를 했는데 2008년 금융위기로 인해 상당한 손실을 보고 빠져나왔다고 했다. 손실을 확인하자 내 집이라도 빨리 사놓자는 마음에 집값의 80퍼센트를 대출 받아 아파트를 구입했다. 대출이자는 겨우 갚아 나갔으나 아이들이 크면서 교육비가 늘어나자 감당할 수 없는 상태가 되어 추가 대출을 받게 됐다고 했다. 결국 생활비는 카드로 돌려막으며 근근이 버텼는데, 최근 급하게 돈이 필요한 일이 생겨 대부업체 대출까지 받아 엄청난 이자를 감당해야만 하는 상황에 이르게 되었다는 것이다. 잘 살아보려는 꿈은 사라지고, 노후는 물론이고 지금 하루하루가 힘들다고 그는 토로했다.

어딘가 익숙하지 않은가? 우리 주변에서 어렵지 않게 만나는 모습들이다. 재테크를 위해 펀드를 들었다가 손실을 보고, 저금리의 유혹에 거액의 돈을 대출 받아 덜컥 집을 사고, 신용카드로 한 달을 버티고, 그러면서도 자식들은 나보다 더 잘 살아야 한다며 교육은 포기 못하는 사람들…. 모두가 이렇게 빚을 지다 보니 웬만한 금액으로는 '빚을 졌다'라고도 생각하지 않는다. 아니, 생각하지 '못'한다. 심지어는 여기저기서 빚을 지라고 난리다. TV만 틀면 나오는 대부업체의 광고나 하루에도 몇 번씩 오는 대출 문자, '빚 내서 집을 사라'는 것을 부동산 정책으로 들고 나오는 정부까지 가히 '빚 권하는 세상'이라고 해도 과언이 아니다.

빚을 지게 되는 사람들 중에 '앞으로 이만큼 빚을 져야지' 생각하고 빚을 지게 되는 사람은 한 명도 없다. 자신도 모르게, 가랑비에 옷 젖듯 어느 날 빚이라는 어두운 터널 속으로 진입하게 된다. 전세살이가 서러워 집 하나 마련하려고 한 것뿐인데, 더 잘 살아보려고 한 것뿐인데, 조금만 더 수익을 보려고 한 것뿐인데… 이유는 너무나 많지만 결과적으로는 똑같이 빚에 시달리고 있는 것이다.

우리 두 사람 역시 우리 자신의 의지와는 무관하게 엄청난 금액의 부채를 떠안으면서 생을 마감하려는 생각을 했을 만큼 고통스러운 시간을 보낸 경험이 있다. 경영하던 회사를 매각하고, 닥치는 대로 일을 하는 등 빚을 갚기 위해 노력했던 시간들은 다시 떠올리고 싶지 않을 만큼 처절함의 연속이었다. 그렇게 뼈를 깎는 시간을 보낸 끝에 마침내 빚의 고통에서 해방되는 기쁨을 맛보았다. 그렇게 누구보다 빚으로 고통 받는 사람들의 심정을 잘 아는 우리는 지난 8년 동안 빚 문제로 어려움을 겪는 수천 명의 사람들을 상담하면서 그들이 빚의 수렁에서 빠져나오도록 혹은 가계 재무가 위험이 빠져들지 않도록 조언을 해왔다. 그런 과정에서 열심히 사는 평범한 사람들도 빚을 질 수밖에 없는 구조적인 문제가 많이 있다는 사실을 깨닫고 이 책을 집필하게 됐다.

현재의 경제체제, 소비자를 기만하는 금융회사, 카드회사의 마케팅과 정부 정책 등이 한순간에 사람들을 빚의 터널로 밀어 넣고 있음을 부정할 수는 없을 것이다. 살아가면서 인생의 여러 재무적 이벤트를 해결하기 위해서 빚을 질 수밖에 없는 것이 지금 대한민국 사회의 현실이다. 결혼을 하면서, 전셋집을 구하면서, 전세금을 올리면서, 또 집을 사면서, 아이를 출산하면서, 아이들을 교육시키면서, 빚의 굴레에서 점점 벗어날 수 없게 되는 것이다. 또한 젊은 시기부터 자신의 욕구를 채우기 위해 과감한 소비를 하고, 이 소비를 위해 빚을 내고, 투자를 잘못해서 감당할 수 없는 손실을 입고, 가정의 소중함을 잃어버리고, 어느 순간 빚이 너무 커져서 놀라고 좌절하는 가정이 한둘이 아니었다.

우리는 처음부터 빚지지 않는 가계 재무구조를 만들 수는 없는지, 빚을 진 사람들이 어떤 전략으로 빚에서 탈출할 수 있을지 등에 대해 깊이 고민했다. 그 과정에서 우리 사회가 '빚지고 사는 게 정상'인 것처럼 빚을 적극적으로 권하고 있다는 사실과 이로 인해 '습관적으로 빚에 노출된 삶'이 있다는 사실을 깨달았다. '도대체 이 많은 빚들은 다 어디서 왔을까?' 자신을 한탄하기에 앞서 왜 아무 위험의식 없이 이 많은 빚을 지게 되었는지 냉정하게 살펴보는 것이 무척 중요하다. 그래서 이 책의 1~2장에서는 빚을 지게 만드는 한국 사회의 구조적 문제들과 부채 실태를 점검해 봤다. 빚은 그 원인을 파악하고, 체질을 개선하며, 삶의 패턴을 변화시킨다면 얼마든지 극복이 가능하다. 우리가 바로 그 경험자이고, 우리뿐만 아니라 많은 사람들의 빚 정리를 도우면서 그 가능성을 매일 목격하고 있다.

제3장에서는 어떤 방법으로 부채 탈출을 할 수 있는지에 대한 내용을 담았다. 부채 관리는 부채의 성격, 질에 따라 다른 출구 전략이 필요한데, 독자들이 실제 삶에 바로 적용할 수 있도록 가능한 여러 상황과 사례를 소개하고자 노력했다. 제4장에서는 빚에서 벗어나고 결과적으로 앞으로도 빚을 지지 않는 재무 시스템을 통해 안정적인 노

후를 만들어 갈 수 있는 전략을 담았다.

이 책이 나오기까지 애써주신 황덕창 님 그리고 비즈니스북스 출판사 관계자들께 마음을 담아 감사의 마음을 전한다. 또한 우리 두 사람의 신앙이 지켜지도록 다방면으로 후원해 주신 주기쁨교회 식구들과 어드바이저 동료들, ㈜핀톡 동료들에게 감사의 마음을 전한다. 또한 상담을 통해 이 책에 중요한 동기를 부여해준 고객들에게도 감사드린다. 그분들이 늘 행복하도록 오늘도 기도한다.

마지막으로 마음을 모아 후원하고 힘이 되어 준 두 가족들, 백정선의 아내 장성아, 두 딸 혜원, 시원, 김의수의 아내 김선주, 희은, 민수 그리고 김의수에게 가장 큰 기쁨을 주고 있는 막내딸 민하에게 이 책을 바친다.

2017년 3월

백정선, 김의수

차
례

제1장   빚은 어쩌다 우리 삶의 '필수'가 되었나?
'빚 권하는 사회'의 단면

다음은 현재 자신의 경제 상황이나 지식, 태도 등을 바탕으로 빚지는 구조에 시달릴 위험성이 높은지 여부를 판단하기 위한 진단표다. 각 문항에 하나씩 자신의 상황에 해당하는 곳에 체크해 보자. 각 문항의 주어진 보기에서 해당하는 답을 골라 다음과 같이 점수를 매긴 뒤 합산한다.

① 0점 ② 1점 ③ 2점 ④ 3점

1 **미래에 가정에서 돈을 써야 할 내용(재무목표)에 대해서 계획을 세워본 적이 있습니까?**

① 생각해 본 적이 전혀 없다.

② 단기간(5년 이내)에 써야 할 곳은 구체적으로 생각해 보았지만 그 이상은 막연하게만 생각해 보았다.

③ 돈을 써야 할 곳에 대해 장기·중기·단기로 나누어 구체적으로 계획을 세우고 있다.

2 **가정에서 준비하고 있는 비상자금 규모는 어느 정도입니까?**

① 비상시 마이너스 통장, 신용카드, 약관대출 등을 사용해야 할 상황이다.

② 준비하고 있는 비상자금이 월소득의 300% 미만이다.

③ 준비하고 있는 비상자금이 월소득의 300% 이상이다.

3 **현재 대출을 이용하고 있습니까?**

① 매월 소득의 30% 이상이 대출이자로 나가고 있다.

② 매월 소득의 20~30% 정도가 대출이자로 나가고 있다.

③ 매월 소득의 10~20% 정도가 대출이자로 나가고 있다.

④ 매월 소득의 10% 미만이 대출이자로 나가고 있다.

4 대출을 이용하고 있다면 어떤 대출을 사용하고 있습니까?

① 현금서비스, 카드론 또는 대부업체 및 개인 사채 등 이자율 20% 이상의 대출을 일부 사용하고 있거나 사용할 예정이다.

② 은행 등 제 1, 2금융권에서 이자율 10% 미만의 대출을 사용하고 있다.

③ 대출을 사용하고 있지 않다.

5 금융회사에서 대출을 이용하고 있다면 대출 조건을 잘 알고 있습니까?

① 대출을 이용하고 있지만 조건에 대해서 잘 모른다.

② 대출을 이용하고 있고, 조건에 대해서도 잘 알고 있다.

③ 대출을 이용하고 있지 않다.

6 현재 대출을 이용하고 있다면 대출 금액과 이자를 정확하게 알고 있습니까?

① 대출 금액과 이자를 정확하게 모른다.

② 신용카드 현금서비스를 제외한 대출 금액과 이자를 알고 있다.

③ 현금서비스를 포함한 대출 금액과 이자를 알고 있다.

④ 대출을 이용하고 있지 않다.

7 마이너스 통장을 가지고 있습니까? 가지고 있다면 얼마나 자주 사용하십니까?

① 마이너스 통장을 가지고 있고 자주 사용하고 있다.

② 마이너스 통장을 가지고 있지만 사용하지 않는다.

③ 마이너스 통장을 가지고 있지 않다.

8 배우자 또는 가족이 모르는 대출(현금서비스 포함)을 받고 있습니까?

① 가족이 모르게 대출을 받고 있다.

② 모든 대출에 대해 가족과 함께 상의하고, 가족도 내역을 알고 있다.

9 금융회사에서 대출받을 때 대출이자도 흥정할 수 있다고 생각합니까?

① 대출이자는 금융회사에서 정해놓은 것으로 흥정의 대상이 아니다.

② 잘 흥정하면 규정된 할인 이외에 추가 할인도 가능하다.

10 대출상품 또는 펀드와 같은 금융상품을 선택할 때 선택 기준은 무엇입니까?

① 대부분 금융회사 직원이 추천하는 상품과 조건을 선택한다.

② 친구, 직장 동료 등 지인의 이야기를 듣고 선택한다.

③ 스스로 인터넷이나 관련 자료를 찾아서 나의 성향에 맞는 것을 선택한다.

11 담보로 제공할 부동산(아파트, 토지 등)이나 금융자산이 있음에도 신용 대출을 이용한 적 있습니까?

① 신용 대출이 편리하여 이용한 적이 있다.

② 절차가 복잡해도 담보대출 이자율이 싸기 때문에 담보대출을 이용한다.

③ 대출을 이용하고 있지 않다.

12 대출이자 이상의 수익을 위하여 대출을 받아 본 적 있습니까?

(예를 들어 아파트나 주식 등에 투자하기 위해 과감히 대출을 이용하고 있다.)

① 투자를 위하여 대출을 이용하는 것은 저금리 시대에 필요한 재테크 방법이다.

② 불확실한 투자수익률 때문에 대출을 받는 것은 바람직하지 않다.

13 현재 대출을 사용하고 있다면 상환 계획을 세워본 적이 있습니까?

① 상환 계획을 세워본 적이 전혀 없다.

② 상환 계획을 세워 실천하려고 한다.

③ 대출을 이용하고 있지 않다.

14 대부업체에서 '30일 무이자'로 대출을 해준다고 하는 TV 광고가 있습니다. 이에 대해 어떻게 생각합니까?

① 대출을 받아서 30일 안에 원금을 갚는다면 무조건 이득이다.

② 30일 무이자의 이득 이상으로 향후 불이익이 생길 수 있다.

15 지인이 보증을 부탁해서 가족 모르게 보증을 서고 있거나 서준 경험이 있습니까?

① 가족 몰래 보증을 서고 있거나 서준 경험이 있다.

② 보증을 서주었지만 가족과 상의한 후 보증을 섰다.

③ 보증은 서준 적도 없고, 앞으로도 서지 않을 것이다.

진단 결과

0~10점 "재무상담사를 찾거나 현재의 재무구조를 바꿔야 한다!"

위험합니다. 지금의 가정경제 습관을 계속 유지한다면 당장은 아니더라도 대출 금액은 눈덩이처럼 불어날 것이고 당신뿐만 아니라 가족 모두가 불행에 빠질 수 있습니다. 건전한 대출 관리를 위해서 대출의 악순환에서 탈출해야 합니다. 혼자서 어렵다면 재무상담사의 도움을 받는 것도 좋은 방법입니다.

11~20점 "명확한 미래 계획을 세우고 체계적인 재무구조를 만들어라!"

대출과 관련하여 대체로 양호한 사고방식과 습관을 가지고 있습니다. 하지만 방심한다면 자칫 심각한 대출의 위험에 빠질 수도 있습니다. 돈과 대출에 대한 건전한 사고방식을 확고히 갖추고 가족과 함께 합리적인 미래 계획을 세워서 꾸준히 실천할 필요가 있습니다.

21~28점 "지금의 건전한 방식을 유지하라!"

대출에 대한 건전한 생각과 습관을 가진 당신은 부자가 될 자격이 있습니다. 지금처럼만 재무건전성을 점검하고 가족과 함께 미래를 계획한다면 당신은 돈을 통제하는 영리한 부자가 될 수 있을 것입니다.

일러두기

1. 책에 실린 사례자들의 이름은 사생활 보호를 위해 모두 가명을 사용했습니다.
2. 면적을 표시할 때 법정 단위인 제곱미터만을 사용하도록 규정하고 있으나, 책에서는 편의상 '평'으로 표기했습니다(1평은 3.3제곱미터).

빛은 어쩌다 우리 삶의 '필수'가 되었나?

'빚 권하는 사회'의 단면

01

빚 없는 것이 비정상인 시대,
이건 뭔가 잘못됐다

내 집인 듯, 은행 집인 듯
빚으로 쌓은 집

2000년대 중반 버블세븐(서울 강남·서초·송파·양천, 경기도 분당·평촌·용인 지역)의 집값이 한창 상승세를 탈 때의 일이다. 상담 고객 중에 서울 목동에 아파트를 산 부부가 있었다. 맞벌이를 하고 있던 이 부부는 34평 아파트를 8억 5,000만 원에 샀다. 버블이 한창이던 시기인지라 아파트 값은 몇 달 만에 9억 원까지 올라갔다. 몇 달 만에 5,000만 원을 벌었으니 이 부부는 '내일은 또 얼마나 올랐을까?' 하고 기대가 되서 잠이 안 올 정도였다.

하지만 그런 기대는 오래가지 않았다. 2007년으로 접어들면서 정부 규제가 강화되었고, 승승장구하던 집값은 하락세로 반전했다. 한 번 떨어지기 시작하자 집값은 무서운 속도로 내려앉으면서 5억 원대까지 추락했다. 이 부부가 집을 살 때에는 아직 정부에서 대출 규제를 강화하지 않았기 때문에 집값의 90퍼센트까지 대출해 줄 수 있었다. 이 부부는 집을 살 때 자기 자금은 1억 원밖에 들이지 않았다. 즉 7억 5,000만 원이 빚이었던 것이다. 집값이 5억 원대로 떨어졌다면 자기 돈 1억 원은 날아가 버린 것은 물론 이제는 집을 팔아도 빚 갚기에 부족한 처지가 된 것이다.

이제 부부는 '내일은 또 얼마나 떨어졌을까?' 하는 시름에 잠을 이루지 못했다. 결국 부부는 급매로 가격을 많이 낮춰서 5억 5,000만 원에 집을 팔아야 했다. 내 돈 1억 원은 사라지고 빚만 2억 원을 떠안게 된 것이다. 이런 사례는 비단 이 부부만의 특별한 경우가 아니며, 우리 상담 고객 중에도 여럿 목격되었다.

그렇게 한바탕 폭풍이 몰아치고 나서 8년의 시간이 흘렀다. 다시 2014년 하반기부터 아파트 값이 상승하기 시작했다. 최악의 전세난까지 겹치면서 다시금 분양 시장은 후끈 달아올랐고, 모델하우스에 긴 줄이 서는 풍경도 다시금 재연되었다. 실제로 재무 상담을 위해 모델하우스에 나가 보면 아침 8시부터 200~300미터씩 줄이 길게 늘어선다. 그것도 세 줄씩이나 말이다. 두 시간 넘게 기다려서 차례대로 모델하우스 안에 들어가면 구경하고 상담을 하는 데 두세 시간 정도가 걸린다. 과거의 집값 버블 시대를 방불케 하는 풍경이다.

최근 이들을 상대로 재무 상담을 진행해 보니 집을 사겠다는 사람도 있지만 일단 당첨만 되면 프리미엄을 받고 분양권을 팔겠다는 사람들이 더 많았다. 이런 사람들이 가세하면서 집값이 더 뛰어오른 것이다. 어떻게든 분양만 받으면 한몫 잡을 수 있다는 투기 심리가 발동하다 보니 대출을 받는 것에도 용감해진다. 돈이 준비되어 있는지 물어보면 정말로 딱 계약금을 낼 돈 정도만 있거나 그것도 부족해서 대출을 생각하기도 한다. 그렇다면 향후에 내야 할 중도금과 잔금은 어떻게 할 생각인가? 물어보면 대답은 한결같다. 계약금으로 5,000만 원 정도 해결하고, 나중에 입주할 때 잔금으로 1억 원 정도만 있으면 중도금은 집단 대출로 해결이 가능하다는 것이다. 입주까지 3년 정도는 걸리니 잔금은 지금부터 모으거나, 그것도 안 되면 잔금도 대출로 해결하면 된다고 생각한다. 아예 들어가서 살 생각 없이 전매권 분양을 염두에 두는 사람들은 대출 상환에 대한 계획이나 생각이 더더욱 없다.

집값이 뛴 이유는 여러 가지가 있겠지만 가장 주요한 동력은 정부의 정책이었다. 2015년 8월, 국회 본회의장에 선 최경환 당시 경제부총리는 '빚내서 집 사라'는 식의 가계 부채를 급증시킨 정부 정책을 비판하는 야당 의원의 공세를 받자, "그것은 사실과 다르다. '빚내서 집 사라'고 한 뜻이 아니었다."고 주장했다. 며칠 후 다시 국회에서 야당 의원들이 질문 공세를 퍼붓자, 최 부총리는 "개인의 경제 행위는 개인이 궁극적으로 책임지는 것"이라고 발을 뺐다. 요약하자면 정부는 '빚내서 집 사라'고 한 적이 없으며, 빚진 것은 개인의 선택이요, 책임이라는 것이었다.

그런데 최경환 경제부총리는 그로부터 한 달 전, 취임 1주년을 맞아 가진 기자회견에서는 "부동산은 우리 가계의 핵심 자산이기 때문에 저는 '드디어 집이 팔리기 시작했다'는 평가가 가장 고맙고 반갑다."라고 말했다. 어째서 집이 팔리기 시작했는지 그 이유는 누구나 알고 있다. 우리 경기가 호황을 맞고, 사람들이 소득이 늘어서가 아니다. 바로 치솟는 전셋값에 지쳐서 거액의 빚을 떠안고 집을 사는 사람이 늘었기 때문이다.

게다가 최경환 부총리가 취임하자마자 추진한 정책이 LTV와 DTI 규제 완화였다. LTV_{Loan To Value}(주택담보대출비율)는 집의 가격 대비 몇 퍼센트까지 담보대출이 가능한지 상한선을 정한 것이고, DTI_{Debt To Income}(총부채상환비율)는 가계의 소득 대비 몇 퍼센트까지 빚을 낼 수 있는지 상한선을 정한 것이다. 이 상한선을 높이면 빌릴 수 있는 돈의 한도가 올라간다.

최 부총리가 이 정책을 밀어붙였을 때 누구나 가계 빚이 크게 늘 것이라고 우려했고, 현실도 우리가 목격하고 있는 것처럼 사상 최대의 가계 부채 증가로 나타났다. 그런데도 '빚내서 집 사라고 한 적 없다'고 말한다면, 신용카드 한도를 거의 다 쓴 사람한테 은행에서 한도를 늘려 줘 놓고서는 '저희 은행은 고객들께 카드를 더 긁으라고 한 적이 없다'라고 말하는 격이다.

이 이야기를 한 것은 어떤 특정한 장관, 또는 어떤 정치인의 문제를 비판하기 위한 것이 아니다. 지금까지 대한민국의 경제정책이라는 것이 여기에서 크게 벗어나지 않는다. 정부, 미디어, 기업들은 힘을 합쳐서 온갖 명분과 수단을 끌어들여 열심히 빚을 권한다. 그럴듯한 명분도 잘 만들어 낸다. 부동산 시장의 정상화, 내수경제의 활성화, 경기 활력 제고와 같은 간판들이 내걸리면서 '빚을 갖다 쓰기 좋은 환경'을 조성한다.

이유는 간단하다. 경제 성장은 알고 보면 소비를 동력으로 한다. 소비가 없는데 생산을 해봐야 재고만 쌓일 뿐이니 소비가 늘어야 생산도 늘어나고 이것이 성장률 상승으로 이어진다. 우리나라는 그동안 수출이 경제에서 차지하는 비중이 높았기 때문에 내수가 침체되더라도 수출을 통해서 성장세를 이어갔다. 하지만 이제는 수출도 침체 상태다 보니 정부로서는 성장률을 끌어올리기 위해서 소비 심리를 부양해야 했다.

문제는 사람들이 소득이 정체되다 보니 소비를 늘릴 여력이 없다는 데 있다. 이때 손쉽게 사용할 수 있는 방법이 빚을 내기 쉽게 만드는 것이다. 이런 유혹에 끌려들어 간 사람들이 결국 빚에 짓눌리고 무너지자 빚 권하던 이들의 태도는 180도 돌변한다. '우리는 빚내라고 한 적 없다'고 잡아떼면서 부채에 신음하는 사람들에게 '개인의 책임', '도덕적 해이'라는 비난을 퍼붓는다.

미국을 비롯한 선진국은 빚을 갚을 능력이 되는지 제대로 심사하지 않고 돈을 빌려주면 '채권자의 도덕적 해이'로 간주해서 책임을 묻는다. 하지만 우리나라는 일방적으로 빚진 사람의 책임만을 따진다. 이것이 오늘날 대한민국에서 벌어지는 거대한 빚잔치판의 민낯이다.

2년에 한 번 지옥을 맛볼 것인가, 매일 지옥을 맛볼 것인가

요즘 들어 부쩍 재무 상담을 받으러 오는 고객들 중에 '집을 사야 하나 말아야 하나'를 놓고 고민하는 분들이 많아졌다. 분양 시장에 불이 붙으면서 웃돈이 붙고 과열되는 양상을 보이고 있기 때문이다. 정부에서 아파트 분양권의 전매 제한을 대폭 풀어 버리는 바람에 일단 분양권 당첨만 되면 몇 천만 원은 번다는 이른바 '분양권 로또' 열풍까지 불어 투기 수요까지 가세하고 있다.

전세 가격이 집값보다 더 빨리 오르고, 전세에서 월세로 전환되는 집들이 늘어나면서 전세난은 점점 심각해져 가고 있다. 전셋집 구하기에 지쳤거나 보증금을 올려 달라는 집주인의 요구에 지친 사람들도 늘고 있다. 전세 보증금과 집값의 격차가 점점 줄어드는 데다가 사상 최대의 저금리에 정부 정책까지 빛내기에 정말 좋은 시절이다. '전세 살 돈에 조금 더 보태서 차라리 내 집 장만을 할까' 하는 생각이 드는 게 어찌 보면 자연스러울 수도 있다.

이렇게 집을 살까 고민하는 고객들을 말리는 게 요즘 우리의 주된 일 가운데 하나다. 고객들의 마음은 우리도 잘 안다. 전세가 정말 미친 듯이 올랐다. 전세 물건도 점점 줄어들고 있다. 전세를 구하려면 눈물이 날 지경이다. 지금과 비슷한 액수의 전세를 구하려면 점점 더 외곽으로 밀려난다. '전세난민'이라는 말까지 나올 정도다. 그 고통을 견디고 참으라고 말하기가 민망하다. 그럼에도 참으라고 말할 수밖에 없는 이유는, 지금의 상황이 너무나 위험하기 때문이다.

자칫하면 2007년의 이른바 '버블세븐', '강남 불패'의 열풍을 타고 집을 샀다가 집값 폭락으로 하우스푸어가 된 악몽이 재연될 위험이 높다. 주위에서 집값이 계속 오른다며 분위기를 잡고 시장이 과열되면, 사람들은 '그냥 있다가 집값이 더 오르면 어떻게 하지?' 하며 불안감에 사로잡힌다. 게다가 주위에서 집을 샀는데 5,000만 원이 올랐네, 1억 원이 올랐네 하면 불안감은 더욱 증폭된다. 그러다 보면 결국 꼭지에서 사서 낭패를 본다.

여기서 가장 큰 문제점은 언제가 꼭지인지를 모른다는 것이다. 꼭 짓점은 한참 과열 분위기가 뜨거울 때 느닷없이 찾아온다. 일단 하락세가 시작되면 롤러코스터처럼 가속이 붙는 데다가 집을 팔고 싶어도 다들 '기다리면 집값이 더 떨어질 것이다'라고 생각하니 살 사람이 없어 꼼짝없이 롤러코스터에 매인 신세가 된다. 그러면 앞서 말한 부부의 사례처럼 내 돈은 모조리 사라지고 수억 원의 빚만 남는 신세로 전락할 수도 있다.

수도권보다 더 먼저 불이 붙었던 지방의 부동산, 특히 대구를 비롯해서 조선업 한파가 몰아치고 있는 울산과 거제 같은 지역은 2016년 들어서 큰 폭으로 집값이 떨어지고 있다. 꼭지일 때 집을 산 사람들이 하우스푸어가 되거나 빚더미에 올라앉을 것이 불 보듯 뻔하다. 2년 전 거제에 강연을 갔을 때 지역 부동산 시세를 보니 아파트 가격이 크게 오르고 있었다. 원룸만 지어도 서로 들어오려고 하니 지으면 돈이 되었다. 지금은 조선업 침체와 구조조정으로 거제 지역 부동산에는 칼바람이 불고 있다. 오를 때는 언제까지나 오를 것 같다. 그러나 꼭짓

점은 한순간이고, 그게 어디쯤에 있는지는 알 수 없다.

최근의 부동산 과열도 분양 시장과 재건축 시장을 중심으로 벌어지고 있을 뿐 기존 아파트는 크게 오르지 않았다. 게다가 분양 시장조차도 지역별로 편차가 심해서 어떤 곳은 높은 경쟁률을 자랑하는가 하면 어떤 곳은 미분양이 속출하고 있다. 그런데 과열된 곳만 집중적으로 관심을 받다 보면 마치 부동산 시장 전반이 달아오르고 집값이 오르는 것처럼 착시 현상을 일으킨다.

심지어는 '부동산 시장이 불붙었으니까' 하는 생각에 미분양 아파트를 사는 사람들도 있다. 수도권 외곽이나 새로 생긴 신도시로 나가 보면 유명 건설사가 지은 브랜드 아파트도 미분양이 많다. 이 지역을 가보면 길거리에 중도금 대출 무이자와 같은 파격 조건까지 곁들여, 미분양을 어떻게든 털어내려는 몸부림이 길 양편을 가득 메우고 있다. 전세를 살던 사람들이 '1억 정도 추가로 대출 받으면 되니까 저기라도 들어가는 게 좋지 않나? 요즘 분위기라면 여기도 오를 텐데?' 하는 유혹에 귀가 솔깃해지기도 한다. 하지만 넘어가면 안 된다. 신규 분양 아파트가 떴다고 해서 미분양이 뜨지는 않는다. 반대로 신규 분양이 떨어지면 미분양은 더 빨리 떨어진다. 추가로 낸 빚 1억 원이 그냥 허공으로 사라지고 빚 독촉에 시달릴 수도 있다.

집을 사야 할지를 놓고 망설이는 사람들을 말리면서 "차라리 다운 사이징을 하라."고 권하는 우리들도 힘들다. 지금 살고 있는 전세의 보증금으로는 집의 크기를 줄이든지, 외곽으로 이사를 가든지 해야 한다. 당연히 힘들고 서럽다. 2년에 한 번씩 계약 만료가 몇 달 앞으로 다가오면 집주인이 보증금을 얼마나 올려 달라고 할지, 또 이사를 가야 되는 것은 아닌지 고민해야 하니 전세살이가 불안하고 서럽다. 그 고통을 알면서도 '참고 견뎌라'고 말하기가 미안하다.

하지만 사람은 적응의 동물이면서 망각의 동물이다. 아주 힘든 고통이지만 2년에 한 번씩이다. 시간이 지나면 적응이 되고 살 만해진다. 전세는 집값이 오르든 떨어지든 어쨌거나 내 돈이 남는다. 물론 집값이 떨어지면 집주인이 보증금을 돌려주지 못하는 깡통 전세의 위험이 있지만 주택보증보험을 이용하면 보증금을 지킬 수 있다. 그것이 싫어서 집을 사면 처음 얼마간은 좋지만 시간이 지날수록 만족도가 점점 떨어진다. 지금 같은 살얼음판 속에서는 집값이 언제 떨어질지도 고민이고 내야 하는 대출이자, 각종 세금도 많아진다. 여기에 자산이 크게 늘어났기 때문에 4대 보험에도 영향을 미칠 수 있다. 전세는 2년에 한 번씩 지옥이지만 지금 같은 때에 많은 빚을 지고 집을 사면 집값이 더 떨어지면 어떡하나, 여기서 대출금리가 더 오르면 어떡하나 하면서 매일매일이 지옥이 될 수 있다.

이자 얼마 안 한다고?
빚의 규모가 문제다

최근 거액의 빚을 내서 집을 사게 만드는 이유 중 하나는 저금리다. '금리가 싸니까 전세금에 조금만 더 보태면 집을 살 수 있지 않아?' 하고 생각한다. 자기 자금 2억 원에 대출 3억 5,000만 원을 받아서 전세를 살던 부부가 있었다. 그런데 요즘 대출금리가 떨어져서 5억 5,000만 원을 빌려도 이자는 예나 지금이나 똑같이 한 달에 50만 원이다. 그러면 2억 원을 더 빌려서 집을 사자는 생각이 든다. 전세가 오르는 기세로 봐서는 1년쯤 지나면 지금 집값이 전셋값이 될 것 같으니 말이다. 이자만 생각하면 한 달에 50만 원이니 똑같다고 보는 것이다. 내는 이자가 같으면 같은 대출이라고 생각하는 것, 이것이 정말로 문제다.

사람들이 대개 빚 없이 살다가 집을 사려고 할 때 어쩔 수 없이 빚을 지는 게 아니다. 어려서부터 빚에 대한 훈련을 받고 빚의 무서움을 아는 사람들은 전세를 구할 때부터 다르다. 될 수 있으면 전세대출도 많이 안 받으려고 하고 집을 살 생각은 더더욱 멀리한다. 반면 전세대출을 받든 주택담보대출을 받든, 자기 소득이나 자산에 비해 과다한 부채를 지는 사람들은 일찌감치 신용카드와 할부에 익숙해져 있다 보니 빚 자체를 위험하게 생각하지 않는다. 특히 20~30대 세대에서 이런 모습을 자주 볼 수 있다. 신혼부부들과 상담을 하다 보면 대체로 전세자금대출이 많다. 이런 부부일수록 빚을 더 내는 것을 무서워하는 게 아니라 오히려 요즘 금리도 떨어졌는데 조금 더 보태서 집을 살까 하는 궁리를 더욱 적극적으로 한다.

빚에 시달리는 인생이 싫다면 첫 단추부터 잘 끼워야 한다. 전세자금을 마련할 때부터 조심해야 한다. 일단 전세부터 빚을 많이 지기 시작하면 아직 집도 안 샀는데도 대출에 대한 감각이 둔해진다. 보통 주택담보대출은 한 번 받으면 아무리 짧아도 10년, 대부분은 20년에서 30년을 간다. 그 긴 시간의 현금 흐름에 대해서 한 번이라도 생각해 보고 신중하게 거액의 대출을 받는 이들은 정말 드물다. 그저 지금 상황만 보고 '30년 만기 대출이 1.3퍼센트라니, 이 정도 이자라면 내가 충분히 감당할 수 있어. 전세 구하기도 힘들고 조금만 대출을 더 받으면 되는데 내 집에서 살자!' 하고 과감하게 대출을 당겨서 집을 사는 사람들이 대부분이다.

남편과 아내가 합쳐서 한 달에 약 1,000만 원을 버는 부부가 있었다. 자동차는 3,000만 원짜리 중형을 신용 대출로 샀고, 전세자금대출 빚이 1억 7,000만 원이었다. 이 두 가지 빚만 해도 2억 원이다. 신용카드 할부나 다른 빚들을 합치면 전체 부채 액수는 더욱 늘어날 게 뻔하다. 정말로 걱정스러운 부채 규모인데도 불구하고 정작 부부는 빚에 대한 걱정이 전혀 없었다. '둘이 합쳐 한 달에 1,000만 원이나 버는데 뭐가 문제죠?' 하고 태평이었다.

이 부부는 조만간 아이를 낳을 계획이 있었다. 그런데 아이를 낳으면 한 달에 얼마나 더 들어갈지는 생각해 보았을까? 출산 전후로 아내는 최소 1~2년은 휴직을 해야 하고 수입이 대폭 줄어든다. 지금과 같은 소비 패턴을 그대로 유지한다면, 그때가 되면 대출이자를 내는 것조차도 감당하기 힘들어질 게 뻔하다. 지금의 50대는 물론 30~40대도 5년이 지나면 다들 가계의 재무구조가 지금보다 힘들어질 가능성이 많다.

좀 더 길게 생각해 보자. 자녀를 낳으면 양육비에 교육비가 들어간다. 자녀를 낳으면 양육 때문에 한 사람은 아예 일을 쉬어야 할 가능성이 커지는데 그러면 수입이 확 줄어든다. 맞벌이를 유지하면서 아이를 키우려면 어린이집부터 시작해서 양육비 부담이 훌쩍 늘어난다. 아이가 클수록 점점 지출도 많아진다. 50대쯤 되면 자녀는 대학교에 들어가서 등록금에 각종 학비가 눈덩이처럼 불어나는 데다가 부부의 노후 문제도 성큼 코앞에 다가온다.

자신 또는 가족의 라이프 사이클을 길게 보고 그 안에서 예상되는 여러 가지 변화가 현금 흐름에 어떤 영향을 미치는지 따져 봤다면 용감하게 빚을 내는 사람은 많지 않을 것이다. 하지만 나와 가족의 삶 속에서 일어나는 비재무적인 문제가 재무적인 문제에 어떻게, 얼마나 영향을 미치는지 연관 짓지 못하는 사람들이 태반이다. 10년 후, 20년 후는 고사하고 당장 앞으로 몇 년, 심지어 지금 당장의 현금 흐름조차 모르는 사람들도 수두룩하다. 수입의 상당 부분이 빚과 관련된 비용으로 나가고 있는데도 천하태평인 사람들이 너무나 많은 현실 속에서 가계 부채의 폭탄은 점점 커져만 가고 있다.

금융기관 먹여 살리기에만 바쁜 정책금융의 한계

사람들이 빚을 무서워하지 않게 만드는 또 한 가지 원인이 있다. 햇살론, 미소금융, 바꿔드림론, 새희망홀씨대출, 디딤돌대출, 보금자리론, 국민행복기금 등의 상품이 그것이다. 이 중에 적어도 한두 가지의 이름은 들어보았을 것이다. 이 상품들은 모두 정부에서 정책으로 내놓은 대출 상품들이다. 정부에서 앞장서서 '금리를 싸게 드릴 테니 빚지세요' 하는 셈이다. 물론 이러한 상품이 도움이 될 때도 있다. 저신용자가 제2금융권이나 대부업체에서 고리의 대출을 받아 고통 받을 때, 정부의 정책금융을 잘 활용하면 이자 부담을 크게 줄이고 신용도 회복할 수 있는 기회가 있다.

하지만 아무리 정부의 정책금융이라고 해도 결국 빚은 빚일 뿐이다. 연 20퍼센트 이상의 이자를 내다가 최고 금리가 연 10.5퍼센트인 정부 바꿔드림론으로 갈아타면 이자 부담은 절반 정도로 줄어들 수 있다. 숨통이 트일 것이다. 그래도 빚이 줄어든 것이 아니라 이자가 줄어든 것이다. 이 상품을 현명하게 이용하는 사람들이라면 줄어든 이자 부담을 원금을 갚는 데 최대한 활용한다. 하지만 이런 사람은 소수에 불과하다. 대부분은 줄어든 이자를 소비로 돌린다. 심지어 이자 부담이 줄었다고 더 빚을 내는 사람들도 적지 않다. 한 달에 이자를 50만 원 내던 사람이 대출 갈아타기로 20만 원으로 부담이 줄었다고 가정하자. 그런데 숨통이 트였다고 할부로 차를 산다면 결국 도루묵 정도가 아니라 오히려 빚이 더 커지는 결과가 된다. 서민들의 빚 고민을 해결해 준다고 만든 상품이 해결은커녕 오히려 빚에 대한 두려움만 날려 버리고 있는 실정이다.

정부가 서민금융을 바라보는 잘못된 시각도 문제에 한몫하고 있다. 미소금융의 원류라고 할 수 있는 마이크로 크레디트Micro Credit는 원래 단순히 돈을 빌려주는 금융 상품이 아니었다. 돈을 빌려줄 때 대출자가 이 돈을 어떻게 쓸 것인지, 그리고 이 돈을 통해 대출자를 어떻게 빚의 굴레에서 탈출시키고 자신의 삶을 개선시킬 것인지를 보살펴

주는 상담과 컨설팅, 커뮤니티의 기능도 가지고 있었다. 우리나라에서도 시민 단체에서 마이크로 크레디트 사업을 할 때에는 이런 기능을 통해 실질적으로 대출자의 삶을 개선시키려는 노력에 중점을 두었다. 그런데 정부가 마이크로 크레디트를 미소금융이라는 이름으로 흡수하면서 정작 중요한 기능은 거의 유명무실화되고, 그저 좀 더 싼 이자로 대출을 받을 수 있는 상품 정도로 변질되어 버렸다.

가계를 위한 정책금융이 제구실을 했다면 가계 부채의 양이나 질을 개선하고 부채의 굴레로부터 가계를 탈출시키는 데 기여를 했어야 한다. 그러나 우리가 지금 목격하고 있듯이 전혀 그런 구실을 못하고 있다. 기존 대출보다 조금 낮은 이율로 돈을 빌려주는 것이 다였기 때문이다. 가계 재무의 체질을 근본적으로 바꾸지 못하면 결국 다시 빚을 지게 되고 이자 부담이 줄었던 것도 도루묵이 되어 버린다.

한편으로 정책금융은 가계보다는 금융기관 먹여 살리기라는 의혹도 받고 있다. 예를 들어 햇살론은 대출액의 95퍼센트까지 정부가 보증해 준다. 즉, 대출을 받은 사람이 빚을 못 갚으면 정부가 메워 주는 것이다. 그래서 저축은행들이 햇살론 유치 경쟁에 나서기도 했다. 국민행복기금은 '은행행복기금'이라는 비판을 받는다. 보통 대출이 3개월 이상 연체되면 은행에서는 돈을 받기 힘든 부실채권으로 간주해서 헐값으로 채권추심업체나 대부업체에 넘겼다. 그런데 국민행복기금은 이 부실채권을 사들인다. 일부 원금을 탕감해 주고 남은 돈을 받아 내면 그중 일부는 원래 부실채권의 주인이었던 은행으로 돌아간다. 예전에는 채권을 처분하면 끝이었던 은행으로서는 정부가 대신 돈을 받아 내서 추가 수입까지 기대할 수 있게 되었으니 '이게 웬 떡'인 셈이다.

정부가 가계 부채를 바라보는 시각은 지금으로서는 어떻게 하면 빚 자체를 줄여 줄 것인가가 중심이 아니다. 부동산 정책에서 볼 수 있듯이 경기 부양을 할 수 있다면 빚이라도 동원하겠다는 것이고, 금융기관이 먹고살 길에 더 많이 신경 쓰는 모습이다. 정말로 가계 부채 자체를 줄이는 방향으로 정책을 펼친다면 저소득층이나 과도한 빚에 시달리는 사람들의 원금을 과감하게 줄여 주는 정책을 쓸 수도 있다. 앞서 국민행복기금의 예에서 보았듯이 은행으로 돌아갈 수입만큼을 그냥 탕감해 줄 수 있기 때문이다. 또한 서민들이 거액의 대출을 쉽게 받을 수 없도록 억제하는 대신, 복지 혜택이나 사회 안전망을 강화하면 생계 문제나 갑작스러운 소득 감소로 빚을 내야 하는 상황을 줄일 수도 있다. 그러나 현재 정부의 모습은 그와는 거리가 먼 실정이다.

다시 한 번 강조하지만 은행 빚이든, 카드 빚이나 대부업체 빚이든, 심지어 정책금융 대출이든 빚은 다 같은 빚이다. 그리고 가장 중요한 것은 이자가 아니라 빚 자체의 규모다. 정부도, 금융권도 당신에게 이 사실을 알려 주지 않는다면 어떻게 해야 할 것인가? 당장은 자기 자신이라도 부채 문제가 얼마나 심각한지를 깨닫고 부채의 원금 자체를 줄이는 것에 우선순위를 두어야 한다.

한편 빚을 지고서라도 집을 사야겠다고 생각하는 사람들 중에는 주택연금, 즉 역모기지론을 기대하는 이들도 많다. 내가 소유한 주택을 주택금융공사에게 담보로 맡기고 연금을 받지만 그 집에서 계속 살 수는 있도록 보장을 받는 것이 역모기지론이다. 2016년에는 이른 바 '주택연금 3종 세트'까지 나와서 주택담보대출을 받은 사람들도 주택연금을 이용하면 대출 잔액을 상환하고 남은 돈으로는 연금을 받을 수 있게 되었다. 사람들은 이렇게 생각한다. '어라? 대출 원금 걱정은 안 해도 되겠네? 연금 받을 때 국가에서 원금 갚아 주고 연금까지 주는 거잖아?'

그러나 주택연금에도 함정이 있다. 만약 주택이 장기적으로 계속해서 오르는 추세라면 별 문제가 없지만, 그렇지 않으면 주택연금으로 대출도 해결하고 연금도 받는다는 희망은 헛된 꿈이 되기 쉽다. 주택연금에 가입하려면 주택 소유자와 배우자 중 적어도 한 명이 만 60세 이상이어야 한다. 연금 액수는 주택연금에 가입할 때의 주택 가격을 기준으로 정해지는데 가입하고 나서 집값이 떨어지면 다행이겠지만 계속 그러할까? 지금의 30, 40대라면 만 60세가 되는 건 15~25년 후의 이야기다. 이때는 구조적으로 집값이 하락세로 향할 가능성이 크다.

지금의 주택연금은 '집값이 오르는 것'을 전제로 설계되어 있다. 연금을 지급했다가 소유주 부부가 모두 세상을 떠나면 집을 처분하는데 그때까지 받은 연금액보다 집값이 낮으면 손실이 발생하는 구조다. 때문에 일본의 '잃어버린 20년'과 같은 장기 저성장 속에서 집값이 계속 떨어지면 주택연금 자체가 부실해질 수도 있다. 가입자의 연금액이 줄거나 최악의 경우 세금으로 메워야 할 수도 있다.

지금 바로, 혹은 가까운 시일 안에 주택연금 가입이 가능하고 조건을 따져 볼 때 집을 처분하는 것보다 연금이 낫다면 적극적으로 가입을 고려할 수 있다. 하지만 아직 가입 조건이 되기까지는 기간이 많이 남았는데도 주택연금을 믿고 빚지면서까지 집을 사는 것은 위험하다. 우리나라의 상당수 정부 정책, 특히 부동산 정책은 손쉬운 경기 부양책으로 자주 동원되었다가 부작용이 발생하면 규제를 강화하는 식으로 오락가락하는 일이 많았다. 정부 정책이라고 해서 섣불리 믿기보다는 과연 장기적으로 지속될 수 있는 정책인지 따져 볼 필요가 있다.

300만 원부터 4,000만 원까지 전화 한 통이면 무이자 총알 대출?

우리는 흔히 부채에 관해서 '채무자의 도덕적 해이'만 지구 끝까지 쫓아갈 기세로 추궁하지만 채권자의 도덕적 해이, 즉 상환 능력이 안 되는 사람에게 마구잡이로 대출을 해준 책임에 대해서는 별로 묻지 않는다. 2002년 카드 대란 때 무직자나 대학생들에게까지 수백만 원, 많게는 1,000만 원에 이르는 골드카드를 마구잡이로 발급해 준 카드사들의 도덕적 해이와 별 다를 게 없는데도 말이다.

쉽게 생각하면 '갚을 능력이 없으면 안 빌리면 그만 아닌가?' 하고 모든 문제는 채무자의 도덕적 해이 때문에 생긴다고 생각할 수 있다. 그러나 나의 '갚을 능력'이 대체 어느 정도인지를 개인이 정확히 파악하기는 그리 간단한 일이 아니다. 게다가 대출은 물론 카드 할부, 통신사 할부를 비롯해서 '빚으로 보이지 않는 빚'들도 얽혀 있어서 더욱 어렵다. 갚을 능력을 판단하기에는 그동안 수많은 대출 관련 정보를 쌓아 오고 분석해 온 금융기관이 훨씬 낫다. 그럼에도 실적 늘리기에 급급한 금융기관들은 손쉽게 빚을 낼 수 있는 갖가지 방법을 만들어 내는 데는 열심이었어도 갚을 능력이 되는 사람에게만 돈을 빌려주는 구조를 만드는 데에는 게을렀다.

묻지마 대출이 일어나는 대표적인 곳이 부동산 시장이고, 그중에서도 대표적인 사례가 중도금 대출, 흔히 집단 대출이라고 부르는 것이다. 보통 아파트 분양을 할 때에는 시행사는 중도금 대출을 보장해 준다고 광고한다. 종종 아파트 광고를 보면 몇 천만 원이면 내 집을 마련할 수 있다고 큰소리를 치는데, 계약금만 내면 나머지 중도금이나 잔금은 자기들이 대출을 보장해 준다는 것이다. 이 대출은 시행사나 시공사가 직접 해주는 것이 아니다. 은행과 협의를 거쳐서 대출을 알선해 준다. 은행이야 한꺼번에 거액의 대출 실적을 만들 수 있으므로 나쁠 게 없다.

이러한 집단 대출은 대출 심사가 그야말로 '물심사'다. 대출 받는 사람의 실제 상환 능력은 별로 따지지 않는다. 가장 큰 이유는 공기업인 주택도시보증공사가 거의 무제한으로 보증을 해주기 때문이다. 가계 대출이 눈덩이처럼 불어나서 정부가 금융기관에게 대출 심사를 강화하도록 대책을 세웠지만 집단 대출은 빠졌다. 이유는 간단하다. 자기 돈도 별로 없고 상환 능력도 부족한 사람들 중에 집단 대출만 믿고 아파트 분양을 받은 사람들이 많은데, 만약 집단 대출도 심사를 강화하면 이 사람들이 진퇴양난이 되기 때문이다.

하지만 가계 부채 문제가 도무지 진정될 기미가 안 보이자 2016년 하반기 들어서는 집단 대출 규제가 강화되었다. 주택도시보증공사의 보증액이 줄어들었고 은행도 상환 능력에 대한 심사를 강화하도록 했다. 그랬더니 당장 부동산 시장에 이상 신호가 켜졌다. 집단 대출 없이는 중도금이나 잔금을 낼 수 없는 사람들이 많은데 주택도시보증공사만 믿고 있다가 갑자기 규제가 시행되자 대출길이 막힌 것이다. 결국 계약 포기가 속출할 지경이 되자 언론들은 '빈대 잡으려다가 초가삼간 태우게 생겼다'고 아우성이다. 이미 가계 부채가 한국 경제라는 초가삼간을 태우기 일보 직전인데도 상당수 언론들 그리고 그들의 주요 광고주인 건설업계에게는 부동산 시장 버티기가 더 중요한 것이다.

만약 집단 대출이 막힌 사람들이 다른 곳에 가서 개인 대출을 받으려면 대출이 안 되거나, 되더라도 제2금융권에서 높은 이자를 물어야 할 가능성이 높다. 계약금 10퍼센트를 포기하고서라도 중도금 및 잔금을 포기하고 입주도 포기해 버리면 집값 하락과 입주 대란이 일어날 것은 불을 보듯 뻔하다. 대출을 믿고 아파트를 분양 받은 사람들도 코가 꿴 것이지만 금융기관과 정부도 코를 꿴 꼴이다.

묻지마 대출은 이미 우리 생활 구석구석에 파고들어 있다. 케이블 TV나 DMB 광고는 대부분이 대부업체 광고로 뒤덮여 있다. 지하철, 화장실, 지하도를 비롯해서 온갖 곳에 대출 관련 전단이 넘쳐난다. 심지어 자녀들이 "아빠! 내가 휴대폰을 가지고 있으면 300만 원 대출 된다는데, 뭐야?" 하고 물을 정도로 아이들까지도 무차별 대출 광고에 노출되어 있다. 중학생쯤 되면 '30일 무이자'도 안다. 이제는 어느 정도 알려져 있지만 괜히 대부업체들이 30일 무이자 행사를 하는 게 아니다. 하지만 일단 대부업체의 대출 기록이 남으면 신용 등급이 떨어져서 은행 대출길이 막힌다. 무이자라기에 아무 생각 없이 대부업체 대출을 받았는데, 나중에 은행에 가서 마이너스 통장을 만들려고 하니 거절당했다고 하소연하는 상담 고객도 있었다. 신용 등급이 8등급까지 떨어져 버린 것이다. 이에 대한 문제가 커지고 정치권에서까지 논란이 되자 대부업체들이 무이자 행사를 철회했다고는 하지만 논란이 잠잠해지면 언제 다시 슬며시 되살릴지 모를 일이다.

대부업체 광고만이 문제가 아니다. 우리가 자녀들에게 아무리 빚이 무섭다고 가르쳐도 미디어에서는 다양한 방법으로 욕망을 자극하고 당장 살 돈이 없으면 빚을 내서라도 채우라고 권한다. 당장 사 줄 사정이 안 되면 포기하거나 돈이 모일 때까지 참으라고 해야 하는데 손쉽게 빚으로 해결하는 부모도 많다. 특히 맞벌이 부부라면 미안해서 물질적으로라도 아쉬움 없이 해주려고 한다. 최신형 스마트폰이든, 부모 등골을 빼먹는다고 이른바 '등골 브레이커'라는 별명이 붙었던 아웃도어 구스다운 점퍼든 빚을 내서라도 사 주는 부모들이 많다.

빚 권하는 미디어, 소비 욕망을 부추기는 미디어에 둘러싸여 있으면서 갖고 싶은 게 있으면 척척 손에 쥐어지는 모습을 보는 아이들은 어려서부터 빚에 대한 두려움이 무장해제 된다. 이 아이들이 커서 자기가 전화 한 통만 하면 돈을 쥘 수 있는 나이가 되었을 때는 어떻게 될까? 갖고 싶은 것, 하고 싶은 것이 있으면 주저 없이 빚을 낼 위험이 커질 것이다.

'똑똑한 소비'를 가장한 함정, 그 이름은 빚

요즘 들어 '포인트 재테크'라는 말이 뜨고 있다. 각종 카드 포인트와 멤버십 포인트를 긁어모아서 활용하는 것을 뜻한다. 최근 각 은행권과 유통업체들이 경쟁적으로 모바일 멤버십 앱을 출시하면서 마케팅에 나서고 있다. 특히 다른 멤버십 또는 카드 포인트를 전환해서 사용할 수도 있기 때문에 여기저기 흩어져 있는 포인트를 전환해서 합치면 티끌 모아 태산이라고 생각보다 액수가 좀 나온다. 사람들은 이처럼 분산되어 있는 푼돈 포인트를 모아서 활용하는 것도 똑똑한 소비라고 생각한다.

그 밖에도 합리적인 소비, 똑똑한 소비라는 이름을 달고 등장하는 갖가지 서비스와 포인트, 마일리지, 적립금, 쿠폰들이 넘쳐난다. 특정 신용카드를 사용하면 바로 할인을 해주거나, 결제를 청구할 때 할인을 해주는 행사도 있다. 무이자 할부는 홈쇼핑이나 인터넷 쇼핑몰의 단골 메뉴다. 이런 것들을 얼마나 최대한 잘 활용하고 본전을 뽑아낼지에 관한 정보를 공유하는 인터넷 카페도 여럿 있다. 심지어는 '진상' 소리까지 들어가면서도 활용할 수 있는 도구를 최대한 활용해서 똑똑하고 합리적인 소비를 하려고 노력하는 사람들이 많다.

과연 이러한 소비는 합리적이고 똑똑한 소비일까? 결론부터 말하자면 '헛똑똑이 소비'다. 겉보기에는 똑똑한 소비 같지만 알고 보면 자신도 모르게 불필요한 소비를 하게 만드는 주된 원인이고, 나도 모르는 빚을 지게 하는 가장 큰 요인 중에 하나다. 갖가지 포인트와 적립금, 쿠폰은 기업들이 인심이 후해서 주는 것이 절대 아니다. 그 뒤에는 소비심리학이라는 고도의 계산이 도사리고 있다.

대기업 신입 사원들을 대상으로 한 강의를 하면서 종종 다음과 같은 질문을 던진다.

"자, 여러분들이 가장 먼저 하고 싶은 것은 뭔가요?"

그리고 세 가지 보기를 제시한다. 첫째는 적금통장, 둘째는 자동차, 셋째는 해외여행이다. 결과는 대략 짐작이 갈 것이다. 1위가 자동차, 2위가 해외여행이다. 3위가 적금통장이긴 한데 선택하는 사람들이 거의 없다. 그런데 대기업이라고는 해도 신입사원이 월급이 얼마나 된다고 벌써 자동차를 사고 해외여행을 갈까? 벌써부터 할부로 원하던 욕망을 채울 생각을 하는 것이다.

소비심리학 측면으로 볼 때 남자들은 꽂히면 소비하는 경향이 강하다. 새 자동차와 같이 욕망이 꽂히는 게 있으면 할부와 같이 일단 지르고 나중에 갚자는 유혹에 잘 넘어간다. 반면 여자들은 싸다고 느끼면 소비하는 경향이 있다. 이를 노린 대표적인 마케팅 수법이 홈쇼핑 무이자나 청구할인, 할인쿠폰과 같은 것들이다. 어느 쪽이든 결과적으로는 무리한 소비, 불필요한 소비로 이어져서 빚지는 원인이 된다.

어느 50대 여성 고객은 자신은 신용카드를 알뜰하게 잘 쓰고 있다고 우리에게 자랑을 했다. 그녀는 무이자 할부를 적극 이용했다. 기왕 사야 할 건데, 무이자로 사면 이자를 안 내니까 이득이라는 것이었다. 얼핏 그럴싸해 보인다. 100만 원 낼 걸 10만 원씩 10개월 무이자로 사면 나머지 돈은 예금으로 넣어 놓고 이자라도 약간 챙길 수 있을 것 같다. 하지만 그것은 어디까지나 이상일 뿐이다. 현실에서는 100만 원 주고 살 걸 '10만 원 10개월 무이자'로 사면 나머지 돈으로 다른 것을 지른다. 나가지 않은 90만 원을 '여윳돈'이라고 생각해 버리기 때문이다. 스스로에게는 '꼭 필요한 것'이라고 주술을 걸면서 결과적으로는 100만 원짜리 하나 사고 끝날 돈으로 몇 백만 원어치 물건을 사게 된다.

청구할인이나 포인트, 상품권과 같은 할인이나 사은 행사는 문턱을 만들어서 소비를 조장한다. 이런 혜택을 받기 위해서는 일반적으로 문턱이 있다. 이를테면 최소 3만 원 이상, 5만 원 이상 구매했을 때로 한정하거나, 특정한 카테고리 또는 행사 상품을 샀을 때에만 혜택이 적용된다. 예를 들어 4만 5,000원짜리 물건을 인터넷에서 사려고 하는데 5만 원 이상이면 5퍼센트 청구할인이 적용된다. 그러면 5,000원짜리 물건을 하나 더 사게 된다. 이때 속으로는 자신은 알뜰하다고 생각한다. 할인 욕심에 몇 만 원짜리 물건을 산 것도 아니고 딱 5,000원 더 써서 할인을 받은 것이기 때문이다. '이거 어차피 필요해서 사려고 했던 거야!' 하고 스스로에게 최면을 걸기도 한다.

신용카드에 제공되는 여러 가지 혜택, 예를 들어 수수료 면제나 추가 할인, 포인트 제공도 대부분은 지난달에 최소 얼마 이상을 결제해야만 혜택이 제공된다. 30만 원 이상을 써야 혜택을 받는데 몇 만 원이 모자라면 왠지 아까워서 결국 더 쓰게 된다. 포인트나 청구할인을 비롯한 각종 사은 행사에 이끌리다 보면 실제 자신의 소비가 아니라 포인트나 할인을 받는 것이 목표가 되기 쉽다. 이 목표를 달성하기 위해서 불필요한 소비에 열심히 자기 합리화를 한다. 당신의 주머니를 노리는 소비자 심리가 계획했던 바다.

상담 고객 중에는 청구할인을 즐겨 활용하는 분도 있었다. 이를 통해 물건을 싸게 사니까 이득이라고 이야기하는 고객에게 "청구할인을 알기 전하고 알게 된 다음에 카드 사용액이 얼마나 달라졌는지 한번 비교해 보세요." 하고 이야기했다. 사용액을 확인해 본 고객은 깜짝 놀랐다. 청구할인을 알기 전에 비해 알게 된 후의 사용액이 20퍼센트나 늘었기 때문이다. 그렇게 해서 할인을 받아 봐야 몇 퍼센트에 불과하고, 전체 사용액을 전부 할인 받는 것도 아니다. 이러다 보면 자신도 모르는 사이에 카드 빚이 늘고 리볼빙에 기대기까지 한다. 할인은커녕 비싼 이자를 물으면서 오히려 지출이 가중되고 빚이 늘어나는 것이다. 세상에 '돈 버는 소비'는 없다. 아무리 포장해도, 아무리 좋은 사은품이나 할인으로 유혹을 해도 소비는 돈을 쓰는 것이다. 소비자심리학은 그 사실을 어떻게 해서든 잊게 만들려고 갖가지 방법을 동원한다. 합리적인 소비, 똑똑한 소비는 불필요한 소비 그 자체를 최소화하는 것이라는 사실을 잊지 말아야 한다.

02

가계 부채 1,350조,
부채공화국 대한민국의 현주소

먹고만 살아도 빚이 1억!
나이대별 부채 시나리오

빚을 많이 지고 그 때문에 고통 받는 사람들을 보는 사회의 시선은 그리 따뜻하지 못하다. 대부분은 과소비를 해서, 사치를 해서, 분수에 안 맞는 생활을 해서 그들 스스로 초래한 자업자득이라며 차가운 시선을 보낸다. 그런 사람들도 적지 않은 것은 맞다. 그래도 그런 사람들은 상대적으로 빚에서 탈출할 여지가 많다. 가지고 있는 각종 불필요한 자산들을 처분하고 소비를 줄이면 되기 때문이다. 지금의 관점에서 본다면 과거에는 개인 재무나 채무에 관한 상담이 상대적으로 쉬웠다.

지금은 사정이 많이 다르다. 일반적인 시각으로 보면 과소비나 사치라고 볼 수도 없고, 열심히 일하면서 분투했는데도 어느샌가 어깨 위에 빚이 쌓이고 쌓여서 온몸을 짓누르는 지경에 이른 사람들이 너무나 많다. 재무 상담을 하다 보면 때로는 딱히 할 말이 없을 때도 있다. 뭔가 잘못된 점이 있어야 지적을 하고 바로잡을 텐데 마땅히 지적할 게 없기 때문이다.

지금 대한민국에서 살아가는 사람들이 어떻게 부채를 쌓아 가는지 그 시나리오를 살펴보자. 제2장에서 좀 더 자세하게 들여다보겠지만 나이대별로 빚을 지게 되는 원인은 차이가 있다. 2015년 현대경제연구원이 발표한 자료에 따르면 나이대별 경제적 행복의 장애물 1위로 20대는 일자리 부족을, 30대는 주택 문제를, 40대는 자녀 교육 문제를, 50대 이상은 노후 준비 부족을 꼽았다. 그런데 이러한 조사 결과는 나이대별로 빚지는 주요한 원인이기도 하다.

미성년의 딱지를 떼고 세상 속에서 자기 자리를 잡아 나가는 20대부터 빚지고 사는 인생이 시작된다. 가장 큰 이유는 학자금 대출이다. 학교를 졸업하고 세상 밖으로 나오면서부터 학자금 대출을 갚느라 허리가 휘어진다. 그나마 취직이라도 빨리 되어 크든 적든 안정된 수입이 들어오면 다행이지만 요즘처럼 청년 실업이 심각한 시대에는 졸업 후에도 빨리 일자리를 구하지 못하는 청년들이 많고, 그러면 빚은 더더욱 부담이 된다. 일자리를 구하다가 지쳐 좌절에 빠지고 구직을 포기하다시피 하는 청년들이 늘어난다. 이들은 구직만이 아니라 연애나 결혼도 포기한다.

30대에 부채가 늘어나는 가장 큰 원인은 물론 결혼과 자녀다. 20대의 빚도 채 완전히 털지 못했는데 가정과 자녀를 가지기 위해서는 많은 돈이 필요하다. 게다가 체면을 중시하는 한국 사회, 결혼하려면 '아파트 전세라도 하나 있어야지' 하는 부모 세대의 사고방식까지 얽혀서 부채의 폭을 더더욱 키운다. 자녀가 생기면 유모차에서부터 시작해서 아이가 먹고 입는 것에 체면 경쟁이 벌어지고, 좀 더 성장하면 사교육비가 슬슬 부담이 된다. 맞벌이 부부는 자녀 양육 문제로 한 명이 일을 쉬어서 수입이 줄거나, 일을 쉬지 않으면 보육비가 급증한다. 맞벌이를 지속한다고 해도 출산 전후로 장기간 휴직은 불가피하므로 최소한 6개월 이상 수입의 급격한 감소는 불가피하다.

그나마 자녀가 초등학생일 때에는 저축을 하고 미래에 대비할 수 있는 여지가 있다. 결혼을 한 시점으로부터 자녀가 초등학교를 졸업할 때까지의 약 10년간, 대략 30대 후반 정도까지가 부부가 저축을 할 수 있는 골든타임이다. 그런데 이때가 멋도 부리고 소비하고 싶은 욕망이 가장 정점에 이르는 시기다. 온갖 소비의 유혹이 마음을 사로잡고, 당장 돈이 없어도 카드와 각종 할부로 손쉽게 빚을 질 수 있다. 이 시기에는 내 집 마련 생각도 간절해진다.

가정을 만들고 자녀가 생기는 과정에서 주거 문제는 가장 큰 고민거리 중 하나다. 가정의 변화에 맞게 좀 더 큰 집으로 옮길 필요도 생긴다. 요즘처럼 전세 구하기가 힘들고 전셋값도 뛰는 시대에는 대출을 받아서라도 집을 사자는 유혹에 끌리기 쉽다. 20대 때부터 시작된 빚은 30대에 줄기는커녕 더욱 불어나서 어느덧 40대로 들어선다.

이제 40대가 되면 자녀 교육이 가장 큰 부담이 된다. 이 시기에는 자녀가 중·고등학교를 거쳐 대학교에 들어가는 시기다. 자녀들의 사교육비와 뒷바라지 비용은 눈덩이처럼 불어난다. 저축이나 노후 대비 같은 단어는 머릿속에서 가물가물해진다. 반면 수입의 안정성에는 이상 신호가 들어온다. 정규직으로 일하고 있다고 해도 이때쯤부터는 슬슬 내 일자리가 그리 안전하지 않다는 것을 피부로 느끼게 된다. 위태로운 살얼음판 위를 엉금엉금 기다 보면 어느새 50대로 들어선다.

50대에 접어들면 노후 준비가 안 되었다는 사실을 절감하게 된다. 마치 눈앞에 거대한 낭떠러지가 입을 벌리고 있는 듯한 먹먹함이 다가온다. 아직 정년도 안 되었지만 지금의 일자리에서 밀려나기 시작하는 사람들이 속출한다. 이때쯤이면 동창회니 입사동기 모임이니 하는 곳에서 노후 걱정이 주요한 화제로 떠오른다. 그저 한숨만 쉬는 사람이 있는가 하면, 그냥 있을 수는 없으니 뭐라도 해봐야지 하는 사람도 있고, 좀 더 구체적으로 창업을 거론하는 사람들도 있긴 하지만 뚜렷한 자기 소신을 찾아보기는 힘들다. 당장 눈앞에 성큼 다가온 절벽 같은 문제들 앞에 우왕좌왕하는 사람들이 태반이다. 직장에서 밀려난 후 퇴직금과 자산을 털어 자영업에 나섰다가 실패해서 자산을 모두 날린 것은 물론이고 거액의 빚만 지게 된 사람들도 부지기수다. 그리고 50대의 끝자락에서 지금까지는 마음속 공포였던 노후가 드디어 현실로 덮쳐 온다.

뭔가 특별하게 사치한 것도, 분수에 안 맞는 삶을 산 것도 아니고, 주위 사람들과 비교해도 별다르지 않은 평범한 삶을 살았는데도 20

대 때부터 빚을 지기 시작해서 온몸이 휘청이는 듯한 부채에 짓눌려 준비 안 된 노후를 맞닥뜨리는 사람들, 이것이 지금 한국 사회의 많은 사람들이 겪는 문제이고 앞으로 더 많은 사람들이 겪을 미래다.

체면이 곧
부채가 되는 사회

장성급으로 몇 년 전 군을 제대한 60대 초반의 오택진 씨는 최근 들어서 돈 문제로 고민이 많다. 현역 군인 시절에는 부채 걱정이라는 것을 할 일이 없었다. 집도 차도 국가에서 제공되고 돈 쓸 일이 많지 않았다. 게다가 오랫동안 군인으로 복무하면 전역 후에 연금도 있으니 충실히 군 생활을 하고 나오면 노후 걱정도 필요 없을 것 같았다. 그는 현역 시절에는 돈 문제로 고민하고 대출을 받으며 고민하는 후배 장교나 민간의 친구들을 보면 '도대체 왜 대출을 받아? 헤픈 녀석들 같으니라고!' 하며 속으로 혀를 끌끌 찼다고 한다.

그런데 때가 되어 전역을 한 오 씨는 사회에 나오자마자 고민에 빠졌다. 당장 전셋집부터가 문제였다. 군대라는 사회 속에서 반평생을 보내고 사회에 나오니 초년생이나 마찬가지였다. 부부와 아직 독립하지 않은 자녀가 있어서 30~40평대 아파트가 필요했지만 그때까지 모은 돈으로는 집을 살 돈은 안 되고, 대출을 받으려고 해도 은퇴자의 신분이어서 2억 정도밖에는 안 되었다. 서울에서 그만 한 아파트를 전세로 구하려고 하니 최소 5억은 있어야 한단다. 결국 집 사는 것은 포기하고 전세자금대출을 받았다.

그래도 큰 걱정은 안 했다. 군인연금이 한 달에 500만 원 가까이 나오기 때문이었다. 이 정도면 꽤 괜찮은 직장에 다니는 샐러리맨의 한 달 월급 수준이다. 그런데 그 돈이 그리 많은 게 아니라는 것을 깨닫기까지는 오래 걸리지 않았다. 우리 사회의 가장 큰 문제인 체면 때문이었다. 60대에 접어드니 찾아다닐 경조사가 끊이질 않았던 것이다. '경조사＝돈'인데 전역했다고 해서 5만 원을 낼 수는 없고, 자기 지위와 체면이 있으니 최소 10만 원 이상은 내야 했다. 그것으로도 부족해서 화환도 보내야 한다. 경조사 한 번에 최소 20만 원인 셈이다. 군에서 그만 한 지위까지 올라갔으니 인맥도 많고 경조사도 여간 많은 게 아니었다. 그러다 보니 한 달에 경조사비만 200만 원 이상이 나간 적도 있었다. 연금의 40퍼센트나 되는 돈이다.

이 고객은 연금에 다른 수입까지 합치면 한 달에 700만 원가량 소득이 있었기 때문에 이 돈이 모자랄 것이라고는 생각지도 못했다. 한 달에 500만 원 정도 지출이면 충분할 것이라고 생각했지만 현실은 상상을 초월하는 수준이었다. 경조사비 말고도 각종 모임에 불려 다니면서 나가는 지출도 만만치 않았다. 여기에 가족들의 지출도 있었다. 장성 부인만 되어도 여러 모임에 불려가고 '사모님' 체면이 있으니 상당한 지출이 있었던 것이다. 부인과 자녀의 지출에 생활비, 전세자금대출이자까지 합치면 한 달 지출이 줄잡아 1,000만 원이나 되었다. 한 달에 300만 원의 적자가 발생하니 슬금슬금 빚이 늘어났다. 처음에는 마이너스 통장을 쓰다가 이것도 한계에 이르자 신용카드 빚이 늘어났다.

　고객들과 상담을 하다 보면 무시할 수 없는 비율로 '체면' 때문에 경제적 문제가 생기는 것을 많이 본다. 한국은 체면을 무척 중시한다. 특히 직장이나 사회에서 어느 정도 지위가 있었던 사람들, 나이가 있는 사람들일수록 더더욱 체면에 얽매여 많은 지출을 한다. 더구나 한국 사회는 집단과 서열을 중시하는 풍토가 짙기 때문에 나 혼자 그 대열에서 이탈하면 상당한 인맥 손실을 감수해야 하므로 체면치레에서 자유로워지는 것이 쉬운 일이 아니다. 자신이 소유한 물건으로 개성이나 정체성을 표현하는 풍토도 일종의 체면 문화다. 옷차림에서 시작해서 스마트폰, 가방, 자동차로 이어지면서 소비가 꼬리에 꼬리를 문다. 남에게 잘 안 보이는 집은 작은 원룸에서 살아도, 남에게 쉽게 드러낼 수 있는 자동차는 수입차를 끌고 다니는 모습도 쉽게 볼 수 있다.

　사실 젊은 세대들 중에는 체면에 크게 얽매이지 않는 사람들도 많다. 결혼할 때 집도 차도 욕심 안 부리고 분수껏 소박하게 하려고 생각하는 젊은이들도 많다. 그런데 문제는 부모다. 자신은 싫은데 부모의 체면 때문에 울며 겨자 먹기로 자기 사정에 안 맞는 소비를 하게 되는 사례를 무수히 보아 왔다.

　상담을 온 어느 예비부부는 남편이 빚이 많았다. 남편의 아버지가 사업이 실패하면서 보증을 섰던 형제가 각각 억대의 빚을 진 것이다. 성실히 노력해서 상당 부분을 갚았지만 아직도 5,000만 원가량의 빚을 지고 있었다. 결혼을 앞둔 부부는 가급적 비용을 줄이고 싶어 했지만 부모가 문제였다. 남편은 남들이 부러워할 만한 곳에서 근무하는 공무원이었고, 아내 역시 좋은 직장에 다니고 있어서 부모들은 '그래도 평생에 한 번 하는 결혼인데…' 하고 고집을 부렸다. 그래도 '아무것도 안 하겠다'고 최대한 설득하도록 권했다. 다행히 식장은 직장에 있는 홀을 이용하기로 해서 일반 예식장에 비하면 훨씬 적은 비용으로 예식을 치를 수 있었지만 피로연 음식을 비롯한 각종 예식에 들어가는 비용을 합쳐 보니 어쩔 수 없이 결혼 비용이 2,000만 원 이상 지출되었다. 그나마 그 정도로 타협한 것도 두 사람이 부모를 최대한 설득한 결과였지, 그렇지 않으면 훨씬 많은 비용을 썼을 것이다. 한국 사회에서 결혼은 두 사람이 하는 것이 아니라 두 집안이 하는 행사다. 결국 부모의 체면, 집안의 체면이 더 중요하게 생각된다.

문제는 결혼식으로 끝나는 것이 아니었다. 집이 문제였다. 부부는 당장 아이를 낳을 계획이 있는 것도 아니어서 우리는 일단 원룸에서 시작하라고 권했다. 부부도 집 문제에 대해 부모를 어떻게든 설득해 보려고 했다. 하지만 부모들은 요즘 시대에 집 한 칸은 있어야지 말도 안 된다면서 완강했다. 결국 서울 외곽 신도시의 24평 아파트를 전세로 구해야 했다. 아직 갚지 못한 수천만 원의 빚이 있는데도 추가로 전세자금대출을 받아야 했던 부부는 거의 울상이 될 지경이었다.

홀가분한 새 출발이 아닌 많은 빚을 진 무거운 새 출발로 결혼 생활을 시작하게 만드는 원인은 세 가지의 체면이 가장 큰 문제다. 첫째는 결혼 자체의 체면이고, 둘째는 부부가 거주하는 집의 체면이다. 마지막으로 셋째는 혼수의 체면도 많은 부부들을 괴롭힌다. 결혼 과정에서 우리나라의 예비부부들은 결정권이 별로 없다. 결혼 때문에 자식이 빚을 지느냐보다는 체면이 더 중요하다고 생각하는 부모들이 많다. 말로는 '그게 다 너희들을 위한 것'이라고 하지만 결국 많은 빚을 자녀들에게 지게 만드는 것을 어떻게 자녀들을 위한 것이라고 포장할 수 있을까? 부모의 체면을 자녀에게 전가하는 것에 불과하다.

이러한 체면은 자녀만을 괴롭히는 것이 아니라 부모 자신도 힘들게 만든다. '결혼식도 남부럽지 않게 성대하게 해라', '집도 최소한 아파트 전세 하나는 장만해라' 하고 따지다 보면 부모도 자기 주머니를 털어야 하기 때문이다. 자녀 한 명 결혼시킬 때마다 경제 상황에 큰 구멍이 생기고 노후 준비를 포기하다시피 하는 부모들도 많다.

21세기 월급쟁이는 왜 부자가 될 수 없는가?

결혼할 무렵의 자녀를 둔 부모 세대까지는 자산 가치가 빠르게 상승하던 시대를 살아왔다. 그 당시는 부동산은 사 두기만 하면 올랐기 때문에 별로 고민할 일이 없었다. 어느 70대 여성은 젊었을 때부터 부동산을 사 모았다. 남편이 월급으로 15만 원을 가져오면 생활비로 쓰고 4만 원이 남았다. 그렇게 모으면 1년 후에는 50만 원이 되었다. 그 돈으로 집을 샀다. 그런 식으로 돈을 모으고 집을 사기를 되풀이했다. 50만 원에 산 집이 2년이 지나니 100만 원이 되었다. 그러면 팔고 또 집을 사고 해서 생활비는 물론 자녀 교육비도 해결했다. 중년에 접어들어서는 재력가 반열에 올랐다.

부모 세대까지는 월급쟁이라고 해도 알뜰하게 저축하면 돈을 모아 일부 대출을 합쳐서 집을 사는 게 가능했다. 시간이 지나면 전반적인 경제의 고속 성장 덕에 집값 자체도 올랐지만 재건축이나 지하철 개통, 도로 확장과 같은 호재가 걸리면 몇 곱절이 뛰어서 대박을 맞은 사람들도 많았다. 그와 같은 삶을 산 세대의 머릿속에는 '집 하나만 있으면 노후는 걱정 없다'는 고정관념이 박혀 있다. 그러니 자녀들에게도 어떻게든 집을 장만하라고 성화다.

지금은 월급 아껴서 집을 사는 것은 어림도 없다. 2017년 1월 기준으로 서울 아파트 평균 전셋값이 4억 2,529만 원인데 반해, 통계청이 발표한 도시근로자 3인 가구의 평균 월 소득(2016년 4/4분기)을 기준으로 계산한 연 소득은 약 5,712만 원이다. 서울에서 아파트 전세라도 구하려면 월급을 한 푼도 안 쓰고 8년 가까이를 모아야 한다는 통계가 있다. 집을 사려면 '일부' 정도가 아니라 대부분의 자금을 빚으로 채워야 한다.

그런데도 부모는 자꾸만 자녀를 압박한다. 더구나 집값이 오르는 분위기에서는 늦기 전에 집을 장만하라고 성화다. 집값이 계속 오르던 시대를 살아오다 보니 지금 시대에도 집값이 오르는 분위기면 계속해서 오를 것이라고 생각한다. 집값은 오르는 게 당연하다는 고정관념 때문이다. 자녀들은 부모의 강권에 못 이겨서, 그리고 자기도 전세살이가 힘들어서 결국 빚을 잔뜩 지고 집을 사게 된다.

1997년 IMF 외환위기 이후로는 재테크 열풍이 불었다. 평생직장이라는 개념이 무너지고 '이 회사에서 열심히 일한다고 해서 회사가 나를 끝까지 책임져 주지 않는다'는 현실을 자각하면서 월급만 알뜰히 저축해서는 잘살기 힘들다는 생각이 널리 퍼졌다. 그래서 중산층들이 저축한 돈을 싸 들고 주식 시장으로 몰리고, 부동산 시장으로 몰리면서 투자 거품이 끓어올랐다. 개미투자자들이 크게 늘어난 것이다. 하지만 대체로 돈을 버는 것은 부자들이었고 개미들은 손실이 더 많았다. 투자 시장에 관한 지식이나 이해, 경험이 부족한 것도 원인이겠지만 정보의 부족, 또는 정보의 불평등도 이유로 꼽힌다. 이른바 '강남 부자'들의 골프 모임이나 사교 모임에 끼어 본 사람들은 그 자리에서 나오는 이야기에 깜짝 놀라곤 한다. 그런 자리에서는 종종 주식에 관한 정보들이 공유되는데 금융이나 투자를 업으로 하는 사람들조차 듣도 보도 못했던 이야기들이 오가곤 한다. 기업의 경영자나 임원들에게서 흘러나와 사교 모임에서 오가는 정보들을 가지고 투자를 하는 사람들이 유리한 것은 당연하다. 마치 달리기 경주를 할 때 출발선이 다른 사람보다 수십 미터 앞에 있는 것이나 마찬가지다.

그렇다면 부동산 투자로는 부자가 될 수 있을까? 앞서 이야기했지만 경제가 고성장을 거듭했을 때에는 월급쟁이도 집 한 채 장만하면 나중에 부자가 될 가능성이 있었다. 지금도 주식도 그렇고 부동산도 그렇고 누군가는 돈을 벌 가능성이 있다. 하지만 과거와는 달리 그 가능성은 크게 낮아졌다. 부동산 시장도 이제는 '사 두기만 하면 오른다'는 말은 옛말이 되었다. 부동산 투자도 정보가 중요하지만 주식과 마찬가지로 부자들은 일반인은 알 수 없는 정보들을 흘리고 서로 공유한다. 고위 공직자 인사청문회 때 단골로 등장하는 것이 부동산 투기

의혹이다. 당사자들은 완강하게 부인하지만 이를 보는 국민들의 마음은 착잡하다.

전세난이 심화되면서는 '무피투자'니 '갭투자'니 하는 말도 유행하고 있다. 즉 전셋값이 치솟다 보니 매매가와 전세가의 갭이 점점 좁아지는 현상을 이용해서 그 갭을 더 줄이면(갭투자), 피 같은 내 돈이 안 들어가는(무피투자) 투자라는 뜻이다. 집을 산 다음에 최대한 전세 보증금을 끌어올리면 실제 내 자금은 거의 들어가지 않는다. 그리고 그 집을 담보로 대출을 받아 또 집을 사고, 역시 전세 보증금을 최대한 끌어올리고 또 대출을 받아 또 집을 사는 식으로 집의 수를 늘려 나가면 아주 적은 투자금으로 여러 채의 집을 가질 수 있다는 게 이른바 무피투자 또는 갭투자의 방식이다.

말만 바뀌었다 뿐이지 2006년까지 집값 거품이 끌어오를 때 유행했던 이른바 '레버리지 투자'의 다른 말에 불과하다. 당시도 평범한 직장인이 여러 채에서 수십 채까지 집을 거느리고 부자가 된 듯한 착각에 빠지곤 했다. 물론 운이 좋아서 거품이 꺼지기 전에 집을 다 처분했다면 돈을 벌었을 것이다. 하지만 대다수는 그러지 못했다. 부동산은 원하는 때에 원하는 가격으로 팔기가 쉽지 않다. 조짐이 이상해지면 순식간에 거래는 뚝 끊긴다. '피 같은 내 돈'은 안 들이고 집을 여러 채 가지고 있을 수는 있지만, 알고 보면 그 집들을 피보다 더 무서운 빚으로 채우고 있는 것이다.

게다가 전세 보증금도 결국은 빚이다. 세입자에게서 무이자이기는 하지만 돈을 빌리는 것이고 갚아야 할 빚이다. 하지만 전세 보증금을 빚이라고 생각하는 사람은 별로 없다. 집을 여러 채 갖게 되는 과정을 역으로 생각해 보자. 실제로 돈을 벌려면 집을 팔아서 전세 보증금을 돌려주고 은행 대출을 갚은 뒤 남는 돈이 수익이 된다. 이런 식으로 하나하나씩 처분을 해야 한다. 지속적으로 집값이 오르면 몰라도 집값이 떨어지는 국면이 되면 문제가 줄줄이 터진다.

설령 집을 여러 채 가진 사람이 타이밍 좋게 몇 채를 팔아 돈을 남겼어도 한 채를 타이밍을 놓쳐서 이전 수익을 다 까먹기도 한다. 예를 들어 집을 세 채 가진 사람이 두 채를 5,000만 원씩 남기고 팔았어도 한 채를 못 팔아서 1억 이상 집값이 떨어지면 합계는 손실이 된다. 집값은 한번 떨어지면 급락할 위험도 높고, 특히 거품이 많이 끓었던 곳일수록 떨어지는 속도는 더욱 무섭다. 2008년 아파트 거품이 빠질 때 가장 크게 추락한 곳도 이른바 '버블세븐', 그중에서도 강남 3구였다.

앞서 말했듯이 갭투자는 매매가와 전세가의 갭을 최대한 줄이는 것이다. 그런데 매매가가 떨어지면 집을 팔아도 전세 보증금을 모두 돌려주지 못할 위험이 커진다. 그러면 나머지 집들도 깡통전세가 되어 버리고 은행 대출까지도 줄줄이 연체에 몰리면서 문제가 눈덩이처럼 커진다. 무피투자가 피눈물 나는 손해로 돌변하는 것이다. 2008년에 아파트 거품이 꺼질 때에도 비슷한 현상이 일어나서 수많은 사람들이 하우스푸어로 전락했다.

임원으로 올라가지 않는 한은 월급쟁이로 부자가 되는 길은 점점 희박해지고 있다. 투자를 통해서 부자가 되겠다는 재테크의 욕망을 들여다보면 일부의 화려한 성공 뒤에 실패의 쓰라린 맛을 보는 사람들이 너무나 많다. 창업을 통해서 성공해 보겠다고 뛰어드는 40~50대도 여전히 많지만 포화 상태인 골목 상권과 프랜차이즈의 횡포 속에서 실패를 겪는 사람들도 많다. 투자든 창업이든 실패를 겪으면 그나마 가지고 있던 자금까지 날리고 노후는 더더욱 위험해진다.

부자는 부를 낳고
가난은 빚을 낳는다

불평등 문제는 이미 전 세계적인 화두가 되고 있다. 경제학자 토마 피케티의 저서 《21세기 자본》Capital in the Twenty-First Century이 세계적으로 그리고 우리나라에서도 돌풍을 일으킨 이유도 바로 불평등 문제를 집중 조명하고 있기 때문이다. 또한 영국인들이 2016년 국민투표에서 대부분 전문가들의 예상을 깨고 유럽연합 탈퇴, 즉 브렉시트Brexit를 선택한 것도, 미국 대통령 선거에서 이른바 '막말의 달인' 도널드 트럼프가 쟁쟁한 거물급 정치인들을 제치고 공화당 후보가 된 것도 그 이면에는 불평등과 세계화의 역설이 자리 잡고 있다. '세계화가 그렇게 좋은 것이라고 하더니 결과는 어떤가? 세계화의 덕은 부자와 외국인들이 거의 차지하고, 우리는 더 가난해지지 않았나!' 하는 사람들의 분노를 부추기고 자극한 것이 브렉시트를 지지한 영국 정치인이고, 도널드 트럼프였다.

우리나라라고 해서 예외는 아니다. '헬조선', '금수저', '흙수저'와 같은 표현은 이미 우리 사회의 불평등 문제를 상징하는 표현이 된 지 오래다. 부자들은 더욱 부자가 되는데 가난한 사람들은 더욱 가난해지고, 중산층은 아래로 떨어지면서 불평등은 점점 더 심각해지고 있다. 이러한 불평등에 대한 분노는 점점 쌓여서 사회의 분열과 갈등이 점점 커져 가고 있다.

부자는 왜 더욱 부자가 되고, 서민은 점점 가난해져 가나? 여러 가지 원인이 있고 분석이 있다. 하지만 여기서는 '빚'의 관점으로 살펴보자. 부자는 돈이 생기면 돈을 굴려서 돈을 번다. 서민은 돈이 생겨도 굴릴 여유가 없다. 당장 생계비에 학자금을 대기도 정신이 없고, 그래도 모자라면 그만큼은 빚이 된다. 부자의 통장에는 돈이 늘어나고 서민의 통장에는 빚만 늘어가고 있다.

과거에 빚을 지기가 어려울 때에는 번 돈으로 생활비나 학자금을 대기에 부족하면 가진 것을 팔아서 충당했고, 그래도 안 되면 포기했다. 생활수준을 낮추거나, 대학 진학을 단념하는 식이었다. 그런데 이제는 포기하기보다는 빚이라도 내서 생활수준을 맞춘다. 생활비가 부족하면 빚을 내서라도 생활수준을 유지하려고 하고, 등록금이 부족하면 학자금 대출을 받아서 학교를 다닌다. 결혼할 때 번듯한 전세를 구할 만한 자금이 없으면 자기 자금에 맞게 단칸방이든 작은 곳에서 사는 대신, 일단 빚이라도 져서 남들 보기에 창피하지 않을 만한 장소에서 신혼을 시작한다. 요즘은 전셋값도 비싸고, 신혼부부한테는 여러 가지 대출 프로그램도 많아서 아예 집을 사고 시작하기도 한다.

스스로가 생각을 전환하지 않는 한 돈 없으면 빚내지 말고 포기하라고 옆에서 말하기도 힘들다. 사람들은 대개 사치스러운 생활이 아니라 그저 비슷한 수입이나 직업을 가진 주위 다른 사람들에 비해 낮지는 않아도 많이 모자라지는 않는 생활을 원할 뿐이다. 이를테면 학벌 사회에서 대학교 졸업장조차 없으면 사회적으로 많은 핸디캡을 가져야 하는 게 현실이기 때문에 '그래도 대학은 가야지' 하는 것이다. 결혼한 주위 친구들을 봐도 다들 작은 전세 아파트 하나 정도는 가지고 시작하고, 양가 부모님들도 '못해도 전세 아파트 정도는 있어야지' 하고 성화다. 그렇다 보니 당장 돈이 없어서 빚을 냈다고 해도 그것이 무리한 욕심이나 사치라고 생각하기는 힘들다. 대단한 것을 바라지 않았고 평범한 것, 그저 남들 하는 정도의 것만 바랐을 뿐인데 그 결과는 늘어만 가는 빚이다.

빚은 어느샌가 현대인의 삶에 만병통치약이 되었다. 당장 장만하려는 것이 있는데 그만한 돈이 없으면 포기하거나 줄이는 게 아니라 빚을 내서라도 원하는 것을 기어이 가지고 만다. 신용카드를 긁어서 이것저것 사다가 카드 빚이 늘면 '그냥 빚 한 번 지지' 하는 생각을 너무나 쉽게 한다.

생활 자금이 부족한 사람들 중에 집이 있는 사람들은 이자가 낮은 주택담보대출로 생활비를 빌리는 경우도 있다. 2015년 6월에 발표된 한국은행의 〈금융안정보고서〉를 보면 2014년 8월부터 2015년 4월까지 은행의 주택담보대출 가운데 대출금 상환을 위해 돈을 빌린 비중은 31.2퍼센트로 나타났다. 즉 다른 빚을 갚기 위해 빚을 낸 것이다. 2014년 1~7월에는 이 비율이 17.1퍼센트였으니 두 배 가까이 늘어났다. 그만큼 빚에 시달리는 사람들이 늘어난 것이다. 한편 주택 구입

목적으로 주택담보대출을 받은 비중은 39.8퍼센트로 지난 조사에서 절반이 넘는 50.4퍼센트에 비해 크게 줄어들었다. 생계 자금으로 사용한 비율은 11.2퍼센트로 나타나서 상대적으로 낮은 비중을 차지하고 있다. 하지만 대출금 상환을 위해 주택담보대출을 받은 사람들 중 상당수는 기존 대출금이 생계비나 학자금 때문에 생겼을 가능성이 높다. 빚은 줄어들지 않고, 단지 급한 불만 끈 정도에 불과하다. 높은 이자를 싼 이자로 갈아탄 것일 뿐이다. 사실 지금의 정부 정책 자체가 빚 줄이기가 아니라 '빚 갈아타기'에 불과하다. 정부의 명분은 이자 부담을 줄여 주면 그렇게 숨통이 트인 만큼 빚을 갚는 데 쓸 수 있다는 것이지만 생계비 압박에 시달리는 가계들로서는 이자 부담이 줄어 봐야 결국 당장 급한 소비로 나가게 되고 가계 부채 개선에는 거의 도움이 안 되는 실정이다.

부자들은 주택담보대출을 받더라도 이유가 다르다. LG경제연구원의 〈소득계층별 가계 부채 진단〉 보고서에 따르면 2014년 기준으로 상위 20퍼센트는 거주 주택 이외의 부동산 마련, 즉 투자 목적의 대출이 20.1퍼센트였다. 반면 하위 20퍼센트는 상위 6분의 1 수준인 3.4퍼센트에 불과했다. 한편 생활비 마련을 위한 대출의 비중은 하위 20퍼센트는 17.8퍼센트로, 상위 20퍼센트의 3.8퍼센트보다 다섯 배 가까이 높았다. 부자들은 더 돈을 벌 목적으로 대출을 받는 반면, 서민들은 당장 생계비 마련을 위해 대출을 받는 실정이 잘 나타나는 대목이다. 부동산 투자를 목적으로 돈을 빌린 사람들도 가격이 떨어지면 손실을 보겠지만, 생계비가 목적인 사람들은 그 돈을 소비하게 된다. 소득도 정체 상태인데 대출 받은 돈을 생계비로 쓰고 나면 형편은 더욱 어려워지고 더욱 질 나쁜 빚에 손을 댈 위험이 높아진다.

문제가 심각해지자 정부에서도 2015년 들어 몇 가지 대책을 내놓았다. 서민들이 빚을 갚아 가는 구조를 만들기 위해 신규 대출은 원리금 분할상환을 원칙으로 했다. 그동안은 거치 기간 동안 이자만 내다가 원리금을 나눠서 상환하거나, 대출 만기까지는 이자만 내다가 만기에 원금 전체를 상환하는 식이었다. 하지만 정부 대책을 통해서 거치 기간을 줄이거나 없애고, 만기에 원금을 일시 상환하는 대출도 억제했다. 그 결과는 어떨까? 풍선효과가 나타났다. 은행 대출길이 막힌 사람들이 제2금융권으로 발길을 돌린 것이다.

실제로 한국은행의 통계를 보면 2016년 들어 제2금융권의 대출이 크게 늘어난 것으로 나타났다. 현재 가계 대출에서 가장 많은 비중을 차지하는 것은 주택담보대출이다. 그 밖에 각종 신용 대출이나 마이너스통장 대출, 주택 이외의 부동산이나 예금, 적금, 주식 등을 담보로 받은 대출을 기타 대출이라고 부른다. 기타 대출은 보통 당장 급한 자금이나 생계비를 위해서 빌리는 수요가 많다. 2015년까지만 해도 은행권의 기타 대출은 약 162조 원, 제2금융권은 149조 원이었다. 하지만 2016년 8월에는 은행권은 169조 원으로 7조 원 늘어난 데 반해, 제2금융권은 163조 원으로 14조 원이나 늘어났다. 은행보다 두 배 빠른 속도인 것이다. 가계 부채의 양도 문제지만 질도 나빠진 것이다.

제1금융권 대출은 그래도 갚을 능력이 있는 사람들이 많지만 제2금융권 대출을 받은 사람들은 갚을 능력이 떨어진다. 또한 제2금융권 대출은 리스크가 크다는 이유로 은행보다 금리도 높기 때문에 악성 부채로 빠질 확률이 더욱 높아진다. 이렇게 위험한 대출을 받으면서도 '그래도 카드론보다는 훨씬 싸잖아' 하고 스스로를 위로하는 것이 지금 서민들의 모습이다.

이러한 문제는 개인의 노력으로는 한계가 있다. 정부나 금융권이 개인으로 하여금 빚을 줄이도록 유도해 나가야 하지만 그렇게 하지 않는다. 금융권은 자기들 수익이 줄어드니까 그렇다 쳐도 정부도 부채를 줄이려는 노력에 큰 관심이 없다. 빚 자체를 줄이는 방향으로 유도하면 소비가 줄어들까봐 찔끔찔끔 이자 부담만 줄여 주는 데 그친다. 부채를 줄이려고 하면 소비 심리가 더욱 위축되고 내수 경제에 악영향을 미쳐서 경기 전반이 나빠질 수 있다는 것이 정부의 고민이다. 단기적인 충격을 감수하고서라도 장기적인 관점에서 체질을 바꾸어야 하는데 단기적인 성과에 급급해서 부동산 부채의 마지막 빗장까지 풀어 버린 정부에게 그런 정책을 기대하기는 어려울 것이다. 그리고 계속 빚의 코너로 몰려가고 있는 서민들에게 그 피해는 집중된다.

'부채 폭탄 돌리기'는 이미 시작됐다

여기저기 뚫려 있는 개미구멍, 위기는 한순간에 찾아온다

2017년 가계 부채는 1,300조 원을 돌파했다. 이미 2013년에 1,000조 원을 돌파했을 때부터 가계 부채는 한국 경제의 '시한폭탄', '뇌관'으로 지목되었다. 4년이 지난 2017년 현재 대폭발 상황까지는 일어나지 않았다. 몇 년 동안 이 시한폭탄이 언제 터지나 노심초사하고 있었는데 아직까지 잠잠한 것 같으니 이제는 사람들의 위기의식도 둔해지는 듯하다. 최근 막대한 가계 부채를 동원한 부동산 붐은 정부 정책과 언론의 부추김도 그 이유가 있겠지만 초저금리 기조 속에서 빚의 무서움에 둔감해진 사람들의 심리도 일부 원인이 있을 것이다.

정말로 이 폭탄은 안 터질까? 혹시 이 폭탄이 터진다면 어떻게 될까? 나에게는 어떤 일이 벌어질까? 분위기에 휩쓸리지 않고 진지하게 고민해 볼 필요가 있다. 많은 사람들이 체감했던 가장 가까운 예로는 2002년 카드 대란이 있다. 당시 IMF 외환위기로 침체의 늪에 빠진 경기를 살리기 위해서 정부는 여러 가지 수단을 동원했다. 그 가운데 나온 것이 신용카드를 통한 소비 심리 부양이었다. 정부는 신용카드에 관련된 각종 규제 및 한도를 풀어 주었고, 신용카드사들은 경쟁적으로 발급에 나서면서 그야말로 '아무것도 묻지도 따지지도 않고' 카드를 발급해 주었다. 오죽하면 그 당시에는 '동네 강아지도 골드카드를 물고 다닌다'는 우스갯소리가 있었을까?

하지만 신용카드 때문에 가계 부채가 큰 폭으로 확대되고, 많은 사람들이 몇 장씩 신용카드를 가지고 돌려막기를 했다. 한쪽 신용카드의 결제일이 돌아오면 다른 신용카드의 현금서비스나 카드론으로 결제를 하는 식이었다. 카드 관련 대출의 높은 이자가 따라오는 것은 당연했다. 결국은 돌려막기 이자조차 감당하지 못하는 사람들이 속출하면서 연체율 증가로 이어졌고, 신용불량자가 양산되었다. 연체율이 큰 폭으로 증가하면서 카드사 역시 부실 위험이 높아지자 카드사들은 카드 사용 한도나 대출 한도를 줄임으로써 위험을 낮추려고 했고, 카드를 한도까지 쓰고 돌려막기까지 하던 사람들은 갑자기 한도가 줄어들면서 연체자가 더욱 급증하는 악순환을 낳았다.

2002년과 지금은 부채의 양상이 다르다. 카드 빚은 신용 대출이고 단기성 대출이다. 또한 이자 역시 높다. 반면 최근의 가계 부채는 주택담보대출이 주범이고 장기 대출이다. 기본적으로 카드 빚보다 이자 부담이 훨씬 적고, 여기에 2002년과 비교한다면 금리 자체가 무척 낮은 초저금리 상황이다. 그러니 2002년과는 비교조차 할 수 없을 정도로 막대한 가계 부채에도 불구하고, 공포심이 상대적으로 적을 수도 있다.

하지만 위기는 어느 날 갑자기 전면적으로 중심부에서 핵폭발이 일어나듯 터지는 것이 아니다. 커다란 방죽도 가장 약한 곳에서 물이 새기 시작하고, 그 구멍이 점점 커져서 나중에 물이 샌다는 사실을 사람들이 알아차렸을 때에는 이미 걷잡을 수 없이 방죽이 갈라지고 물줄기가 터져 나온다. 자그마한 개미구멍이 어디에서 생길지는 불확실하다. 생계를 대출로 버티고 있던 저소득층의 연체율이 급증하면서 생길 수도 있고, 많은 대출을 받아 집을 산 사람들이 정부의 규제 때문에 중도금 대출이나 잔금을 구할 길이 막혀서 생길 수도 있다. 미국의 금리 인상 때문에 한국도 금리 인상의 압력이 높아지고, 그에 따라 대출금리가 뛰면서 생길 수도 있다. 분명한 것은 개미구멍을 만들 수 있는 요소가 한두 가지가 아니라는 것이다.

가계 부채에 이상 신호가 생기고 연체율이 상승하면 돈을 빌려준 금융기관도 문제가 생긴다. 금융기관은 기본적으로 예대마진, 즉 예금금리와 대출금리 사이의 차이를 바탕으로 수익을 창출한다. 그런데 초저금리 상황에서는 은행의 수익도 많이 줄어든다. 대출로 얻을 수 있는 이자의 절대 액수도 줄어들고 예금이자와 대출이자의 차이도 금리가 높을 때처럼 똑같이 하기도 어렵기 때문이다. 그런데 연체가 늘어나기 시작하면 금융기관은 부실을 막기 위해서 신규 대출을 엄격하게 하거나, 변동금리라면 금리를 더 올리거나, 아니면 대출금을 회수하기 위해서 동분서주한다.

지금 많은 가계들, 특히 거액의 주택담보대출을 받은 가계는 원금 갚는 것은 꿈도 못 꾸고 이자만 내고 버티는데, 은행이 연체율이 늘고 부실채권이 늘면 기존 대출의 만기 연장을 더 안 해줄 수도 있다. 대출 원금 또는 이자의 연체로 입은 손실을 다른 대출의 원금을 회수해서라도 메워야 하기 때문이다. 이자만 내고 버티던 가계들은 이런 상황에 닥치면 초토화될 수도 있다. 이렇게 되면 당연히 연체율이 더욱 뛰고 가계 부채 문제는 정말로 대형 폭탄이 터지는 상황으로 치닫는 것이다. 가계만이 아니라 금융권도 부실의 늪에 빠지고 국가 경제 전체의 기반이 뒤흔들릴 수도 있다.

그럼에도 아직까지 폭탄은 터지지 않았고, 위기는 오지 않은 것처럼 보인다. 하지만 위기는 이미 우리에게 와 있다. 가장 명백한 증거는 경제 전반의 상황이다. 과거에는 집값이 뛰고 부동산 거품이 끼면 전반적으로 사람들이 돈이 많아지고, 소비가 늘어나서 경기가 호황을 누리는 경향이 있었다. 그래서 정부도 경기 부양을 위한 가장 빠르고 손쉬운 방법으로 부동산 부양책을 사용해 왔다. 그러나 지금은 양상이 전혀 다르다. 집값이 뛰고 분양 시장에 사람이 몰리면서 투기 열풍까지 부는 것 같지만 경기 전반은 여전히 차갑기만 하고, 소비 심리도 살아나지 못하고 있다. 오히려 막대한 가계 부채에 눌려서 가계는 소비를 줄이는 판이다. 즉 집값 상승이 소비와 경기를 살리기는커녕 오히려 죽이는 주요한 원인이 되고 있는 것이다.

부채가 증가한다고 해도 소비가 살고 경기가 좋아지면서 사람들의 소득이 늘어나면 그런대로 긍정적인 효과가 있다. 그런데 지금은 명백히 반대 방향으로 가고 있다. 2016년 6월 말 국내의 가계 부채 총액은 1,257조 원으로 지난 1년 동안 11.1퍼센트 증가했다. 반면 같은 기간 소득증가율은 1퍼센트 내외였다. 부채가 10배 더 빠르게 증가한 것이다. 앞으로도 경기와 소득이 늘어날 것이라는 기대는 하기 힘들다. 이미 해운업과 조선업을 중심으로 한 구조조정의 칼바람으로 대량 실직이 현실로 다가오고 있고, 한국 경제가 절대적으로 의존해 왔던 수출도 상황이 당분간은 좋지 않다. 경제 성장 7퍼센트를 앞세워 이명박 대통령을 당선시킨 '747 공약(7퍼센트 경제 성장, 국민소득 4만 달러, 세계 7대 강국 진입)'이 무색하게, 이제는 한국은행조차도 3퍼센트 성장도 난망하다는 사실을 인정하고 있다. 이런 상황에서는 아무리 집값을 부양한 정부라고 해도 어떻게든 가계 부채를 줄이기 위한 대책을 세우지 않을 수 없다. 부채가 늘어날수록 경기를 침체시키는 것이 너무도 명확하기 때문이다.

부동산 시장 띄우기가 소비와 경기를 활성화시키는 데 도움이 안 되는데도 정부가 엄청난 가계 부채를 감수하는 이유는 성장률 때문이다. 정부의 경제 정책을 가장 단순하게 평가하는 방법은 GDP(국내총생산) 성장률이다. 그런데 지금은 연간 3퍼센트도 내기 힘들다. 그나마 부동산 경기라도 띄워야 건설업 쪽에서 대규모 생산이 이루어져서 2퍼센트 후반이라도 나온다. 부동산으로라도 어떻게든 성장률을 만

들어야 하는 정부에게 가계 부채에 대한 적극적인 대책을 바라는 것은 무리일지도 모른다.

이미 가계 부채 폭탄 돌리기는 시작되었다. 분양 및 재건축 아파트를 중심으로 지금 벌어지고 있는 부동산 붐도 폭탄 돌리기에 가깝다. 지금 주택 시장의 열기를 주도하고 있는 신규 분양 시장의 붐은 분양권 전매를 노리고 사는 투기 세력이 가세하면서 불이 붙었다. 즉 분양 당첨이 되면 이것을 다른 사람에게 프리미엄, 즉 웃돈을 붙여 팔고 이득을 챙기겠다는 계산인 것이다. 이런 사람들은 계약금 10퍼센트만을 가지고 자신이 감당할 수 없을 비싼 아파트를 분양 받으려고 한다. 비쌀수록 프리미엄도 많이 붙기 때문이다. 분양권을 팔지 못하면 거의 파산 상태가 될 수도 있다. 그렇다 보니 불법 전매도 기승을 부리고 있다. 즉, 전매 제한 기간인데도 일단 사적으로 거래를 한 다음 전매 기간이 풀리면 공식적으로 분양권을 넘기는 식이다.

이렇게 웃돈이 붙은 분양권을 다시 웃돈을 붙여 판다. 아무리 전세난이라고 한들, 과연 웃돈에 웃돈이 붙은 분양권이라도 사야 할 정도인 사람들이 얼마나 되겠는가. 누군가는 결국 상투 끝을 잡게 된다. 폭탄 돌리기를 하다가 나에게 와서 폭탄이 터지는 것이다. 누군가는 폭탄 돌리기 게임 속에서 차익을 남겨 돈을 벌지도 모른다. 더 늦기 전에, 더 오르기 전에 대열에 합류하는 사람들 중에는 폭탄이 터지기 전에 다른 사람에게 넘기고 나는 돈을 벌 수 있을 것이라고 기대하고 이 판에 뛰어드는 사람도 많을 것이다. 일확천금을 노리는 개인의 선택을 말리는 것도 한계가 있고, 결국은 자신의 선택이다. 하지만 절대로 그런 위험한 폭탄 게임에 끼어들라고 권할 수는 없다.

미국 금리 인상, 인구 감소, 저유가…
앞으로 다가올 더 많은 악재들

미국이 기준금리를 인상한다고 해서 우리나라의 기준금리도 따라 올라야 하나? 일부에서는 아니라고 말한다. 오히려 아직 한국은 금리를 내릴 여력이 있으며 경기 부양을 위해서 더 내려야 한다고 주장한다. 그러나 금리를 내려서 경기를 부양한다는 시나리오는 이미 사상 초저금리에도 불구하고 경기가 부양되기는커녕 침체를 벗어나지 못하는 한국의 실정으로 볼 때는 별로 현실성이 없다.

미국이 금리를 인상하면 한국도 마냥 초저금리를 유지할 수는 없다. 기본적으로 달러화는 세계 무역에서 통용되는 기축통화, 즉 세계 화폐나 마찬가지다. 한국의 원화는 그렇지 않다. 대체로 전문가들은 한국의 금리가 적어도 미국보다 1퍼센트는 높아야 외국계 자금이 급격하게 유출되는 것을 막을 수 있다고 본다. 2017년 1월 기준으로 미국의 기준금리가 0.5~0.7퍼센트, 한국은 1.25퍼센트로 이미 마지노선인 1퍼센트다. 미국 금리가 추가로 인상되면 한국은행은 금리 인상 여부를 고려해야 할 처지다. 게다가 한국은행이 기준금리를 당장 올리지 않는다고 해도 시장의 금리는 먼저 반응한다. 기준금리는 주식과 채권 시장, 은행의 자금 조달을 비롯한 금융 시장 전반에 영향을 미친다.

브렉시트와 같은 돌발 변수의 영향도 있고, 또 미국 연방준비제도 이사회가 오락가락하는 발언으로 시장의 신뢰를 많이 잃었다고는 해도 큰 틀에서 보면 미국은 여러 차례에 걸쳐서 기준금리를 점진적으로 올리려고 할 것이다. 오랫동안 양적완화를 통해 돈이 너무 많이 풀렸기 때문에 적절하게 기준금리를 올려 돈을 흡수하지 않으면 갑자기 인플레이션이 가속화되고 투자 시장이 투기성 과열로 치달을 수 있기 때문이다. 또한 나중에 혹시 다시 경기가 침체되었을 때의 무기도 필요하다. 즉, 경기가 좋아지고 있을 때 기준금리를 적당히 올려놓아야 나중에 경기가 가라앉았을 때 금리를 내려서 대응할 수 있기 때문이다.

그런 면에서 한국의 금리도 머지않아 상승 압박을 받을 것이다. 그러면 당장 변동금리 대출을 받은 사람들의 이자 부담이 늘어난다. 한국은행이 2016년 6월에 발표한 〈금융안정보고서〉를 통해 그 충격을 어느 정도 짐작해 볼 수 있다. 이 보고서에 따르면 소득 가운데 세금이나 공공요금과 같은 고정비용을 제외하고 실제 소비에 쓸 수 있는 소득, 즉 가처분소득의 40퍼센트 이상을 대출 원리금 상환에 써야 하는 한계가구는 금리가 1퍼센트 올랐을 때 9만 가구가 늘어난다. 이미 한계가구에 들어서 있는 사람들은 이자 상환 부담이 더욱 높아진다. 만약 2017년에 미국이 두세 차례 금리를 더 올리고, 그 때문에 한국은행의 금리가 0.5퍼센트포인트 올라서 1.75퍼센트만 되어도 가계의 이자 부담은 엄청나다. 기준금리가 1.75퍼센트라면 시중의 대출금리는 대략 4퍼센트까지 올라간다. 2.8~2.9퍼센트 선에서 변동금리 대출을 받은 사람들은 감당하기 힘들어진다.

최근 들어 정부는 가계 부채의 구조 개선을 목적으로 고정금리 대출을 유도하고 있다. 고정금리 대출을 받은 사람들은 금리가 오름세를 타더라도 비교적 안전할 수 있다. 하지만 전체 가계 대출에서 고정금리가 차지하는 비율은 여전히 적으며, 더 문제는 '고정금리' 대출 중에도 알고 보면 고정금리가 아닌 것도 있다는 사실이다. 금융감독원의 〈은행별 주택담보대출 금리 유형 현황〉 자료를 보면 2016년 6월 말 기준으로 주택담보대출 가운데 변동금리 대출이 63.4퍼센트, '혼합형' 대출이 36.6퍼센트였고, 순수 고정금리 대출은 겨우 5퍼센트에 불과했다. 정부에서 고정금리 대출 비중을 늘리도록 금융기관을 독려했지만 대출 후 3~5년까지만 고정금리이고 이후에는 변동금리로 전환되거나, 5년 단위로 금리가 재설정되는 혼합형 대출도 고정금리 실적으로 인정하다 보니 은행들이 혼합형 대출의 폭만 잔뜩 넓혔기 때문이다.

금리가 오를 것으로 예상될 때에는 소비자로서는 고정금리가 좋지만 당연히 은행은 싫어한다. 예금금리와 자금 조달에 필요한 금리는 오르는데 대출금리가 고정되면 손해이기 때문이다. 결국 시간차는 있겠지만 대다수 주택담보대출자들은 금리 인상의 충격에 노출되어 있는 것이다. 혼합형이 오히려 변동금리보다 더 위험할 수 있다. 변동금리는 수시로 금리가 바뀌기 때문에 대출을 받은 사람들이 금리의 변동에 민감하게 반응하고 위험을 그때그때 인지할 수 있다. 하지만 혼합형은 3~5년 단위로 금리가 바뀌기 때문에 방심하고 있다가 금리가 큰 폭으로 뛸 수 있어서 충격이 크다.

예를 들어 2퍼센트 정도의 금리인 혼합형 대출로 돈을 빌린 사람이 그동안 시중금리가 올라서 5년 후에 갑자기 금리가 4퍼센트로 뛰었다고 가정해 보자. 과연 이 사람은 5년 동안에 금리 인상에 대비를 했을까? 그럴 확률은 거의 없다. 갑자기 이자 부담이 두 배로 뛰어 버리면 가계에는 큰 충격이 될 수 있다. 경제 상황에 따라서는 두 배를 훌쩍 넘을 가능성도 얼마든지 있다. 정부는 이러한 혼합형 금리 대출도 고정금리 대출로 분류해서 가계 부채의 질이 개선되고 있다고 주장하고 있지만, 금리가 지속적으로 상승하는 시기가 되면 몇 년 후에 오히려 더 심각한 충격을 일으킬 수도 있다.

분명 대출자들의 이자 부담은 앞으로 더 커지는 방향으로 가겠지만 우리 경제의 저성장 국면은 한동안 이어질 가능성이 크다. 저성장이 지속되면 가계의 소득도 늘어나기 힘들다. 이자 부담이 늘어도 소득이 늘면 다행이지만 최근 몇 년간 부채 증가 속도가 소득 증가보다 월등히 빨랐으며 앞으로도 그렇게 될 가능성이 높다. 저조한 수출 실적 이외에 가계 부채가 저성장의 주요 원인으로 꼽히는 이유도 가계 부채로 인해 사람들이 소비를 줄이고 내수 경제의 침체로 악순환이 이어지기 때문이다.

또한 2017년부터는 15세부터 64세까지의 인구, 즉 생산가능인구가 줄어든다. 다시 말해서 실제로 원활한 경제활동을 하는 인구가 줄어든다는 뜻이다. 통계청의 〈장래인구 추계〉 통계를 보면 생산가능인구는 2016년에 3,704만 명을 정점으로 2020년에는 3,653만 명,

2030년에는 3,289만 명으로 떨어진다. 2020년까지는 1년 평균 13만 명, 2030년까지는 1년 평균 36만 명씩 줄어든다. 이는 저성장을 더욱 부채질하는 요인으로 작용할 가능성이 크고, 주택 수요가 줄어들어 부동산 시장의 침체를 불러일으킬 가능성도 높다. 일부에서는 1~2인 가구가 늘기 때문에 수요가 줄어들지 않는다고 반박하지만, 과연 1~2인 가구가 30~40평형대 아파트를 찾을까? 게다가 1~2인 수요를 노린 원룸이나 오피스텔마저도 과잉 공급 양상을 보이는 실정이다.

경제활동의 토대가 되는 인구 감소도 문제지만 일자리는 더더욱 빨리 감소하는 것이 더 큰 문제다. 복지를 포퓰리즘으로 몰아붙이는 정치인이나 기업, 언론들이 가장 많이 거론하는 이야기가 '진정한 복지는 일자리 창출'이라는 것이다. 그런데 그렇게 외치는 정치인이나 기업이 일자리를 창출했느냐 하면, 그렇지 못하다. 오히려 구조적으로는 앞으로 일자리가 줄어들 가능성이 높다. 무엇보다도 자동화와 인공지능이 주요한 원인이다.

독일의 스포츠용품 회사인 아디다스는 24년 만에 독일에 '스피드 팩토리'Speedfactory라는 공장을 열었다. 그동안은 인건비를 아끼기 위해서 중국과 동남아시아, 아프리카 등지에 생산 기지를 세웠는데 조국으로 돌아온 것이다. 인공지능과 자동화 덕분이다. 이 공장에서 생산 현장에 필요한 직원은 10명뿐이다. 기존의 생산 방법으로 같은 양의 신발을 만들려면 600명이 필요하다. 인공지능이 발달하고 자동화 시스템이 가속화될수록 인간의 일자리는 줄어들 것으로 많은 전문가들이 예견하고 있다. 이미 학자들은 앞으로 10년 후, 20년 후에 사라지거나 대폭 줄어들 직업의 리스트를 만들고 있다.

낮은 석유 값 역시 글로벌 경제에 악영향을 미치고 있다. 1970년대에 터진 유가 폭등, 즉 오일쇼크를 겪은 후 1980년대에는 '저유가, 저금리, 저달러'라는 3저 호황을 겪은 세대로서는 석유 값이 싼 게 대체 뭐가 문제인지 이해를 못하는 사람들도 많다. 하지만 1980년대의 3저 호황은 인플레이션 속에서 지나친 물가 폭등을 조절하면서 상품의 원가를 절감하는 효과가 있었다. 즉, 인플레이션 속에서 사람들은 돈이 많은데 저유가로 물건값이 싸지니 소비가 크게 늘고 호황이 왔다.

그러나 지금의 저유가는 아무리 돈을 풀어도 물가가 오르지 않는 디플레이션 속에서, 즉 사람들이 지갑을 닫고 있는 상황 속에서 벌어지는 현상이다. 오히려 석유 생산으로 먹고사는 중동과 러시아, 남미 국가들의 경제가 생산원가도 제대로 못 건지는 저유가로 타격을 받고 있는 실정이다. 오일 달러를 대표하는 나라라고 할 수 있는 사우디아라비아가 정부의 재정난 때문에 처음으로 국제 시장에서 국채, 즉 나랏빚을 끌어모을 정도다. 경제에서 수출 비중이 높은 우리나라로서는 지금의 저유가 국면은 악재로 작용하고 있다.

가계 부채의 엄청난 증가를 감수하고서라도 부동산 시장의 불씨를 어떻게 해서라도 살려 보려고 하는 정부와 기업의 의도 속에는 결과적으로 이렇게 버티다가 경기가 좋아지면 사람들의 소득도 늘고 부채 문제도 크게 완화될 것이라는 기대가 있다. 하지만 우리 앞을 기다리고 있는 미래는 그다지 밝지 않다. 설령 세계 경기가 나아지더라도 과거와 같은 고성장은 이미 구조적으로 어렵다. 오히려 저성장 국면은 장기화되고 금리는 올라서 가계 부채를 악화시킬 가능성이 도처에 깔려 있는 실정이다.

사실 우리나라 정부의 경제정책은 그동안 정권 임기의 후반으로 갈수록 '일단 버티고 내 임기 안에만 안 터지면 된다'는 식의 무책임한 단기 처방에 급급할 때가 많았다. 마치 운동선수가 당장 경기에서 우승하기 위해 약물을 사용하는 것과도 비슷하다. 당장 주사 한 방을 놓으면 단기적으로는 괜찮아지는 것처럼 보이지만 결국 미래의 체력을 당겨쓰는 결과이므로 길게 보면 더욱 나빠질 위험이 높다. 그런데도 어떻게든 버텨서 내 임기 안에만 안 터지면, 그로 인한 나쁜 결과는 다음 정권이 뒤집어쓰는 식인 것이다. 진짜 문제는 그 결과를 정말로 뒤집어쓰고 삶이 나락으로 떨어지는 이들은 이전 정권도, 다음 정권도 아닌 정부의 단기 처방만 믿고 휩쓸려 다닌 서민들이다. 우리가 요즘 집값이 오른다고 해서 대출을 받아서라도 집을 사려는 상담 고객들을 간곡하게 말리는 이유도 여기에 있다.

이제는 세계 경제의 변동이 가계의 재무구조에까지 직접 영향을 미치는 시대다. 한국의 전반적인 경제 상황과 정부의 경제정책, 더 나아가 글로벌 경제의 현황을 투자가 또는 기업들이나 관심 가질 일이라고 치부할 게 아니다. 경제를 큰 그림으로 읽는 눈, 겉으로 드러나는 상황의 이면에 있는 큰 흐름을 보는 눈 없이 그때그때 겉으로 드러나는 오르내림이나 단기적인 처방에 휩쓸려 다니다가는 가계 경제는 부채만 잔뜩 진 채로 추락할 수 있다.

빨리 벗어나지 못하면
노후파산은 시간 문제다

1990년대 중반 금융회사에서 일하고 있을 때였다. 회사 연수차 일본을 방문해서 도쿄와 인근 신도시를 볼 기회가 있었다. 그때만 해도 도쿄 수도권 주위에는 여러 신도시들이 한창 호황을 누리고 있었다. 출퇴근하는 차량의 행렬은 넓은 도로를 가득 메워 주차장을 만들 정도였다. 당시 일본은 1980년에 끓어올랐던 거품경제가 터지면서 침체의 터널로 들어가고 있었지만 신도시에는 많은 사람들이 살면서 도쿄로 출퇴근하고 있었다. 하지만 지금 그 신도시 중 상당수가 점점 슬럼화의 늪으로 빠지고 있다. 빈집도 급속도로 늘어나고 있다. 거의 유령도시가 되다시피 한 지역도 있다. 이러한 일본 신도시의 쇠락은 우리나라에도 언론 기사와 방송, 책을 통해 여러 차례 소개된 바 있다. 그때마다 부동산 전문가들이 나서서 '한국과 일본의 상황은 다르다. 그렇게까지는 되지 않을 것'이라고 역설했다. 물론 한국과 일본이 완전히 똑같지는 않을 것이다. 하지만 큰 틀에서 본다면 거의 비슷한 모습일 것이라고 예상할 수 있다.

지금까지 우리나라의 사회 변화와 흐름은 거의 20년 전 일본의 모습을 따라가다시피 해왔기 때문이다. 고령화가 급속도로 진행되는 사회현상도 그렇고, 젊은 층이 결혼이나 출산을 기피하는 현상도 그렇다. 심지어는 이런 사회의 변화 앞에서 정부의 대처 방식조차 놀랄 만큼 일본을 닮는 경우가 많다. 20년 전에 일본의 정책이 어떻게 실패했는지를 보면서도 종종 그 정책을 추종하는 모습을 보면 정부의 대처

방안이 실망스럽기 짝이 없다.

일본 경제의 거품이 터지고 부동산이 가라앉았을 때, 일본 정부는 돈을 쏟아부어서 개발 사업을 일으키고 부동산 경기 부양에 안간힘을 썼다. 그 덕분에 일시적으로 몇 년 정도는 경기가 반전되는 것처럼 보였다. 하지만 근본적인 동력이 없이 부양책만으로 일으키는 경기는 한계가 있고 더 큰 부작용을 불러오게 된다. 결국 일본 정부의 부양책은 훗날 '잃어버린 20년'이라는 장기 불황을 몰고 온 주요 원인 중 하나로 지목되었다.

2014년 일본 NHK TV는 〈노후파산: 장수의 악몽〉이라는 다큐멘터리를 통해 노인들의 비참한 현실을 생생하게 보여 주었고 일본 사회에 큰 충격을 주었다. 이 다큐멘터리는 우리나라에도 책으로 출간되어 화제와 논란을 불러일으켰다. 더욱 충격적인 것은 이들 노인 중 대부분은 착실한 삶을 살아오면서 나름대로 충분한 저축을 하고 연금에 가입하면서 노후를 대비했다는 것이다. 실제 NHK의 보도 자료를 보면 60대에 은퇴했을 때 우리 돈으로 2억 5,000만 원 정도의 돈이 있었던 한 노인 부부는 80세 때 잔액이 제로가 되었다. 2억 5,000만 원이면 연금까지 해서 노후에 큰 문제가 없을 것이라고 생각했던 이 부부는 결국 80세에 노후파산 신세로 전락했다.

일본의 노인들은 왜 파산 상태에 빠지는가? 크게 두 가지 원인으로 진단된다. 첫째는 의료비다. 나이가 들면 몸이 아프고 의료비 지출이 늘어날 것이라는 예상은 누구나 한다. 하지만 도대체 어느 정도나 늘어날지는 감이 잘 안 온다. 그렇다 보니 의료비를 과소평가하는 경향이 있다. 늙기 전까지 운동을 하고 생활 습관을 관리하는 데 들어가는 비용보다 몸 관리를 못해서 나이 들어 늘어나는 의료비 부담이 훨씬 크다. 60세 이전의 의료비와 60세 이후 의료비를 비교해 보면 무려 네 배나 차이가 난다. 일본의 노인파산 가운데 상당수가 의료비 때문이다.

둘째는 주거 문제다. 일본의 노인 관련 문제 중 가장 주요한 것으로 지적되는 문제는 너무 낮은 공공주택 보급률이다. 나이가 들면 수입은 줄지만 비싼 주거비 부담이 줄어들지는 않기 때문에 월 생활비 가운데 많은 부분을 주거 관련 비용으로 털리고 나면 빈곤층 수준의 생활을 살 수밖에 없다. 월세를 사는 사람들은 월 임대료가 부담이지만 자기 집이 있다고 사정이 크게 나은 것도 아니다. 일본은 자가 가구의 비율이 60퍼센트로 유럽 주요 국가보다 높은 편이지만 노인파산 문제가 심각하다. 각종 수선비나 관리비, 자산 관련 세금이 부담이 되기 때문이다.

이렇게 이야기를 하고 보니 우리나라도 일본과 별 다를 게 없거나 오히려 상황이 나쁘다고 할 수 있다. 한국에는 세계적으로 높은 평가를 받는 건강보험 제도가 있지만 나이가 들어서 중병에 걸리면 이래저래 비급여가 많다. 주거비 부담도 크고 공공주택 보급률이 낮기는 한국도 마찬가지다. 실제로 우리나라의 상황은 일본보다 더 나쁘다. 2012년 기준으로 한국은 공공임대주택 거주 가구 비율이 4퍼센트대에 불과하다. 노후파산의 원인으로 주거비가 꼽히는 일본도 6퍼센트로 우리보다는 낫다.*

　노인 빈곤 문제는 우리나라에서 이미 심각하게 나타나고 있다. 잘 알려진 대로 한국의 노인 빈곤율은 OECD 국가 중 1위다. 2012년 기준으로 노인파산 문제가 심각하다는 일본의 65세 이상 노인 빈곤율이 19.4퍼센트인데 비해 한국은 무려 49.6퍼센트다. 거의 절반의 노인이 빈곤 상태인 것이다. 국민연금이 커버해 줄 수 있는 생계비도 일본보다 뒤떨어진다. 이번 정부에서는 노인기초연금까지 도입했지만 노인 빈곤율 확산을 막지 못하고 있다. 그러자 2016년 6월에 보건복지부는 "한국의 노인 빈곤율 통계가 현실보다 높게 나오는 경향이 있다."면서 새로운 노인 빈곤 지표 개발에 나서겠다고 밝혔다. 현실을 개선하지 못하겠다면 숫자라도 개선해 보겠다는 속 보이는 모습이다.

　또한 노년층의 채무 문제도 점점 악화되고 있다. 2016년에 신용회복위원회를 통해 채무조정 지원 신청을 한 사람은 모두 9만 6,319명으로 1년 전보다 4,799명이 늘었다. 이 중 두드러지게 신청자가 증가한 연령대는 60세 이상으로 2014년에 비해 무려 20.8퍼센트나 늘어났다. 원인은 당연하게도 노후 준비 부족 때문이었다. 앞으로 인구 고령화가 더욱 빠르게 가속화될 것이므로 이 비중은 더욱 빠르게 증가할 가능성이 높다.

　앞서 살펴보았듯이 열심히 일하고 나름대로 노후를 대비했는데도 많은 일본의 노인들이 빈곤과 파산의 수렁에 빠져들고 있다. 그 뒤를

●　보건복지 데이터 포털, 사회보장 통계, '생애주기별', https://data.kihasa.re.kr/socialstat/target_view.jsp?grp_seq=534&indicator_seq=532

한국이 따라가고 있다. 이미 한국 경제는 장기 저성장 국면으로 들어섰다. 정부의 부양책으로 잠깐 경기가 반짝 좋아질 수도 있고, 투자할 곳을 찾지 못한 자금이 어디론가 쏠리면 부동산이든 주식 시장이든 불이 붙을 수도 있다. 하지만 경제의 밑바탕이 허약한 상태에서 타오르는 투기의 불꽃은 잠깐에 불과하고 꺼지면 잿더미만 남는다. 요즘에는 금리도 아주 낮아서 이자 부담도 없는데, 당장 치솟는 집값과 전셋값이 힘들어 빚의 위험성을 간과하고 대출을 동원해 집을 샀다가는 노후파산의 대열에 합류할 위험이 커진다. 최악의 상황으로 치닫기 전에 당장 필요한 것은 내 집이 아니라 최대한 빨리 빚의 굴레 속에 갇힌 내 삶을 구출하는 것이다.

제 **2** 장

나를 빚지게
만드는 것들을
파악하라

부채 청산 1단계

빚의 정체 바로보기

01

오늘은 월급날,
하지만 잔액은 0원

예명은 신용,
본명은 부채

잠깐 한 아이의 용돈 이야기를 해보려고 한다. 매달 1일과 16일에 2만 5,000원씩 용돈을 받는 아이가 어느 날 엄마한테 "나 가불해 주면 안 돼?" 하고 물었다. 엄마는 아이 입에서 어울리지 않는 '가불'이라는 단어가 나온 것에 깜짝 놀랐다. 이게 대체 뭔 소린가 싶어 이유를 들어 보니 더 놀라웠다. 친구들에게 돈을 빌렸다는 말이었다. 다음 달에 용돈을 받으면 갚기로 했는데 친구 한 명이 급하게 돈이 필요하다고 빨리 갚으라고 재촉한 모양이다. 알고 보니 아이는 용돈을 받으면 빌렸던 돈을 갚고, 교통카드에 충전을 하고 떡볶이도 사 먹고, 갖고 싶었던 것도 사는 등 그렇게 용돈을 다 쓴다고 한다. 돈이 없으니 친구들에게 돈을 빌리고, 용돈을 받으면 돈부터 갚아야 하니 남는 돈이 별로 없는 것이다. 그렇게 버티다가 결국 '가불'을 해 달라고 엄마에게 SOS를 친 것이다. 부모 입장에서는 빌린 돈이 얼마인지 물어보고, 아이에게 돈을 줘서 갚게 한 다음 앞으로 정해진 용돈으로 2주를 규모 있게 사용할 수 있도록 돌봐 줘야 할 것이다.

이러한 아이의 이야기가 마냥 귀엽게 들릴 수도 있다. 이 이야기를 강의나 강연에서 종종 꺼낸다. 졸업을 앞둔 대학생들을 상대로 한 강연에서도 들려주었다. 왜? 그들의 선배인 많은 직장인들이 한 달 한 달을 살아가는 모습이 이 아이의 용돈 이야기와 다르지 않기 때문이다. 월급이 들어오면 카드 값에 통신비에 공과금이니 보험료니 하고 우수수 빠져나가고 잔액이 남는 게 거의 없다. 그러면 카드로 한 달을 버티고 다음 달 월급이 들어오면 또 빚잔치를 한다. 카드 값이 나가면 이용할 수 있는 잔액이 확 늘어나니까 그동안 참아 왔던 욕망이 쏟아져 나와서 이것저것 지른다. 그러다 보면 카드 할부에 리볼빙에, 빚은 점점 늘어난다.

진짜 문제는 그 액수가 아이가 가불한 금액과는 달리 전혀 작지도 귀엽지도 않다는 데 있다. 실제로 몇 백만 원은 기본이고 1,000만 원까지 불어나서 한 달에 이자만 수십만 원을 무는 직장인들이 셀 수 없이 많다. 빚에 눌려 휘청거리면서도 어떻게 해서든 연체는 안 시키려고 안간힘을 쓴다. 연체이자도 무섭지만 신용이 떨어지는 것은 더 무섭기 때문이다. 연체로 신용 등급이 떨어지면 대출도 막히고 금리도 오르고 카드 한도도 줄고, 이것저것 금융 거래가 막힌다.

현대 사회를 신용 사회라고 한다. 개인에게도 신용 등급이 매겨져 있고, 뉴스를 봐도 '신용'이라는 말이 자주 등장한다. 우리 지갑에 꽂혀 있는 신용카드에서부터 소비자 신용, 국가신용 등급에 이르기까지 신용이라는 말은 폭넓게 쓰인다.

그런데 '신용'이라는 말은 무슨 뜻일까? 신용은 영어로는 'credit'다. 영영사전에서 찾아보면 '물건이나 서비스를 먼저 받고, 그 대금은 나중에 내는 것'을 뜻한다. 생각해 보면 딱 한 글자로 줄일 수 있다. 바로 '빚'이다. 앞에서 언급한 경제용어들에서 '신용'을 전부 '빚'으로 바꾸어 보자. 딱 들어맞는다. 신용카드는 '빚 카드'다. 소비자 신용이라는 말도 쉽게 말해서 '소비자들이 진 빚'이다.

국가신용 등급도 '국가빚 등급'이다. 국채, 즉 정부에서 빚을 낼 때 그 빚을 부도 내지 않고 잘 갚을 확률이 어느 정도인지를 따져서 등급을 매기는 것이다. 종종 우리나라의 국가신용 등급이 올라가면 마치 우리나라의 경제가 아주 좋은 것처럼 언론에서 칭찬하는 모습을 볼 수 있는데, 경제가 별로 좋지 않아도 정부가 돈을 빌리고 부도 낼 위험이 적다면 신용 등급은 올라갈 수 있다. 물론 국가신용 등급이 높으면 나라에서 빚을 낼 때 금리를 낮게 책정할 수 있어서 자금 조달하기에는 좋지만, 국가신용 등급이 곧 우리나라 경제 상황을 대표하는 척도라고 보기에는 무리가 있다.

이렇듯 빚이라는 말을 신용으로 대체하면 좋아 보인다. '빚 카드'를 들고 있다면 쓰기에 주저되겠지만 '신용카드'를 들고 있으면 상대적으로 '지르기'가 마음이 편하다. 신용은 부채라는 실체의 이미지를 좀 나아 보이게 하기 위한 예명이나 마찬가지다. 그렇기 때문에 금융회사들은 어떻게 하면 빚이 빚처럼 안 보이게 할 수 있을까, 그래서 사람들이 마음 놓고 아니, 정신줄을 놓고 빚을 내도록 할 수 있을까를 열심히 연구한다.

게다가 그 '신용'이라는 것이 없으면 은행에서도 푸대접을 받는다. 은행과 신용평가사에서는 고객들을 여러 신용 등급으로 분류해서 금리 우대, 수수료 우대와 같은 여러 가지 혜택을 준다. 또한 우수 고객에게는 대출금리나 한도를 차등 적용한다. 그런데 은행에 예금을 실컷 넣어 봐야 우수 고객이나 신용 등급이 올라가는 데에는 한계가 있다. 신용카드 결제 실적이나 대출 실적이 일정 이상 없으면 은행 내 등급이 최우수 고객까지 가지 못한다.

우수 고객의 점수를 매기는 기준을 공개하는 은행의 도표를 봐도 예금보다 대출이나 신용카드 사용 실적이 점수가 높다. 지인 중에 주연과 조연을 넘나드는 배우 한 분이 있는데, 하루는 "이게 말이 되냐." 면서 엄청 분개해 했다. 그 배우는 40년째 한 은행과 거래했는데도 VIP 등급을 못 받는다는 사실을 최근에야 알았다. 대출은 별로 받지 않고, 신용카드도 안 쓰고 예금만 했기 때문이다.

예금으로는 신용 등급을 아무리 올려 봐야 잘해야 3등급에서 4등급밖에 안 된다. 결국 대출로 신용 등급이 결정된다. 은행 직원들도 고객들에게 이 사실을 은근히 공개하면서 카드를 만들라고 권한다. 고객들의 돈을 맡아 주는 은행 시스템이 사람들에게 빚을 지도록 유도하는 것이다.

은행도 나름대로 논리는 있다. 신용이라는 것은 예금을 얼마나 넣었느냐가 중요한 게 아니라 '빌린 돈을 잘 갚는지'가 중요하기 때문에 대출이나 신용카드 결제 실적이 더 중요하다는 것이다. 말은 그렇게 하지만 사실은 그쪽의 수익이 더 짭짤하기 때문이다. 예금 고객은 은행이 대출을 위해 필요한 자금을 대주는 것이고, 은행의 건전성에도 이바지하지만 '수익'에 큰 도움이 되지는 않는다. 은행의 가장 중요한 수익은 예대마진, 즉 예금금리보다 대출금리가 비싸기 때문에 생기는 수익이다. 그러니 돈 잘 빌리고 원금과 이자를 잘 갚아 주는 사람이 더 우대 받는다.

그렇다 보니 일부 재테크 또는 개인 재무 전문가들은 은행 신용 실적을 올리기 위해서라도 신용카드를 만들고 대출도 쓰라고 권한다. 살다 보면 큰일이 생겨서 급히 자금이 필요한 일이 생길 수 있는데, 그때를 대비해서라도 은행의 고객 등급이나 신용 등급을 확보해 놓을 필요가 있다는 논리다.

평소에 빚을 계속 쓰고 있어야만 내가 정말로 돈이 필요할 때 은행에서 좋은 조건으로 돈을 빌릴 수 있는 시스템 안에서 우리는 쉽게 빚지는 것을 정당화하고, 빚에 둔감해진다. 그러면서도 한편으로는 늘어나는 빚 때문에 고민하고, 신용 등급이 떨어질까 봐 전전긍긍한다. 그야말로 뱀이 자기 꼬리를 물고 빙글빙글 도는 모습과 같이 가여운 모습이 오늘날 많은 직장인들의 현실이다.

지름신과 할부의
완벽한 결합

1990년대만 해도 신용카드를 발급 받기가 꽤나 까다로웠다. 직장이 있다고 나오는 것이 아니었다. 같은 직장이라고 해도 부서에 따라서 결과가 다르기도 했다. 그 때문에 신용카드가 발급이 되면 일단 주위에서 "카드 턱 쏴야지?" 하고 들이댔다. 주위에서 성화니까 한번 쏴야 하기도 했지만 일단 카드가 나오면 저도 모르게 흥분이 된다. '다음 달에 월급이 들어오니까 해결할 수 있다'고 쉽게 생각한다. 신용카드를 가지기가 쉬워진 지금도 심리는 크게 다르지 않다.

'올해 성과를 많이 내서 내년에 연봉을 올리면 돼.'

'이제 승진할 때 됐잖아. 내년에는 꼭 될 거야.'

'가지고 있는 주식이 요즘 분위기가 좋아. 내년에는 대박 날 거야.'

특히 용감하게 카드를 긁게 만드는 것은 상여금이다. 보너스도 결국은 내 연봉에 포함되어 있는 월급에 불과하다. 그런데 마치 보너스를 '공돈'처럼 생각하는 사람들이 의외로 많다. 다음 달에 보너스가 들어오니까 카드로 먼저 지르고 보너스로 메운다. 심지어 보너스가 들어오는 달에는 부부 사이도 좋아진다는 논문 자료도 있다. 사이가 좀 벌어졌어도 보너스가 들어오면 선물도 사 주고, 비싼 외식도 하러 나가니까 다시 사이가 좋아질 만하다. 지금까지 늘어난 빚을 보너스를 통해서 털어 내는 기회가 되면 좋은데 대부분은 그렇지 않다.

이렇게 지름신이 수시로 내려올 때마다 그에 응답하는 것이 신용카드 할부다. 둘은 완벽한 결합이다. 할부가 없으면 지름신도 별 힘을 못 쓴다. 100만 원짜리를 카드 일시불로 배짱 좋게 긁을 수 있는 사람은 많지 않다. 그래도 당장 돌아올 카드 값이 확 늘어나는 걱정은 하기 때문이다. 하지만 비싼 물건을 사거나 항공권을 살 때 할부로 사면 당장에 뭉칫돈이 나가지 않으니 상대적으로 마음이 편해진다. 게다가 무이자면 왠지 돈을 번 것 같은 기분이다. 신용카드로 물건을 살 때, 특히 할부로 물건을 지를 때에는 흥분 물질인 도파민이 도박에 돈을 질러 놓고 패를 기다릴 때와 비슷한 정도로 나온다는 학자들의 분석까지 있을 정도다.

그래픽 디자이너로 일하는 30대의 한 상담 고객은 거의 두 달에 한 번꼴로 비행기를 탄다. 가 본 나라가 두 자릿수를 넘을 정도로 여행을 무척 좋아한다. 해외여행 한 번을 가려면 아무리 가까워도 비행기 값에 숙소, 용돈까지 해서 100만 원은 나간다고 봐야 한다. 유럽이나 미국으로 가려면 비행기 값만 100만 원이다. 도대체 돈이 어디서 나서 그렇게 다니냐고 물어보면, "어떻게 되겠죠." 하고 답한다. 카드 할부로 비행기 표를 끊으니 어떻게든 될 수 있을 것처럼 생각한다. 주말에 아르바이트라도 해서 충당하겠다는 이야기 앞에서는 할 말이 없다.

물건을 할부로 살 때와 그렇지 않을 때의 차이는 단순히 한 번에 내는 돈의 액수가 전부가 아니다. 물건을 살 때 카드를 안 쓰고 현금을 내는 사람들은 물건의 가격을 진짜 가격으로 인식한다. 100만 원을 내고 물건을 사는 사람은 그 물건값을 100만 원으로 여기는 것이다. 그런데 같은 물건을 10개월 무이자 할부로 샀다고 가정하자. 그러면 그 물건값을 100만 원으로 생각하는 게 아니라 10만 원으로 생각

한다. '한 달에 10만 원이면, 한 달에 술 한 번 안 먹으면 되는 거잖아'
하고 생각한다. 그러나 그걸 실천하는 사람은 없다. 지를 때는 추가로
나갈 부담에 맞춰서 생활을 절제하겠다고 다짐하지만 할부 결제가 끝
나는 순간 다짐은 눈 녹듯이 사라진다. 그 점을 더욱 잘 이용하는 것
이 홈쇼핑이다. 120만 원짜리 물건이면 총액 120만 원은 최대한 숨기
고 "월 10만 원 12개월 무이자 할부!" 문구만 크게 부각시킨다. 총액
이 끝까지 안 나오는 상품도 있다.

문제를 해결하는 방법은 한 달에 술을 한 번 덜 먹겠다는 다짐이
아니다. 기다릴 줄 아는 인내심이다. 갖고 싶은 게 있다면 돈을 모아
서 사야 한다. 먼저 사고 나중에 갚는 것이 아니라 먼저 모으고 나중
에 사면 빚지지 않을 수 있다. 당장 신용카드가 내 손 안에 있는데 돈
이 모일 때까지 참고 기다려야 한다니, 처음에는 도무지 참기가 힘들
것이다. 그럼에도 불구하고 참고 기다릴 줄 알아야 카드 빚의 굴레에
서 벗어날 수 있다.

카드사만 배불리는 고리대금업, 리볼빙 서비스

지름신과 완벽한 결합을 자랑하는 또 한 가지는 빚처럼 보이지 않는
빚 가운데 대표적 사례인 '리볼빙 서비스'다. 요즘은 병원비, 학원비를
비롯해서 신용카드 결제가 가능한 범위가 크게 늘어났다. 당장 돈은
없는데 아이 학비는 필요하고, 그렇다 보니 급한 대로 카드로 결제한

다. 요즘은 신용카드를 만들 때 아예 자동으로 리볼빙을 집어넣는다. 사람들은 리볼빙이 뭔지 잘 모르는 상태에서 일부만 갚으면 연체가 안 되고 신용도가 떨어지지 않는다고 하니까 권하는 대로 가입한다. 특히 해외 쇼핑몰에서 물건을 사는, 이른바 해외 직구족들이 리볼빙을 사랑한다. 원래 해외 결제는 할부가 안 되는데 리볼빙 서비스를 사용하면 할부처럼 물건을 살 수 있기 때문이다.

리볼빙 금리는 15~17퍼센트 선이다. 비싸기로 악명 높은 현금서비스와 비슷하다. 그런데 현금서비스보다 리볼빙이 더 무섭다. 현금서비스는 그래도 '내가 돈을 빌린다'는 의식을 하게 된다. 서비스를 받으려면 현금지급기에 카드를 넣고 대출 받으려는 액수를 눌러야 한다. 그나마 '이 돈 어떻게 갚지?' 하고 걱정을 한다. 반면 리볼빙은 그냥 쓴다. 평상시에 카드를 긁는 것과 하나도 다를 게 없기 때문이다. 카드 할부보다도 더 위험하다. 카드 할부는 그래도 내가 몇 달에 걸쳐서 갚아야 한다는 생각이라도 한 번 한다. 리볼빙은 그조차도 없다. 편의점에서 1,000원짜리 음료수 한 병을 사고 카드로 결제해도 리볼빙이 걸려 있으면 높은 이자를 물어야 한다.

정상적인 일시불이나 할부로 한 달에 200만 원의 카드 청구서가 날아오는 A와, 리볼빙 서비스를 사용해서 한 달에 200만 원의 카드 청구서가 날아오는 B가 있다고 가정하자. 똑같이 한 달에 200만 원을 결제하니까 표면적으로는 A나 B나 비슷해 보인다. 하지만 B가 리볼빙 결제 비율을 20퍼센트로 잡고 있고, 리볼빙 금리로 17퍼센트를 적용 받고 있다고 가정해 보자. B는 대략 한 달에 원금 약 186만 원과 리볼빙 이자 13만 원가량을 내고 있다. 그리고 카드사에 930만 원의 빚을 지고 있다. 이렇게 1년이면 이자만 156만 원이 넘는다.

리볼빙 서비스를 사용하는 사람들 중에 내가 한 달 또는 1년에 카드사에 얼마를 이자로 바치고 있는지 아는 사람이 있을까? 거의 없다. 명세서 내역 한 번 제대로 살펴보지 않고 그냥 결제 금액만 보는 사람들이 태반이다. 문제는 더 저렴한 금리로 대출을 받을 수 있는 사람들 중에 리볼빙을 쓰는 사람들이 의외로 많다는 것이다. 마이너스 통장이나 은행 신용 대출을 받으면 4퍼센트 정도 금리로 대출을 받을 수 있는데도 리볼빙을 쓰는 것이다. 앞서 말한 B가 930만 원의 잔액을 모두 연 4퍼센트의 신용 대출로 바꾸면 1년 이자가 37만 2,000원에 불과하다. 무려 118만 원 이상이 절약된다. 그런데도 카드사에 이 많은 돈을 기부하다시피 하는 순진한 사람들이 너무나 많다.

실제로 직장 생활 10년 차인 30대 중반의 어느 남성 상담 고객은 여러 장의 카드로 리볼빙을 계속 쓰다 보니 빚이 4,000만 원까지 불어난 상태였다. 이 정도면 한 달에 내는 이자만 50만 원이 넘는다. 신용 대출을 받아 본 적 있느냐고 물으니 없다고 했다. 대기업에 10년 동안 직장을 다녔으니 신용 대출 한도도 충분했는데도 전혀 생각도 안 하고 있었다. 그에게 내린 해법은 4퍼센트의 신용 대출로 리볼빙을 대체한 후, 신용카드를 한 장만 빼고 모두 없애는 것이었다. 그리고 그 한 장의 카드 한도도 대폭 축소시켰다. 그 결과 한 달 이자가 13만 원으로 대폭 줄어들었다.

리볼빙을 쓰고 있다면 지금 바로 잔액이 얼마인지, 한 달 결제 금액 중 이자로 얼마나 나가는지를 계산해 보자. 상담 고객 중에 리볼빙을 쓰고 있는 사람들에게 이자 액수를 보여 주면 '이렇게나 이자를 많이 내고 있었어?' 하고 깜짝 놀라는 사람들이 많다. 신용 대출이나 보험약관 대출로 돌리면 이자가 크게 줄어든다. 물론 금리가 낮은 빚도 빚이므로 이렇게 절약한 이자를 소비로 돌리기보다는 원금을 줄이는 데 써야 한다. 리볼빙은 빚 중에서도 가장 위험한 빚이다. 고리대금에 가까울 정도로 높은 금리도 금리지만, 빚이라는 생각이 안 들기 때문에 전반적인 소비의 규모를 키우는 게 더 큰 문제다.

핀테크, '현금 없는 사회'의 폐해

'티끌 모아 태산'이라는 말이 있다. 한때는 저축을 장려하는 문구로 많이 쓰였다. 작은 돈이라도 계속 모으고 모으면 큰돈이 된다는 뜻이었다. 그런데 사실 저축은 티끌 모아 태산이 잘 안 된다. 1만 원씩 2만 원씩 틈틈이 저축한다고 해도 얼마 안 된다. 그런데 신기하게도 카드 값은 아주 손쉽게 티끌 모아 태산이 된다.

흔히 카드 빚에 관해서 착각하는 것 중 하나가 한 방에 수십만, 수백만 원씩 지르다 보니 카드 빚이 는다는 생각이다. 그런데 실제로는 티끌 모아 태산 같은 카드 값이 날아오는 것을 보고 깜짝 놀라는 사람들이 많다. 개인적으로는 신용카드를 잘 사용하지 않지만 회사를 운영하다 보니 비용 처리 때문에 법인카드를 사용하게 된다. 한 달에 150만 원까지만 써야 한다고 생각하고 사용하는데, 한 번에 1만 5,000원, 2만 원 정도 소액을 사용하는데도 한 달이면 200만 원이 훌쩍 넘어 버린다.

우리나라처럼 카드 소액 결제가 편리한 곳도 드물다. 편의점에서 1,000원짜리 음료수 하나를 사도 카드 결제가 된다. 외국 같으면 아예 카드 결제가 안 되거나, 되더라도 하한선이 있는 곳이 많다. 우리나라는 정부에서 주도해서 카드 결제를 아주 편하게 만들어 놓았다. 사업자들의 탈세 문제가 심각하다 보니 매출이 투명하게 드러나는 카드로 결제하도록 소득공제를 비롯한 여러 가지 혜택을 주는 한편, 사업자는 카드 결제를 거부하지 못하도록 법으로 강제하고 있다.

소상공인들은 이런 제도가 늘 불만이다. 아무리 소액 결제라고 해도 카드 결제 관련 수수료가 빠지는데다가 카드 전표 용지와 같은 부대비용은 1,000원을 결제하든 1만 원을 결제하든 똑같다. 여기에 더해서 대형 마트나 대기업 소속 매장에 비해 결제 수수료도 비싸다. 요즘은 더치페이 문화가 조금씩 늘어나다 보니까 같이 점심을 먹고 사람 수대로 각자 카드를 내밀면서 결제를 해 달라고 하는데, 주인으로서는 꽤나 성가시고 시간을 잡아먹는 일이다. 그래서 일부 점포는 카드 더치페이를 거절해서 손님들과 마찰을 빚기도 한다. 그래서 소상공인들은 5,000원 이하의 소액 카드 결제를 거부할 수 있도록 정부에 요구하기도 한다.

물론 이런 요구가 언론을 통해서 보도되면 소비자들은 거세게 반발한다. 카드 덕분에 잔돈을 가지고 다녀야 하는 불편을 크게 줄일 수 있었는데 소액 결제가 거부되면 다시 현금을 주고받고 잔돈을 계산하는 등의 불편을 겪어야 하기 때문이다. 게다가 카드 포인트나 할인 혜택, 누적 사용액에 따른 서비스도 받을 수 있다는 것도 장점이다. 그런데 소비자의 입장에서도 한 번쯤은 생각해 보아야 할 점이 있다. 바로 '티끌 모아 태산'의 문제다. 현금을 쓸 때에는 아무리 소액이라고 하더라도 내 주머니에서 돈이 빠져나가는 것이 보인다. 조금이라도 긴장을 하게 된다. 반면 카드로 결제를 할 때에는 내 돈이 나간다는 실감을 잘 못한다. 소액 결제를 할 때에는 더더욱 그렇다.

예를 들어 현금으로 5만 원을 찾아서 지갑에 넣고 다니면서 쓰면 5,000원짜리 소액 결제를 열 번 할 수 있다. 돈이 점점 줄어서 1~2만 원만 남으면 '어라, 벌써 이렇게 썼나?' 하고 생각한다. 카드를 쓸 때는 이런 감각이 없다. 합쳐서 5만 원 넘게 소액 결제를 하면서도 얼마를 썼는지 감이 없다. 문자메시지로 누적 사용액을 확인하는 서비스를 쓰면 좀 낫지만 물리적으로 내 돈이 빠져나가는 것을 눈으로 보는 것과는 큰 차이가 있다. 이미 사용액이 어느 정도 있는 상태라면 거의 감이 생기지 않는다. 누적 사용액이 0원이었다가 5만 원이 될 때와 120만 원이었다가 125만 원이 될 때의 느낌은 전혀 다르다. 최근 들어서는 5만 원 이하의 소액 결제는 서명도 생략되기 때문에 더더욱 돈을 쓸 때 느껴지는 감각이 줄어들고 있다.

게다가 최근 '핀테크'가 각광을 받으면서 카드조차도 꺼낼 필요가 없어지고 있다. 이제는 지갑에서 카드를 꺼내는 아주 약간의 불편함마저도 사라지고 있다. 스마트폰을 단말기에 터치하는 것만으로 결제가 이루어지거나 지문, 홍채와 같은 생체 정보로 결제를 하는 식으로 점점 더 편리한 결제 방식이 경쟁적으로 개발되고 있다. 아예 국가 차원에서 '현금 없는 사회'를 지향하려는 움직임도 나타나고 있다. 국가는 통화를 통제하고 싶어 하지만 현금 사회에서는 한계가 있다. 예를 들어 한국은행이 5만 원권을 열심히 찍어 내도 돈 많은 사람들이 이를 집 안에 쌓아 두고 있다 보니 실제 유통되는 양은 적다. 현금 없는 사회가 되면 돈을 찍어 내는 데 들어가는 비용도 사라지고 국가에서 자금 흐름을 추적하고 통제하기가 쉬워진다. 게다가 국가나 기업은 사람들이 많이 소비하기를 원한다. 소비를 많이 해야 내수 경제도 살고 경제성장률에 도움이 되기 때문이다.

현금 없는 사회, 핀테크 사회는 소비를 편리하게 하므로 더 많은 소비를 일으키는 데 효과적이다. 핀테크를 개발하는 기업에서도 돈을 쓸 때 느껴지는 불편함이나 마음의 장벽을 어떻게든 없애는 것이 관건이다. 하지만 그로 인해 개인의 빚이 늘고 빚 때문에 삶이 흔들리면 개인의 문제로 치부한다. "빚내서 집 사라고 말한 적이 없다."는 경제 부총리의 말처럼, 소비에 대한 감을 없애 놓고서 '우리는 무리하게 소비하라고 한 적이 없다'고 말할 것이다. 경제 성장도 좋고 내수 경제 활성화도 좋지만 국민이 무리하게 빚까지 내 가면서 희생해야 할 이유는 없다. 정부와 기업의 의도에 무작정 휩쓸려 가서는 곤란하다.

미국의 한 유명 재무설계 전문가는 "빚지고 싶지 않습니까? 돈 모으고 싶습니까? 그럼 무조건 현금 쓰세요."라고 말한다. 이와 같은 맥락에서다. 현금은 1만 원을 쓸 때와 100만 원을 쓸 때 빠져나가는 돈의 부피와 느낌이 완전히 다르지만 카드는 똑같이 한 번 긁고 서명하는 것이 전부다. 돈은 열 번을 쓰면 줄어드는 게 보이지만 신용카드는 열 번을 써도 똑같이 카드 한 장이 그대로 유지되므로 무언가가 줄어든다는 느낌이 둔해진다. 꼭 한 번에 수십만, 수백만 원짜리를 질러야만 카드 빚에 시달릴 것이라고 생각하지 말라.

또한 현금은 신용카드보다 불편하다. 소액 결제에도 자유롭게 카드를 쓸 수 있는 한국에서는 카드 대신 현금을 쓰라고 하면 정말 불편할 것이다. 하지만 소비가 편리할수록 불필요한 소비가 많아지고 소비의 감이 없어진다. 소비에 대한 감이 없다면 절제하기 힘들다. 따라서 물리적으로 절제하기 쉬운 환경을 만드는 것이 중요하다. 사실 우리는 일상 속에서 종종 일부러 불편을 감수한다. 예를 들어 편하게 자동차를 타고 가도 되는 거리를 건강을 위해 걸어가기도 하고 따로 시간을 내서 땀을 뻘뻘 흘리면서 운동을 하기도 한다. 소비에서도 이렇게 불편을 감수할 줄 안다면 가계의 재무는 빠르게 건강해질 것이다.

소비를 절제하려면 디지털보다는 아날로그를, 가상보다는 실물과 가깝게 지내라. 핀테크보다는 그나마 신용카드가 낫고, 신용카드보다는 체크카드가 낫고, 체크카드보다는 현금이 훨씬 낫다. 하루 혹은 1주일 단위로 봉투에 내가 쓸 만큼의 돈만 넣어 두고 그만큼만 쓰는 소비를 하면 그다음 달 통장 잔액이 크게 달라진 것을 느낄 수 있을 것이다. 돈을 쓰는 편리함과 멀어질수록 불필요한 소비, 무리한 소비와도 멀어진다.

여행은 추억뿐만 아니라
카드 값도 남긴다

기존의 소비는 주로 물질 소비, 즉 물질적으로 소유할 수 있는 물건을 사는 것이 중심이었다. 더 많이 소유하고, 더 좋고 더 비싼 것을 소유하는 것이 사람들의 욕망이었다. 하지만 최근 들어서는 소유를 위한 소비 대신 '경험 소비'가 중심으로 떠오르고 있다. 이는 우리나라만이 아니라 세계적으로도 비슷하게 나타나고 있는 현상이다.

경험 소비의 대표적인 예라면 영화, 공연, 음식 그리고 여행과 같은 것들이 있다. 이것들은 물리적인 소유를 목적으로 하는 것이 아닌, 평범한 일상과는 다른 경험을 얻기 위한 소비다. 소유할 수 있는 것은 머릿속에 남는 기억, 또는 사진과 같은 일종의 '외부 기억'이다. 최근에는 공유 경제와 같이 상품을 소유하지 않아도 그 상품을 이용할 수 있는 다양한 방법들이 등장했고, 이 같은 경험 소비가 한편으로는 인간의 행복감에 더 긍정적인 것으로 조사된 바 있다.

경험 소비는 사람의 정서를 풍성하게 하고 견문이나 지식을 넓히는 데에도 도움이 된다. 또한 다른 사람과 경험을 공유함으로써 유대감을 키우고 인간관계에도 도움이 된다. 하지만 경험 소비 역시 소비이기 때문에 지나치거나 불필요한 소비가 일어날 가능성이 있다. 그중에서도 빚을 늘리는 데 가장 큰 기여를 하는 경험 소비라면 단연 여행이 꼽힌다.

30대 부부들 대다수가 1년에 한 번은 해외여행을 가야 한다고 생각한다. 또 휴가는 해외로 가는 게 당연하다고 생각하는 사람들도 많다. 20대 해외여행 인구도 크게 늘어났다. 40대 이상은 해외로 골프 여행도 많이 간다. 연령층을 가리지 않고 해외여행객이 큰 폭으로 늘어나면서 공항은 늘 북새통이다. 여기에 케이블TV를 통한 여러 가지 여행 방송들도 넘쳐난다. 청춘부터 할아버지까지 유럽에 남미에 오지까지 누비는 모습을 보다 보면 해외여행을 가고 싶은 목마름은 더하다. 사실 이런 프로들 중 상당수는 여행사나 항공사, 해외 관광청의 협찬을 받는 것들이다. 이런 여행 프로그램을 보면서 대리 만족을 느낄 수도 있겠지만 많은 사람들은 간접 경험으로 그치지 않고 실행에 옮긴다.

특히 최근 들어 해외여행 붐을 더욱 부채질하는 이유로 저가 항공사를 꼽을 수 있다. 저가 항공사는 서비스를 최소화하는 대신 기존 항공사보다 많게는 절반 이상 저렴한 가격으로 항공권을 판매한다. 한국에도 저가 항공사들이 속속 등장하고 치열한 경쟁이 벌어지고 있다. 프로모션 한정판이지만 운이 좋으면 10만 원도 안 되는 가격에 일본이나 중국행 왕복 항공권을 살 수도 있다. 60~70만 원 하는 동남아시아 항공권이 20만 원이 조금 넘는 가격에 판매되기도 한다. 프로모션 날짜나 기간을 정해 놓고 그 기간에만 파격 세일을 한다든가, 반짝 세일, 타임 세일을 비롯해서 세일 방법도 다양하다. 30만 원이 넘는 항공권을 9만 원에 파는 것을 본 적도 있다. 운 좋게 항공권을 사는 데 성공하면 20만 원 넘게 이득을 본 것처럼 생각되고, 여행 계획에 가슴은 설렌다.

해외여행에서 항공권이 차지하는 비중이 높은 편이기 때문에 저가 항공사를 잘 이용하면 여행 한 번 갈 가격으로 두 번을 갈 수도 있고, 알뜰하게 여행을 다녀올 수 있으니 물론 좋은 일이다. 하지만 그 이면을 보면 이런 저가 항공사야말로 '여행 과소비'를 일으키는 주요한 원인 중에 하나다. 일단 불필요한 여행을 조장하는 문제가 있다. 여행 생각이 별로 없었던 사람이 항공권 파격 세일 때문에 충동구매를 하기 쉽다. 항공권을 싸게 사면 절약이기는 하지만 여행을 안 가면 안 쓸 돈을 충동구매로 쓰는 것은 결국은 낭비다.

항공권을 샀다고 끝이 아니다. 숙소도 구해야 하고, 교통비와 먹고 마시는 비용, 여행지 입장료를 비롯한 각종 여행 경비들이 있다. 하지만 사람들은 대개 파격 세일 앞에서는 일단 다른 경비는 생각조차 하지 않는다. 항공권을 살 때는 좋았지만 숙소를 예약하고 여행 경비 환전을 하다 보면 벌써 몇 십만 원이 손쉽게 빠져나간다.

여기에 더더욱 소비를 자극하는 것이 있다. 바로 면세점이다. 인천 공항의 면세점은 규모로 보나 상품의 다양성으로 보나 세계에서 몇 손가락 안에 들 만하다. 중국인 관광객들이 크게 늘어서 더욱 장사가 잘되기도 하지만 확실히 우리나라 사람들도 면세점 사랑이 대단하다. 게다가 인터넷 면세점도 있다. 면세점 업계도 경쟁이 치열하다 보니 적립금이나 할인 행사를 많이 한다. 하지만 이러한 혜택은 모두 일정 금액 이상을 구매했을 때에만 제공된다. 여기에 현혹되다 보면 액수를 채우기 위해 필요 없는 것도 장바구니에 담는다. 그동안 써 보고 싶었던 고급 화장품, 선글라스, 술, 가방에 척척 돈을 쓴다. '이거 백화점에서 사면 얼마나 비싼데! 게다가 적립금에 할인까지 엄청 싸게 샀다!' 하고 만족스러운 표정으로 비행기에 타기 전부터 항공권에, 호텔 예약에, 면세점까지 이미 카드 결제액은 확 늘어나 있다.

이제 현지에 도착하면 쉽게 말해서 정신줄이 풀어진다. 일상에서는 나름대로 아껴 쓰고 불필요한 소비는 안 하려고 노력하지만 해외로 나가면 해방감에 사로잡히고, 한국에는 없던 신기한 것들이나 독특한 것들에 눈길을 빼앗긴다. 그러다 보면 지갑에서 돈이 쉽게 빠져나간다. 해외여행을 가면 평소보다 두 배 이상은 돈을 쓴다. 해외에 가서도 쇼핑 본능은 발동한다. 홍콩이나 싱가포르 같은 쇼핑 천국에서는 특히 세일 기간이 있는데 이때 큰 폭으로 세일을 한다. 우리나라에서는 300만 원 정도 하는 시계를 잘만 하면 3분의 1 값인 100만 원 안팎에 살 수도 있다. '돈 벌었다'고 좋아하지만 사실은 큰돈을 쓴 것이다.

소비의 정신줄을 놓게 만드는 또 한 가지 원인이 있다. 바로 화폐 단위의 차이다. 우리나라의 통화는 비슷한 가치를 구매하기 위해서 필요한 액면 금액이 큰 편이어서 외국에 가면 소비하는 돈의 가치가 헷갈린다. 예를 들어 한국에서는 5,000원을 주고 사야 할 것을 일본에서는 500엔이면 산다. 멀리 가서 미국이면 40달러 정도가 든다. 돈을 쓰다 보면 환율 차이는 잊어버리고 숫자만 남는다. 즉 5만 원을 쓸 때보다 5,000엔, 혹은 400달러를 쓸 때 돈을 상대적으로 적게 쓴 것처럼 착각하기 쉽다. 그러다 보면 환전한 돈이 일찍 떨어져서 해외에서 카드를 쓴다. 카드를 쓰면 환율은 비싼 매입 환율을 적용 받는다. 외국 통화를 살 때의 가격은 팔 때의 가격보다 비싸다. 카드를 쓰면 외국 통화를 산 것으로 간주해서 비싼 환율을 적용 받는다. 현찰을 직접 환전할 때는 보통 여러 가지 환율 우대를 받지만 카드는 그것도 없다. 게다가 해외 결제 수수료가 추가로 붙는다. 여러모로 바가지다.

많은 사람들이 해외여행을 가는 이유로 '힐링'을 꼽는다. 일상생활에서 쌓이는 스트레스, 비즈니스 속에서 쌓이는 크고 작은 마음의 상처를 해외에서 훌훌 털고 힐링을 하고 온다는 것이다. 하지만 돌아오면 일상은 그대로고, 몸은 피곤한데다가 일상으로 돌아온 울적함 때문에 며칠 동안은 일도 손에 안 잡힌다. 경험 소비를 통해서 삶을 풍요롭게 하는 것도 좋지만 소비는 소비다. 일본이나 중국 같은 바로 옆 나라를 다녀와도 경비를 합쳐 보면 1인당 최소한 50~60만 원, 많게는 100만 원가량이 든다.

이렇게 돈을 써도 해외에 가서 견문을 넓히고, 배우는 게 있다면 나름대로 의미가 있다. '젊을 때 여행 많이 다녀라'라는 말은 해외여행을 다니는 좋은 구실로 쓰인다. 그런데 정말로 지금의 여행은 그만한 의미가 있을까? 한국인들이 여행을 다니는 모습은 정말로 '바쁘다'. 관광지 하나라도 더 가려고 촘촘하게 여행 계획과 루트를 짜고, 아침 일찍부터 저녁까지 바쁘게 움직인다. 직장에서 일할 때보다 더 바쁠지도 모르겠다. 그래서 여행을 다녀오면 녹초가 된다. 여유 있게 쉬면서 즐기는 여행이 아니라 에너지를 소진하는 여행이기 때문이다.

양적인 경쟁도 열심히 한다. 페이스북이나 인스타그램에 열심히 사진을 올리고 자랑을 한다. 어떤 사람들은 SNS에 사진을 올리는 것이 여행의 목적인가 싶을 정도다. 요즘은 여행 정보도 넘쳐나고 스마트폰으로 길을 찾기도 쉬워서 손짓 발짓으로 길을 물어볼 일도 별로 없다. 속된 말로 맨땅에 헤딩하면서 여행 간 나라의 사람들과 부딪치고 어려움을 해결할 일도 많이 줄었다. 과연 같은 시간에 도시 하나라도 더 가고, 관광지 하나라도 더 사진을 찍어 올리면 견문이 넓어지는 것일까? 사진이나 TV로 보던 광경을 눈으로 직접 보는 것에만 그친다면 얼마나 나의 삶에 도움이 되는 것일까? 여행의 목적이 무엇인지, 적지 않은 경비를 들여서 가는 여행에 어떤 의미를 부여할지 진지하게 생각해 볼 필요가 있다.

"열심히 일한 당신 떠나라."라는 신용카드회사의 광고 카피가 크게 히트를 친 적이 있었다. 물론 여행은 긍정적인 면도 많다. 일상의 스트레스에서 벗어나서 마음을 힐링시켜 주는 의미도 분명히 있다. 여행을 통해서 견문을 넓히고 다양한 문화와 사람을 이해할 수 있다는 것도 장점이다. 하지만 30대가 빚지는 주요한 원인 중에 하나가 다름 아닌 여행이다. 30대가 가장 활발하게 해외여행을 하고, 소비 규모도 가장 크다. 30대 부부가 휴가 때 1주일 정도 해외여행을 다녀오면 500만 원 이상은 쉽게 쓴다. 한 달 월급 이상이 1주일 만에 날아가는 것이다. 쉽게 그리고 자주 갈수록 여행이 주는 감동이나 힐링의 효과는 떨어진다. 그러다 보면 더 멀리 가거나 더 돈을 많이 쓰는 여행을 찾게 되고 여행으로 인한 소비의 폭은 더더욱 커진다. 이러한 소비는 대부분 빚으로 쌓인다. 힐링을 하러 여행을 갔지만 막상 돌아와서는 카드 청구서 때문에 뒷목을 잡게 되는 것이다.

02

남들만큼 하는 결혼?
깨가 아닌 빚이 쏟아진다

"평생에 한 번인데요.
신부님."

'평생에 한 번'이라는 말은 늘 사람들의 심리를 자극한다. "요즘 시대
에 평생에 한 번이라고 장담할 수 있어?" 하고 농담을 하는 사람들도
있지만, 그래도 결혼은 여전히 평생에 한 번 있는 이벤트라는 것이 대
다수의 생각이고 또 그래야 할 것이다. 문제는 '평생에 한 번'이라는
말 때문에 지갑이 너무 쉽게 그리고 크게 열린다는 것이다.

웨딩컨설팅업체 '듀오웨드'가 해마다 2년 안에 결혼한 남녀 1,000명
을 대상으로 조사한 〈2016 결혼 비용 실태 보고서〉를 보면 요즘의 결
혼 비용이 어느 정도인지 잘 드러난다. 이 조사 결과 우리나라 신혼

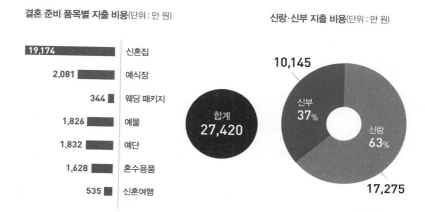

결혼 준비 품목별 지출 비용(단위 : 만 원)

19,174	신혼집
2,081	예식장
344	웨딩 패키지
1,826	예물
1,832	예단
1,628	혼수용품
535	신혼여행

신랑·신부 지출 비용(단위 : 만 원)

합계
27,420

10,145
신부
37%

신랑
63%

17,275

출처 : 듀오웨드

부부의 평균 결혼 비용은 약 2억 7,420만 원으로 나타났다. 1년 전보다 15.2퍼센트, 액수로는 3,622만 원 늘어난 수치다. 이 중 신혼집 비용이 1억 9,174만 원으로 전체의 70퍼센트를 차지했다. 전년도와 비교하면 13.9퍼센트 늘어났다. 신혼집을 제외한 결혼 준비 비용은 결혼식 2,425만 원, 혼수 5,286만 원, 신혼여행 비용이 535만 원으로, 합하면 8,246만 원이다. 전년도의 6,963만 원과 비교해 보면 18.4퍼센트 늘어난 수치다. 결혼 비용 자체의 액수만 봐도 큰 부담이지만 그 액수가 한 해 전보다 20퍼센트 가까이 늘어난 것도 문제다.

남들과 비교해서 뒤처지지 않고 더 나아가 결혼식이라는 이벤트를 통해 인맥과 지위를 과시하고 싶은 체면은 물론이고, 멋지고 고급스러운 식장에서 가장 아름다운 신랑 신부로 남고 싶은 로망을 웨딩

업체들은 극도로 자극한다. 이럴 때마다 단골로 등장하는 말이 결국은 '평생에 한 번'이라는 말이다. 평생에 단 한 번인데, 돈 몇 푼 아끼려다가 후회하지 말고 지르라는 것이다. 신랑 신부가 약간 주저하는 것 같으면 웨딩업체 담당자는 "이 정도는 요즘은 기본적으로 다 해요."라는 말을 서슴없이 한다.

예전에는 부유층이나 하는 것으로 생각되던 호텔 컨벤션장의 결혼식이 요즘은 중산층까지 보편화되어 있다. 자녀가 직업이나 직장이 괜찮다면 더더욱 체면을 세우려고 한다. 그러다 보면 예식장도 특급 호텔에 속칭 '스드메', 즉 스튜디오 촬영, 드레스, 메이크업 비용까지 최고급을 찾으면서 예식 비용이 치솟는다. 특급 호텔에서 결혼식을 올리려면 2억이 넘어간다. 아무리 직업이 좋고 수입이 많다고 해도 억대의 결혼 비용에 더해 체면에 어울리는 집까지 구하려면 큰 부담이 되고 빚이 된다.

결혼 비용 중에 비용이 계속 증가하고 있는 것이 바로 신혼여행이다. 해외여행은 기본이고 동남아시아나 괌, 사이판 같은 곳도 이제는 성에 안 찬다. 하와이, 미국 본토, 유럽, 호주, 뉴질랜드로 점점 거리가 멀어지고 있다. 최근에 예비부부들과 이야기를 해보니 몰디브, 칸쿤, 바하마, 세이셸, 모리셔스 같은 고급 휴양지들의 이름이 자주 나온다. 이런 곳으로 신혼여행을 가면 비용이 1,000만 원에서 1,500만 원 정도까지 나간다는 이야기를 듣고 깜짝 놀란 적도 여러 번이었다.

'평생에 한 번'이라는 유혹에 빠지지 않고 생각을 바꾼다면 결혼 비용을 대폭 줄이는 방법을 충분히 찾을 수 있다. 결혼식의 질을 떨어뜨리고 축소해야만 비용을 줄일 수 있는 것도 아니다. 예를 들어 시민 단체나 사회적 기업을 통해서 비용을 대폭 절감할 수 있다. 시민 단체를 통한 결혼이라고 하면 흔히 저소득층을 위한 단체 결혼식이라든가, 평균 수준보다 질이 많이 떨어지는 결혼식을 생각하기 쉽지만 그렇지 않다.

무료결혼식추진운동본부와 같은 시민 단체에서는 일반적인 결혼식과 같은 질의 서비스를 훨씬 저렴한 가격으로 이용할 수 있다. 이러한 방법으로 결혼식을 준비한 커플들은 대부분 비용만이 아니라 질적으로도 만족한다. 단순히 가격 대 품질이 아니라, 비싼 돈을 들인 결혼과 비교해도 손색이 없다고 한다. 비용이 저렴하다고 해서 싸구려 업체를 연결시켜 주는 것이 아니라 일반적인 결혼식을 진행하는 관련 업체들과 협력하기 때문이다. 그리고 지정해 주는 업체를 무조건 이용해야 하는 것이 아니라 여러 곳의 협력 업체 중 직접 방문해 보고 조건이나 비용에 따라 원하는 곳을 선택할 수 있다.

문제는 '싼 게 비지떡'이라는 심리다. 결혼식 비용이 적게는 반값에서 많게는 10분의 1까지 저렴하기 때문에 싼 게 비지떡은 아닌지, 비용이 헐값이니 질이 너무 떨어지는 것은 아닌지 하고 불안하게 생각한다. 특히 직접 알아보고 비교해 보는 혼인 당사자보다 제대로 확인도 안 해본 부모의 불신이 더 심하다. 부모의 주위 친구들, 특히 자녀를 많은 돈을 들여서 결혼시킨 친구일수록 별 이야기가 다 나온다. "그런 곳에서 주는 웨딩드레스는 한물가서 예식장에서 버린 것을 재활용하는 거라던데.", "메이크업을 싸구려로 해서 사진 찍으면 이상하게 나온다던데." 하고 말이다. 친구 입장에서는 자신의 아들딸은 비싼 돈을 들여서 결혼시켰는데 훨씬 저렴한 가격으로 비슷한 질의 결혼을 한다고 하면 꽤나 배가 아플 것이다. 그러니 잘 알지도 못하면서 싼 게 비지떡이라고 헐뜯는다. 그런데 부모는 이런 이야기를 듣고 와서는 '결혼을 망친다'면서 자녀에게 고집을 부리고 결국 고비용 결혼으로 몰고 간다.

고비용 결혼의 문제점이 심각해지면서 공장에서 물건을 찍어 내는 듯한 예식장 결혼식에 염증을 느끼는 사람들이 많아지고 있고, 한편으로 '스몰 웨딩'이라는 트렌드가 떠오르고 있다. 많은 하객을 불러 모으는 과시성 결혼식 대신 제한된 하객만을 초청해서 작은 규모로 치르는 스몰 웨딩이 젊은 예비부부들을 중심으로 점점 인기를 얻고 있는 것이다. 문제는 이 스몰 웨딩이 규모만 작을 뿐이지 비용은 전혀 적지 않다는 데에 있다. 오히려 스몰 웨딩이 기존의 결혼식보다 더 고비용이라는 말까지 나온다. 웨딩홀은 결혼식을 위해서 시설이나 공간, 내부 장식들이 최적화되어 있다. 이런 곳은 대여료가 많이 들기는 하지만 그 이외에 각종 옵션 비용은 적은 편이다. 반면 원래 결혼식 전용 공간이 아닌 시설이나 레스토랑, 야외의 경우는 예식을 치르기에는 휑해 보이므로 꽃 장식부터 시작해서 공간을 꾸미는 비용이 많이 들어간다. 여기에 하객들을 대접하기 위해서는 출장 연회 서비스를 이용해야 하는데, 이런 경우 1인당 음식비가 많게는 일반 예식장의 두 배 이상이 되기도 하고, 최소 예약 인원만큼은 반드시 돈을 지불해야 한다.

결국 결혼식 장소 대여료와 그 밖에 필요한 서비스 및 옵션 비용을 합쳐 보면 공공장소를 무료로 대여해서 치르는 야외 결혼식조차도 일반 웨딩홀과 별다를 바가 없거나 오히려 더 비싼 경우도 많다. 말만 스몰 웨딩일 뿐 비용 측면에서는 조삼모사에 불과한 것이다.

결과적으로 한국에서는 기존 웨딩 업계가 스몰 웨딩이라는 포장에 기존 방식의 상술을 채워 넣은 기형적인 고비용 결혼식으로 흐르고 있다. 여기에는 결국 '평생에 한 번 하는 이벤트인데' 심리가 다시 끼어든다. 규모는 작아도 최대한 고급스럽게 영화나 드라마의 한 장면 같은 결혼식을 올리고 싶은 심리를 끊임없이 자극하는 상술이 호텔 결혼식 뺨치는 스몰 웨딩을 만들어 내는 것이다.

규모만 스몰 웨딩이 아니라 진짜 스몰 웨딩을 하기 위해서는 그것의 본질을 생각해 봐야 한다. 서양은 우리나라처럼 큰 규모의 결혼식장이 발달해 있지 않다. 영화나 드라마에서 볼 수 있듯이 관공서나 교회, 성당 같은 곳에서 공무원이나 성직자, 친구 몇 명이 증인을 서는 정도로 두 사람이 간단하게 혼인을 하고, 나중에 친척과 친구들을 불러서 파티를 하기도 한다. 또한 서양은 정원이 있는 단독주택에서 사는 사람들이 많다. 정원이 넓으면 집에서 결혼식을 치를 수도 있다. 집이나 교회, 전원주택, 별장과 같은 공간에서 가까운 친척과 친구들을 모아 파티처럼 결혼식을 치르는 것이 서양의 스몰 웨딩 문화라고 할 수 있다.

원래 서양의 스몰 웨딩은 도시 한복판보다는 교외나 시골에서 많이 열린다. 영화나 드라마에서도 전원 속 한적한 곳에서 파티처럼 결혼식을 올리는 모습을 많이 볼 수 있다. 하객이 많지 않으면 접근성 문제를 크게 신경 쓰지 않아도 되기 때문이다. 예식 역시 지나치게 틀에 얽매이기보다는 밝고 유머러스한 파티 분위기에서 신랑 신부는 물론 가족, 하객들이 다 함께 신나게 즐기면서 두 사람의 앞날을 축복해 준다. 스몰 웨딩을 하고 싶다면 장소만 '스몰'한 곳에 기존 결혼식의 호화로움을 끼워 맞출 것이 아니라 밝고 편하게 즐기는 스몰 웨딩의 본질까지도 함께 받아들여야 한다.

최근에는 '소풍 결혼식'이라는 개념도 등장하고 있는데, 말 그대로 야외에서 마치 소풍처럼 결혼식을 소박하게 치르는 것이다. 음식도 식장에서 즉석에서 조리하는 것이 아니라 정말 소풍처럼 도시락으로 준비해 온다. 소박한 결혼을 하고, 절약한 비용의 일부를 기부하는 건강한 생각의 젊은 커플들도 늘고 있다. 화려함이나 남에게 보이고 싶은 과시를 개성과 독특함으로 대신한다면 정말로 '스몰'하면서도 오랫동안 기억에 남는 멋진 결혼식을 올릴 수 있다. 남과 비슷한 결혼식을 추구하다 보면 결국 비교하게 되고 비용으로 경쟁하지만 개성을 가진 결혼식은 굳이 남과 비교할 필요가 없기 때문이다.

부모의 위기로 번지는
자녀의 결혼

2016년 초에 방송된 드라마 〈아이가 다섯〉은 개인의 삶을 현실감 있게 다루어서 인기를 끌었다. 극 중에서는 결혼을 둘러싼 갈등이 사실적으로 묘사됐는데, 특히 이호태(심형탁 분), 모순영(심이영 분) 커플이 결혼을 준비하는 과정에서 결혼 비용과 혼수 문제로 부모 자식 간에 갈등이 생기는 장면이 인상 깊었다. 호태는 아내가 될 순영의 형편으로는 결혼 비용이 감당이 안 될 것을 어머니가 뻔히 알면서도 혼수와 예단을 알아보자 "없는 형편에 왜 욕심을 부리냐."며 화를 냈고, 어머니와 아들 간에 말다툼이 벌어져 어머니가 집을 나가 버리기까지 했다. 나중에야 호태는 어머니가 적금을 깨서 이미 혼수와 예단을 준비했다는 사실을 알고 사과한다.

극 중 여러 커플들이 결혼 준비 과정에서 각자 겪게 되는 어려움과 갈등 그리고 이를 극복하는 과정을 진솔하고 현실감 있게 그리는 모습을 보면서 '참 건강한 드라마구나' 싶었다. 예비 신랑 신부들이 드라마를 본다면 결혼 준비 과정에서 어떤 문제가 있을지, 어떤 갈등을 겪게 될지를 간접 체험할 수 있을 만큼 세세하게 잘 표현했다. 극 중의 호태와 순영은 화려한 결혼식 대신 가족들끼리 식사를 하는 것으로 검소한 출발을 했다. 드라마처럼 이렇게 결론이 나면 다행인데, 현실에서는 결혼 준비 특히 혼수 문제로 자녀와 부모가 갈등을 빚을 경우 때로 결혼 자체가 흔들리기까지 한다.

부모 세대가 큰 예식장에서 많은 하객이 참석하는 결혼식을 원하는 이유는 앞서 말했듯이 체면과 과시가 큰 몫을 차지한다. 자녀가 결혼한다고 하면 주위에서 나오는 이야기는 배우자가 어떤 사람인지에 이어서 "결혼식장은 어딘데?", "신혼살림은 어디서 하는데?"와 같은 질문들이다. 이럴 때 자신 있게 대답하고 싶어 하는 심리가 체면이다.

으리으리하지는 않아도 남보다 못해서는 안 된다는 마음은 남들보다 조금이라도 낫고 기억에 남는 결혼식이고 싶은 경쟁 심리로 이어진다.

또 한 가지 이유는 '본전 심리'다. 그동안 여기저기 결혼식에 다니면서 축의금을 많이 냈으니 이제는 거둬들일 차례라는 것이다. 정작 결혼 당사자는 작고 소박하게 결혼하고 싶은데 부모가 "내가 지금까지 뿌린 축의금이 얼만데!" 하면서 크고 호화로운 예식을 고집하기도 한다. 식을 올리는 데 비용이 좀 많이 들어도 축의금으로 어느 정도 메울 수 있다고 생각해서 안심하고 비싼 결혼식을 치른다. 나중에 축의금을 정산하면서 "이 사람 왜 5만 원만 냈어? 난 이 사람 아들 결혼할 때 10만 원 냈는데!" 하며 기분 나빠하고 심하면 인간관계에 금이 가기도 한다.

자녀 결혼을 앞둔 부모들 중 대다수는 자신의 체면에 따른 강요가 자녀에게 얼마나 두고두고 큰 경제적 부담을 안기는지에 대한 개념이 없다. 혼수 문제로, 예식 문제로, 집 문제로 끊임없이 부모와 자식이 부딪친다. 아예 결혼이나 혼수 준비는 부모에게 맡겨 버린 뒤 신혼집을 알아보는 데에만 신경을 쓰는 예비부부들도 많이 있다. 적당한 집을 구하는 것도 여간 품이 많이 드는 일이 아닌데다가 다른 집 자녀들의 결혼식이나 혼수와 비교하면서 체면을 따지고 부모들의 간섭이 심하다 보니 아예 두 손 들고 '부모님이 알아서 하시라'고 맡기는 것이다. 이쯤 되면 결혼은 신랑 신부의 날이라기보다는 부모의 날이 된다.

그렇다고 부모들이 집에는 간섭을 안 하느냐 하면 그 반대다. 결혼을 앞둔 예비부부들과 상담할 때 늘 강조하는 점이 있다. '작게 시작하라'는 것이다. 형편에 맞지 않게 큰 집을 구하면 집 자체의 비용도 문제지만 그 안을 채우는 비용도 많이 든다. 가전제품도 집의 크기를 따라간다. 집이 클수록 TV도 냉장고도 커지고 그래도 휑하면 큰 김치냉장고도 들여놓는다. 큼직한 소파와 탁자도 필요하다. 전세로 구한 집이라고 해도 집이 클수록 보증금이 오르는 폭도 크다. 하지만 당사자는 설득이 되어도 부모의 벽에 가로막힌다. 집이 있어야 생활이 안정된다면서 적어도 전세 아파트라도 장만하거나, 기왕이면 셋방살이 설움에 시달리지 말고 집을 사서 시작하라고 부모들은 성화다.

상담 고객 중에 예비 남편이 아버지의 사업 실패로 1억 원의 빚을 지고 이제 절반 정도를 갚은 커플이 있었다. 우리는 계속해서 "일단 원룸에서 시작하라."고 설득했다. 두 사람은 그럴 생각이 있었다. 하지만 양가 부모가 완강했다. 이런저런 구실이 있었지만 속내는 '체면이 있지 원룸이 뭐냐, 요즘 세상에 전세 아파트 정도는 있어야지'였다. 결국 예비부부는 울며 겨자 먹기로 거액의 전세대출을 받아야 했다. 그 자존심과 체면이 부모와 자녀를 함께 위기에 빠지게 할 만큼 중요한 것일까? 정말로 생활을 불안하게 흔드는 것은 집의 크기가 아니라 빚의 크기인데도 부모들은 요지부동인 경우가 많다.

그런데 고비용 결혼은 단순히 결혼 당사자의 경제적 압박으로 그치는 문제가 아니다. 부모도 상당한 출혈을 감수해야 한다. 앞서 살펴본 것과 같은 결혼 비용 중에 과연 어느 정도를 당사자들이 댈 수 있을까? 대학을 졸업한 청년들은 평균 2,000만 원 이상의 빚을 진데다가 취업 준비 기간 동안 또 빚을 져서 돈을 갚기에도 바쁜 실정이다.

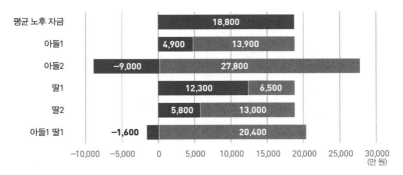

자녀 수에 따른 필요 결혼 비용과 노후 자금

평균 노후 자금	18,800	
아들1	4,900	13,900
아들2	−9,000	27,800
딸1	12,300	6,500
딸2	5,800	13,000
아들1 딸1	−1,600	20,400

■ 남은 노후 자금　■ 필요한 결혼 비용

출처 : 서울시 인생이모작지원과(2015년)

상담을 해보면 많은 예비부부들은 모은 돈은 별로 없고 각자 크든 작든 빚을 지고 있다. 이른바 결혼 적령기 때 결혼을 시키려면 부모들이 많은 비용을 대야 한다. 결혼할 나이가 되어 가는 자녀를 둔 부모들에게 결혼 비용으로 어느 정도 지출할 것인지 물어보면 말로는 '절대 5,000만 원 이상은 안 쓰겠다'는 식으로 큰소리를 친다. 하지만 실제 결혼할 때에는 자녀가 모아 놓은 돈도 없는데 체면은 세워야 해서 훨씬 많은 돈을 쓴다.

　서울시 인생이모작지원과가 발표한 자료를 살펴보자. 서울 시민의 평균 보유 노후 자금은 1억 8,800만 원이다. 그런데 자녀 구성에 따라서 필요한 결혼 비용과 이를 제외하고 남는 노후 자금은 위 도표와 같다. 아들 한 명을 결혼시키는 데 필요한 자금은 1억 3,900만 원, 딸은 6,500만 원으로 추정된다. 따라서 아들 한 명만 결혼시켜도 노후 자금은 4,900만 원밖에 남지 않는다. 아들 두 명이면 오히려 9,000만 원 적자가 된다. 딸은 상대적으로 결혼 비용이 덜 들어간다고 해도 노후 자금의 상당 부분을 잠식한다는 것은 마찬가지다. 그 결과는 물론 노후의 위기다. 평균 보유 노후 자금 1억 8,800만 원도 충분한 액수라고 생각하는 사람은 아무도 없을 것이다. 이 돈마저도 자녀의 결혼 비용이 잠식한다면 노후는 더더욱 대책이 없어진다.

우리나라의 부모들은 보통 결혼 이전에 자녀들한테 해줄 만큼 다 해준다. 우리나라처럼 부모가 대학교 학비는 물론 결혼 전까지 돌봐주는 것을 당연시하는 나라는 세계적으로 많지 않다. 자녀가 결혼을 할 무렵이면 부모는 그동안 모아 놓은 돈으로 은퇴 설계를 해야 할 시기다. 그런데 자녀의 결혼에 많은 돈을 쓰느라 노후 계획이 무너진다. 자신의 노후를 제대로 준비하지 못하면 결국은 나이가 들어 자녀에게 기대는 신세가 된다. 부모가 부담스러워할까 봐 자녀는 괜찮다고 하겠지만, 돌아서면 안 그래도 빡빡한 살림에 부모님에게 매달 나가는 비용까지 생각하면서 한숨을 쉰다. 나중에 자식한테 폐가 안 되려면 자녀의 결혼을 지원하기보다는 내 노후를 준비하는 것이 장기적 관점에서 훨씬 자식을 위한 길이다.

혼수만 보지 말고
현금 흐름을 보라

체면과 로망이 뒤섞인 우리나라의 고비용 결혼 구조 속에서 많은 사람들이 간과하는 것이 있다. 바로 현금 흐름이다. 집이든 예식이든 혼수든, 빚을 질 때에는 얼마를 빚지는 것까지는 안다. 그러나 정작 그 빚이 언제까지 남아 있는지, 원금과 이자를 합쳐서 얼마를 갚아야 하는지는 알지 못한다.

결혼 비용이나 아파트 전세, 내 집 마련과 같이 큰돈이 드는 일에 쉽게 빚을 내는 것은 그 빚을 갚는 데 얼마나 오랜 시간이 걸리고, 이자를 비롯한 금융 비용이 얼마나 나가는지를 너무 쉽게 생각하는 데에 원인이 있다. 사람들 대부분이 빚을 갚는 데 걸리는 시간을 실제보다 짧게 생각한다. 예를 들어 1억 원의 빚을 갚는 데 얼마나 걸릴지를 직장인들에게 물어보면 평균적으로 '15년'이라고 답한다. 하지만 실제 금융기관의 자료를 보면 평균 24년이 걸린다.

취업 포털 잡코리아가 2016년 6월 남녀 직장인 1,079명을 대상으로 〈가계경제 현황〉에 대한 조사 결과를 발표한 것에 따르면 전체 직장인 중 45.2퍼센트가 빚을 지고 있고, 1인당 부채 액수는 평균 3,494만 원이었다. 특히 기혼 직장인들은 62.6퍼센트가 빚을 지고 있고 1인당 평균 5,486만 원이 넘는 빚을 지고 있는 것으로 나타났다. 계산의 편의를 위해서 5,000만 원의 부채가 있다고 가정하고, 매달 50만 원씩 원리금 분할상환으로 갚는다고 가정해 보자. 평균 금리를 4퍼센트로 잡으면 원금이 약 33만 원이고 이자가 16만 6,000원 정도가 된다. 5,000만 원을 갚는 데 12년 6개월이 걸리는 것이다.

체감으로 느끼는 빚 갚는 기간과 실제 기간 사이에는 격차가 아주 크다. 한 번 빚을 지면 모두 털어 내기가 쉽지 않은 이유는 그 때문이다. 예를 들어 실제로 털어 내는 데 10년 이상이 걸리는 빚을 5년 정도면 갚을 수 있을 것이라고 생각하는 직장인이 있다고 해보자. 2~3년쯤 지나면 빚의 유혹에 쉽게 빠져들 수 있다. 기존의 빚은 2~3년 정도면 다 갚을 수 있으니까 지금 빚을 내도 1~2년만 더 고생하면 될 것이라고 생각하기 쉽다. 그러다 보면 끝없이 빚지는 구조에 빠진다.

결혼을 생각하고 있다면 가장 중요한 것은 결혼 전까지 최대한 빚을 안 지려고 노력하고, 기존에 있는 빚은 최대한 줄이는 일이다. 결혼 과정을 살펴볼 때 결혼 이후에는 대부분 부부가 크든 적든 빚을 지게 되고, 일단 빚을 지면 잘 갚아지지 않는다. 결혼 전부터 각자 이미 빚을 지고 있으면 더 말할 나위가 없다. 결혼 전 빚이나 할부가 남아 있는 상태에서 신혼집에 채울 가전제품과 결혼 비용, 신혼여행까지 카드로 긁고 여행지에서 명품에 선물까지 지르다 보면 돌아와서 깨가 아니라 카드 빚만 쏟아진다. 신혼부부들과 상담을 하면서 가장 행복한 표정을 짓는 사람들은 신혼여행을 갔다 와서 카드 값 폭탄을 안 맞는 부부다. 빚은 결혼식 이후의 삶에 절대적인 영향을 미친다.

서로 빚이 있다 보니 상대방에게 말하기가 꺼려서 결혼해도 통장을 못 합치는 부부도 많다. 상담을 받으러 온 고객 중에는 5년 동안 서로 생활비만 내놓고 통장은 못 합치는 부부도 있었다. 서로 부채가 있는 데다가 상대방에게 솔직하게 말을 못하다 보니 자기 재무구조의 실체를 내놓을 수가 없는 것이다. 두 사람이 서로 좋은 것만 보고 결혼했지 약점은 아직도 결혼하지 못한 것이다. 서로 자존심 때문에 솔직하게 털어놓지도 못하고 한집안 두 살림처럼 돈을 관리하는데, 그러면 더더욱 빚에서 벗어날 수 없다. 부부가 겪는 재무적 문제의 아주 많은 부분이 결혼에서 시작되는 만큼, 그리고 자존심이 상하는 한이 있더라도 서로 솔직하게 현재의 재무 상황을 털어놓고 부부가 함께 대화를 하면서 빚을 갚아 나갈 계획을 세워야 한다.

또한 부부가 재무 계획을 세울 때에는 돈의 개념을 외벌이 개념으로 짜야 한다. 대다수의 부부들은 출산과 자녀 양육을 비롯한 여러 가지 이유로 기간이 길든 짧든 외벌이가 되기 때문이다. 맞벌이라서 여유 있다고 느긋하게 생각하던 부부들도 외벌이를 가정하고 현금 흐름을 보여 주면 '쓸 돈이 없다'면서 겁을 먹는다.

외벌이를 가정하고 재무구조를 짜야 하는 이유는 또 있다. 예를 들어 남자는 한 달에 300만 원, 여자는 200만 원을 번다고 가정해 보자. 남자와 여자는 각각 자기 수입에 맞는 지출 구조가 있는데 결혼을 하고 나면 둘 다 지출이 확 올라간다. 여전히 남자와 여자는 각각 300만 원과 200만 원을 벌고 있는데, 심리적으로는 둘이 합쳐 500만 원을 벌고 있다는 생각을 하고 씀씀이가 커지는 것이다. 실제 부부의 수입은 합쳐서 500만 원인데 돈을 쓸 때에는 각자 '500만 원' 수입을 생각하고 돈을 써서 결국 부부가 1,000만 원을 버는 것처럼 소비를 하게 된다. 심지어 아직 결혼도 안 한 예비부부들까지도 이런 착각에 빠져서 지출이 확 늘어난다. 이렇게 도끼 자루 썩는 줄 모르고 쓰다가 나중에 빚이 불어난 뒤에야 자신들의 착각을 뉘우친다.

그렇기 때문에 외벌이를 가정하고 5년 정도의 현금 흐름을 펼쳐 봐야 한다. 5년 동안에도 가정에는 많은 일이 있을 것이다. 출산을 한다면 과연 얼마를 쉬어야 할까? 만약 출산 휴직 후에 다시 직장에 복귀한다면 아이의 양육은 누가 하며, 돈은 얼마나 들까? 이러한 삶의 '비재무적인 이벤트'들이 재무구조와 현금 흐름에 어떤 영향을 미치는지 냉정하게 봐야 한다.

03

자녀를 향한 무한 투자,
자녀의 짐으로 돌아간다

무분별한 자녀 교육비 지출은
노후 자금 최대의 적

30대와 40대에 걸쳐서 가장 많은 지출을 차지하는 것은 자녀의 양육
비와 교육비다. 일단 임신을 하게 되면 정기적으로 병원에 가야 하고,
출산과 산후조리 비용이 지출된다. 맞벌이 부부라면 출산을 전후해
서 휴직을 하거나 직장을 그만두기 때문에 상당 기간 수입이 줄거나
외벌이 구조로 바뀌기도 한다.

　육아용품 비용도 만만치 않다. 대표적인 예가 유모차다. 국산 유모
차는 20~30만 원이면 살 수 있지만, 수입품을 사려면 최소 60~70만
원은 써야 한다. '영국 황실 유모차'라 불리는 영국산 실버크로스 유

모차는 무려 600만 원이 넘는 것도 있다.

몇 십만 원 하는 유모차나 몇 백만 원짜리 유모차든 품질에는 별 차이가 없지만, 엄마들 사이에서는 '싼 유모차를 쓰면 흔들린 아기 증후군에 걸릴 수 있어서 좋지 않다'는 이야기가 돈다. 아기 머리가 많이 흔들려서 뇌출혈이 일어나는 것이 이른바 '흔들린 아기 증후군'인데, 돈 몇 푼 아끼려다가 아이가 위험해질 수도 있지 않을까 해서 부모들은 비싼 유모차에 눈이 간다. 의학적으로 보면 20초 동안 40번 이상 흔들어 대야 흔들린 아기 증후군에 걸릴 위험이 있다고 한다. 유모차의 진동 정도는 이러한 흔들림에 속하지도 않지만 공포 마케팅의 영향, 우리 아기에게는 최고로 좋은 것을 해주고 싶은 부모의 마음 그리고 경쟁 심리가 발동해서 값비싼 유모차에 지갑이 열린다.

아이를 낳기 전에는 소비 습관이 건강했던 사람들도 이렇게 '내 아이를 위해' 돈을 쓰기 시작하면 급속도로 재무구조가 악화된다. 그리고 아이가 더 크면 이제 교육비 소비로 이어진다.

학교에 다니는 자녀가 있는 부모와 재무 상담을 할 때 중요하게 강조하는 것은 '교육비의 상한선'이다. 재무 설계는 결국 수입이라는 파이를 어떻게 쪼갤 것인가의 문제다. 상담을 할 때 교육비는 연봉의 15퍼센트를 넘기지 말라고 강조한다. 만약 수입의 30퍼센트를 교육비로 썼다고 가정해 보자. 당장은 빚을 지는 게 아니고 수입 안에서 쓰는 것이니 문제가 없다고 생각하지만 길게 보면 잠정적인 빚이다. 교육비의 상한선인 15퍼센트보다 곱절을 더 쓰고 있다면 그 초과된 15퍼센트만큼이 삶의 어느 부분에서인가 초과한 만큼의 리스크로 나타나고 부채가 될 가능성이 높다.

지금 당장은 수입이 지출보다 많은 것 같더라도 길게 봐서 정년퇴직이나 명예퇴직과 같은 이유로 수입이 줄거나 끊기는 상황을 예상해야 한다. 또한 자녀의 대학 진학이나 결혼과 같은 이유로 지출이 늘어날 가능성도 예상해야 한다. 수입이 지출보다 많을 때 파이의 일정 부분을 떼어서 적립해 두어야 나중에 수입이 줄어들거나 지출이 늘어날 때에도 그만큼이 빚이 되어 버리는 위험을 막을 수 있다. 그런데 당장 괜찮다고 미래를 위해 적립해 두어야 할 파이까지 먹어 버린다면 미래의 빚을 당겨오는 것이나 마찬가지이고, 지금은 빚지지 않더라도 미래에는 빚을 지게 된다.

자식의 성공을 위해
미래를 저당 잡히는 사람들

자녀 교육으로 지나치게 돈을 쓰면 나의 노후 준비가 그만큼 부실해지고 잠정적인 빚이 쌓인다. 노후가 현실로 닥쳐왔을 때 생기는 빚은 누가 메워 줄까? 결국 자녀에게 부담이 돌아간다. 청년들에게 부모의 빚을 떠안지 말고 경제적으로는 단절하라고 주문하는 것처럼, 부모도 자녀에 대해서 상한선을 긋고 단절할 수 있어야 한다. 지금의 수입이라는 파이 가운데 어느 비율까지를 교육비로 쓸지 정해 놓고 단절하지 않으면 가족 전체가 빚의 악순환에 휘말리고 결국 빚에 함께 무너진다.

자녀에게 많은 지출이 일어나는 가정 중에는 맞벌이가 많다. 자녀와 보내는 시간이 적다 보니 미안하기 때문에 지출을 하기도 하지만 심리적 '안정감'이라는 측면 때문에도 지출을 한다. 아이에게 무리한 사교육 스트레스를 주기 싫지만 맞벌이를 하다 보면 아이가 유치원에 갔다 와서 갈 곳이 없다. 아이가 집에 가 봐야 아무도 없이 혼자 있어야 하니 부모는 불안하기 그지없다. 예전 같으면 동네에서 친구들과 뛰어 놀면 됐지만 이제는 다들 학원에 있으니 결국은 아이를 학원에 보냄으로써 부모는 안정감을 찾는다.

한편 자녀가 있는 부부가 집이나 전세를 구하는 모습을 보면 맞벌이냐 외벌이냐에 따라서 어느 지역으로 갈지, 어느 규모의 집으로 갈지가 달라진다. 사실 맞벌이를 해도 고정비용이 외벌이보다 많이 나가기 때문에 이 지출을 뺀 수입은 외벌이와 비교했을 때 생각보다 큰 차이가 나지 않는다. 그런데도 고정비용은 생각하지 않고 둘이 버니까 많이 번다는 생각만 한다. 게다가 갚을 수 있을 것이라는 생각에 많은 대출을 끼고 집을 사거나 여의치 않으면 전세로라도 들어가려고 한다. 우리나라는 특히 살 지역을 고를 때 자녀의 교육 문제가 큰 비중을 차지하기 때문에 명문 중·고등학교가 있거나 사교육이 번성하고 경쟁이 치열한 지역에 들어가기 위해 무리수를 두는 부부가 많다.

맞벌이 부부와 상담을 해보면 전세금을 갚거나 집을 사야 하니까, 아이들 교육비가 많이 들어가니까 하는 재정적 의무감에 맞벌이를 지속하는 경우가 많다. 하지만 한편으로는 '나도 수입이 있다'는 생각 때문에 소비의 눈이 높아지고 바깥 활동으로 고정 지출도 많아진다.

그러다가 한쪽이 직장을 그만두고 외벌이가 되면 이미 높아져 버린 고정비용을 낮추지 못하고 빚을 지게 된다. 많은 대출을 받아서 무리하게 들어간 지역에서 나오지도 못한다. 특히 자녀 교육 문제로 전세든 자가든 거주지를 선택했다면 소득으로 대출과 생활비 감당이 안 되어도 그 지역에서 나오지 못한다. 이런 가정이라면 맞벌이에서 외벌이로 바뀌는 순간부터 빚지는 인생으로 가는 입구에 서게 된다. 제3장에서 자세히 살펴보겠지만 자녀 교육비로 상한선이 넘는 많은 돈을 투자할 경우 은퇴 후 노후 생활을 해결할 수 없어서 자녀에게 의존하고 부담을 주는 부모가 된다.

그럼에도 불구하고 우리나라의 많은 부모들은 교육비 지출에 제한을 두는 것을 마치 자녀에게 죄를 짓는 것처럼 생각한다. '우리 아이는 무조건 공부를 잘해야 한다'가 많은 부모들의 대전제다. 부모들의 대화를 들어 보면 '우리 아이는 이런 공부를 재미있어 한다'가 아니라 '수학을 잘한다, 영어를 잘한다'와 같은 식이다. 무엇을 좋아하는지는 관심 밖이고 무엇을 잘하는지만 중요하다. 자녀의 성공을 '공부를 잘해야 좋은 대학에 간다'는 것으로 수렴해 버리기 때문이다. 아이가 좋아하는 일을 하면서 행복하도록 만들 것인가, 아니면 좋은 대학에 보내서 잘나가는 아이로 만들 것인가 사이에서 대부분의 부모는 행복보다 잘나가는 것을 우선으로 선택한다. 그리고 아이가 성공하면 행복해진다고 믿는다.

과연 공부를 잘해서 좋은 대학교를 나오면 정말 성공하고 행복해질까? 청년들의 취업난은 이른바 'SKY'(서울대·고려대·연세대)도 예외가 아니다. 과거에는 SKY에 들어가면 일단 성공을 예약한 것처럼 생각했다. 서울대학교라면 말할 것도 없었다. 하지만 한국교육개발원의 2016년 대학별 취업률을 보면 SKY의 취업률은 59~66퍼센트 정도다. 인공지능과 로봇이 본격적으로 사람의 일을 대체하는 방향으로 가면서 여러 직업들이 기계에 밀릴 것이라는 전망도 점점 힘을 얻고 있다. 앞에서 잠깐 언급했지만 우리 사회에서 가장 인기 있는 직업인 의사나 법조인도 업무의 적지 않은 부분을 인공지능과 로봇이 대신할 수 있어서 진입 장벽이나 희소성이 낮아질 것으로 예견된다. 지금의 고등학생이나 대학생이 졸업하고 직장을 구할 때 당장 그러한 변화가 일어나기는 어려울 것이다. 하지만 지금 초등학생 자녀를 두고 있는 부모라면 10년, 20년 후에는 직업의 세상이 크게 달라져 있을 가능성이 높다.

커다란 변화의 물결을 맞닥뜨릴 앞으로의 세대는 변화하는 상황에 따라 능동적으로 유연하게 몸과 마음을 지키면서 어떤 것도 할 수 있다는 사고의 유연성이 필요하다. 몸과 마음의 유연성이 있으면 우리 자녀들은 어떤 일을 해도 걱정 없이 살 수 있을 것이다. 그러기 위해서는 자녀가 무엇을 좋아하고 무엇에 소질이 있는지, 무엇을 할 때 행복한지를 스스로 찾을 수 있는 능력이 필요하다. 유연성이란 스스로 답을 찾는 과정에서 길러지기 때문이다. 하지만 부모가 미래에 대한 자신감이 없으면 과거의 성공 방식을 답습하게 된다. 미래는 어떻게 달라질지 깊이 고민하지 않고 과거에 검증된 방법을 자녀에게 강요하면서 스스로는 안정감을 찾는 것이다.

한국 사회는 사람을 평가할 때 '승자와 패자', 이렇게 이분법으로 보는 시선이 널리 퍼져 있다. 사회적 시선에 갇힌 자녀들은 명문 대학교에 들어가지 못하면, 빨리 취직하지 못하면, 대기업 정규직으로 들어가지 못하면 스스로를 패자라고 생각하고 실의에 빠진다. 나는 그리고 내 자녀는 패자여서는 안 된다고 생각해서 부모는 빚을 내서까지 교육비를 쏟아부어 허리가 휘고, 자녀는 스펙 경쟁으로 허리가 휜다.

자녀 교육에 무리수를 두고 나의 노후를 저당 잡혀서 나중에 자녀에게까지 짐이 되는 악순환을 막기 위해서는 먼저 부모가 자신감을 가져야 한다. 승자와 패자의 이분법에서 벗어나 무엇을 하든 사회에 필요한 역할을 하면서 행복하게 살 수 있다면, 그리고 그것이 곧 성공이라고 믿는 자신감은 부모와 자녀의 미래를 함께 지키는 열쇠가 될 것이다.

04

대학, 자식이 빈곤해지거나
부모가 더 빈곤해지거나

졸업하지마자
신용 불량자가 되는 청년들

지금의 40~50대가 학교를 다닐 때에는 부모님이 최소한 등록금은 마련해 주는 집이 많았다. 만만한 돈은 아니지만 그래도 감당할 수 있는 집이 많았다. 흔히 대학을 비유하는 표현으로 '상아탑'이라는 말이 있는데, 1980년대까지 우리나라에서는 '우골탑'이라는 말이 유행했다. 등록금을 대느라 농사짓는 집의 가장 소중한 자산인 소까지 팔아야 했던 현실을 풍자하는 말이었다. 그나마 그때가 나았을지도 모른다. 지금은 등록금을 대기도 힘든 집이 많아졌기 때문이다.

요즘은 좀 주춤해졌다지만 그동안 대학교 등록금은 소득이나 물가

보다도 월등히 빠르게 올랐다. 자녀가 대학교에 들어갈 때쯤이 되면 이미 많은 교육비를 쏟아붓고 여력을 소진한다. 우리나라에서 자녀 한 명이 고등학교를 졸업할 때까지 보통 1억 3,000~4,000만 원의 비용이 들어간다. 대학 졸업을 위해 필요한 비용은 2억 2,000~3,000만 원에 이른다. 사교육비가 가계 지출에서 차지하는 비중이 30퍼센트에 이르는 실정에서 많은 빚에 시달리는 가정도 부지기수다. 결국 학자금 대출로 발길을 돌리게 된다.

하지만 이 시기까지는 그래도 비용이 대략은 정해져 있다. 진짜 문제는 대학 졸업 이후다. 심각한 청년 실업난 때문이다. 여러 가지 통계를 보면 청년들이 최종 학교를 졸업하고 취업하기까지 걸린 시간은 1년 안팎이다. 통계청의 자료를 기준으로 2016년 9월 청년 실업률 (15~29세)은 9.4퍼센트다. 열 명 중에 한 명은 실업 상태라는 뜻이다. 하지만 이 실업률은 제대로 현실을 반영하지 못하고 있다. 사실 실업자로 분류되는 사람들은 구직 활동을 하고 있는 사람들로 한정되기 때문이다. 예를 들어 구직을 포기한 상태로 '백수'로 있거나, 가사일을 돕거나, 스펙을 쌓기 위해서 학원에 다니고 있거나 하는 사람들은 모두 실업자에서 제외된다. 여기에 변변한 일자리 없이 시간제 아르바이트나 임시직으로 버티고 있는 사람들도 실업자에서 제외된다. 그래서 많은 전문가들은 실제 실업률을 통계로 잡히는 실업률의 두 배 이상으로 보곤 한다.

취업을 빨리하지 못하면 아르바이트나 단기 직장을 전전하면서 낮은 수입으로 버텨야 한다. 문제는 취업 준비 과정에서 들어가는 돈이다. 대통령 직속 청년위원회에서 2015년 6월에 발표한 〈청년 구직자 취업준비 실태 보고서〉를 보면 취업준비생들은 취업 사교육에 월평균 30만 4,000원을 썼다. 졸업 후 1년 동안 구직 활동을 했다면 취업 관련 사교육에 360만 원을 쓴 것이다. 비용의 대부분은 취업 스펙으로 주로 요구하는 어학과 컴퓨터 관련 사교육비였다. 이것이 다가 아니다. 청년들 사이에는 '스펙 9종 세트'라는 말이 있다. 예전에는 '스펙 3종 세트'라는 말이 유행했다. 학벌, 학점, 토익 점수를 뜻한다. 이제는 이 스펙으로는 부족하다고 여긴다. 3종 세트에 더해서 어학연수와 각종 자격증을 더한 5종 세트라는 말이 돌더니, 이제는 공모전 입상과 인턴 경력까지 7종 세트가 되고, 봉사 활동 그리고 외모도 스펙이 되어 성형수술까지 더해져서 9종 세트가 되었다.

이제는 취업 준비 자체가 거대한 산업이 되어 가고 있다. 유명 대기업 입사시험을 준비하는 학원이 생기는가 하면 면접 모의시험, 자기소개서 첨삭 지도, 이미지 메이킹을 관리해 주는 취업 컨설턴트도 인기다. 청년위원회의 조사에 따르면 전반적인 취업 상담과 컨설팅은 180만 원에서 230만 원, 면접 컨설팅은 한 번에 12만 원에서 55만 원에 이른다. 취업에 필요한 각 단계마다 '산업'이 끼어들고 있는 것이다. 좋게 말해서 산업이지, 나쁘게 말하면 기성세대들이 취업난에 허덕이는 청년들의 주머니까지 털고 있다.

일자리가 없어서 좌절하는 청년들에게 기성세대는 '헝그리 정신이 없다', '너도나도 대기업만 들어가려고 하니 그렇다', '눈높이를 낮춰라'는 말은 참 쉽게들 한다. 정말 청년들에게 실례되는 말이다. 대기업이냐 중소기업이냐는 단순히 월급 액수로 그치는 것이 아니다. 사회적인 대우에서 큰 차이가 난다. 당장에 은행과 카드사의 대출이나 카드 한도 그리고 금리에서 차이가 난다. 집도, 차도, 심지어 배우자까지도 차이가 난다고 믿는 사람들이 많을 정도다. 여기에 정규직이냐 비정규직이냐, 계약직이냐 파견직이냐와 같은 각종 계급들이 층층이 들어찬다. 이러한 현실 앞에 눈높이를 낮추라고 훈계하는 기성세대들은 과연 자신의 자녀를 중소기업 비정규직 배우자와 흔쾌히 결혼시킬까?

취업난이 점점 심각해지고 취업 준비 기간이 길어짐에 따라 더 많은 스펙을 쌓기 위한 경쟁이 치열하다. 그에 따라 들어가는 비용도 늘고 청년들의 빚도 늘어가고 있다. 2015년 2월 온라인 취업 포털 '사람인'이 발표한 조사 자료를 보면, 구직자들의 평균 부채는 3,449만 원이었다. 구직자의 절반에 가까운 46.8퍼센트가 '빚이 있다'라고 답했으니, 빚이 있는 사람만으로 평균 부채 액수를 산정해 보면 훨씬 높아질 것이다. 빚 때문에 '정상적인 생활이 어렵다'고 답한 사람도 29퍼센트다. 구직자 열 명 중에 세 명은 빚 때문에 짓눌리고 있는 것이다.

학자금 때문에 지는 빚보다 취업 준비 기간의 빚은 같은 액수라도 더 위험하다. 학자금은 낮은 이율의 여러 대출 프로그램이 있고 상환 기간이 길지만, 취업 준비 기간에 생기는 빚은 일반 대출과 마찬가지이므로 질적으로 학자금 때문에 지는 빚보다 훨씬 나쁘다. 소득도 낮고 일자리도 불안하니 대출 조건이 좋을 리가 없다. 은행에서 대출을 안 받아 주면 카드 빚이나 제2금융권에서 높은 이자를 물어야 한다. '사람인'의 조사 발표 자료를 보면 은행 대출 및 정부의 대출 프로그램이 42.1퍼센트를 차지하고 있는 반면, 제2금융권 부채는 18.4퍼센트, 대부업체 부채는 5.7퍼센트, 카드 연체가 10.5퍼센트로 나타났다. 카드 빚은 연체가 되지 않는 한 빚으로 잡히지 않기 때문에 카드 리볼빙이나 할부와 같은 숨어 있는 부채까지 합치면 청년들의 실제 빚 부담은 이 수치들보다 더 높아질 것이다.

최저임금, 열심히 살아도 극복할 수 없는 현실

일본에서는 백수를 '프리터'freeter라고 부른다. 사실 프리터는 완벽한 백수는 아니다. 이 말의 뜻은 자유로움을 뜻하는 '프리'free와 '아르바이터'arbeiter를 합친 말로, 즉 임시직 아르바이트를 하면서 생활을 꾸려 가는 사람들을 말한다. 그런데 역설적으로 프리터란 말은 임시직 아르바이트로도 최소한 자기 혼자의 생활은 충분히 영위할 수 있다는 의미를 가지고 있다. 실제로 일본에서는 프리터를 취업 전에 잠시 거쳐 가는 단계로 보는 게 아니라 그 자체를 자기가 살아가는 방식으로 여기는 사람들이 상당히 많다.

물론 일본이라고 해서 아르바이트만으로 잘 먹고 잘살 수 있어서 프리터가 되는 것은 아니다. 아르바이트의 소득은 정규직보다는 낮고, 생활의 질도 뒤처진다. 아르바이트 하나로는 생계유지가 힘들어서 두세 개씩 하는 사람들도 많다. 하지만 아르바이트라도 열심히 하면 최소한 생계를 유지할 정도는 된다. 우리나라에서 아르바이트로 생계

유지가 될 것이라고 생각하는 사람은 거의 없다. 아르바이트를 두 개, 세 개를 뛰어도 한 달에 버는 돈이 아무리 많아도 150만 원에서 200만 원 정도다. '지금은 임시직이야, 조금 있으면 취업할 수 있을 거야' 하는 기대감으로 버티지만 청년 취업난 속에서 시간은 길어지고 좌절감은 커진다. 연애도 결혼도 점점 마음속에서 멀어진다.

가장 큰 문제는 역시 최저임금이다. 우리나라의 최저임금은 2017년 기준 6,470원으로 결정되었다. 월급으로 환산하면 135만 2,230원이다. 한편 최저임금위원회의 의뢰로 한국통계학회가 분석한 통계청 자료에 따르면 2014년 기준 1인 가구의 월평균 생계비는 155만 원으로 나타난다. 주요한 지출 내역은 주거비 36만 원, 식비 33만 원, 각종 공과금 및 요금 25만 원이며, 그 밖에 교통비나 용돈을 포함하면 155만 원이 나온다는 계산이다.

지금의 평균적인 서울 생활과 비교해 보면 이 액수조차도 적다 싶다. 주거비만 해도 계속해서 비용이 올라서 요즘은 서울에 원룸 하나를 구하려고 해도 최소 월세가 40~50만 원이다. 관리비까지 포함하면 몇 만 원이 더 나올 것이다. 식비 33만 원은 30일 기준으로 1만 1,000원 정도인데, 하루 두 끼 정도를 밖에서 해결한다고 하면 요즘 서울에서 점심값이 7,000~8,000원은 되는 현실에서 답이 안 나오는 돈이다. 즉, 2017년 최저임금이 2014년 1인 가구의 평균 생활비에도 미치지 못하는 것이 지금의 대한민국이다.

더 문제는 임시직이나 아르바이트 중에는 이 최저임금조차도 제대로 받지 못하는 사람들이 많다는 것이다. 주로 청년들, 특히 취업 준비를 하면서 아르바이트로 생계를 꾸리는 청년들이 이 범위 안에 들어갈 확률이 높다. OECD의 〈고용 전망 2015〉Employment Outlook 2015 보고서에 따르면 한국은 최저임금조차 제대로 받지 못하는 노동자 비율이 14.7퍼센트로 OECD 회원국 가운데 1위다. 이들 중 대다수는 아르바이트를 비롯한 임시직과 비정규직 위주일 것은 불을 보듯 뻔하다.

게다가 한국경영자총협회(경총)의 통계를 보면 2015년 기준으로 최저임금에 영향을 받는 노동자 비율은 한국이 18.2퍼센트로 프랑스의 10.8퍼센트, 일본의 7.4퍼센트보다 높은 세계 최고 수준이라고 한다. 경영자 입장을 대변하는 경총은 최저임금을 올리면 영향을 받는 노동자가 많으니 기업의 인건비 부담이 올라가고, 따라서 최저임금을 올리면 안 된다고 주장하는 것인데, 다른 각도에서 생각해 보면 딱 최저임금만 받는 노동자 비율이 세계적으로 아주 높다는 뜻이기도 하다. 풀어서 이야기하면, 최저임금은 말 그대로 최저 하한선을 정하는 것이다. 즉 임금을 아무리 적게 줘도 이 이하로는 주지 말라는 의미다. 그런데 딱 최저임금만 받거나 그조차도 못 받는 사람들이 많다면, 그 나라는 '딱 최저임금만 주면 되는 것 아니야?' 하는 풍토가 만연해 있다는 뜻이 된다.

물론 일자리에 따라서 부가가치가 높은 일이 있고 낮은 일이 있다. 고도의 지식과 경험이 필요한 일이 있는가 하면 별다른 기술이 필요 없는 단순 일자리도 있다. 그에 따른 소득 차이는 불가피하다. 하지만 제대로 된 사회라면 어떤 일을 하든 충실하게만 일을 한다면 최소한 인간답게 먹고사는 데에는 지장이 없어야 한다. 그렇지 못하다면 사회적으로 복지나 보조를 통해서 인간답게 먹고사는 수준의 삶을 살 수 있도록 도와주는 게 제대로 된 사회의 모습이다. 단순 노동이든 아르바이트든 우리가 살아가는 데에는 모두 필요한 일이고 그 일을 하는 사람이 없으면 불편을 겪기 때문이다. 그러한 수준의 삶이 보장되지 않는다면 그 일을 하는 사람의 삶도 나빠지지만 사회적으로도 나쁜 영향을 미친다. 그 일을 하려는 사람도 줄어들고 인력의 질도 낮아지기 때문이다.

최저임금도 문제지만 업주들의 횡포도 문제다. 임시직이든 아르바이트든 엄연히 고용주가 지켜야 할 법이 있고 지급해야 할 수당이 있다. 하지만 그조차도 안 지키고, 심지어 안 지키면서도 미안해하기는커녕 당연하다는 고용주들이 정말로 많다. 필자(백정선)의 딸이 어느 음식점에서 아르바이트를 했을 때의 일이었다. 일이 처음에 이야기했던 것과 많이 달라서 5일 후에 결국 그만두게 되었는데, 법적으로는 하루라도 일을 시켰으면 돈을 주어야 한다. 하지만 업주는 한 푼도 안 주려고 했다. 딸의 이야기를 듣고 직접 나서서 노동청에 고발하겠다고 해서야 4대 사회보험료를 제하고 나머지 임금을 받을 수 있었다. 알아도 받기 힘든 돈인데 잘 모르는 청년들이라면 더더욱 모르고 넘어가는 돈이 많을 것이다. 아르바이트 노동자에 대한 업주의 횡포는 이미 언론을 통해서도 잘 알려져 있다. 선진국 같으면 엄한 처벌을 받을 일들이 우리나라에서는 일상적으로 일어나고 있다. 이렇듯 청년들의 좌절 그리고 기성세대를 향한 불신은 쌓여만 간다.

시집보낼 딸들이 있는 친구들은 요즘 걱정이 태산이다. 딸들 대부분이 결혼을 안 한다고 하는데 뭐라고 하기가 힘들다고 한다. 딸들이 지금의 현실을 조목조목 대어 가면서 '이런데 결혼이 말이 되냐'고 하면 딱히 반박할 말이 없다는 것이다. 결혼을 하기에는 갖춘 것이 너무 없고, 요구하는 것은 너무 많다는 것이다. 학교를 졸업하면 이미 학자금 대출 빚을 몇 천만 원 지고 나와야 하는데, 취업을 빨리 못하면 생활비 대기도 빠듯한 아르바이트 수입으로 취업 준비에 생활까지 충당하는 동안 빚이 더욱 늘어간다. 그러다 보면 꿈도 계획도 하나둘씩 포기하게 된다. 연애, 결혼, 출산부터 시작해서 예전에 꿈꾸어 왔던 소박한 희망마저도 하나씩 포기해 간다. '3포 세대', '5포 세대'(연애, 결혼, 출산, 인간관계, 내 집 마련)를 넘어서 도대체 몇 개를 포기해야 하는 건지 모를 'N포 세대'라고 스스로를 자조하는 게 청년들의 현실이다.

요즘 청년들은 자신도 없고 감당할 수 없는 미래는 일찌감치 포기하고 현실을 즐기는 쪽을 선택한다. 남자는 주로 자동차나 취미 생활로, 여자는 여행으로 즐긴다. 사치라고 나무랄 수만도 없다. 아무리 절약하고 알뜰하게 살아도 안 되는 현실에서 포기하는 공허함을 채우기 위해 뭐라도 해야 하기 때문이다. 이 문제가 우리나라를 장기적으로 내리막길로 끌어내릴 위험이 가장 높다. 젊은 세대가 미래를 포기하니 미래의 발전을 기대하기도 어렵고, 당장 인구 감소를 걱정해야 할 판이다. 그럼에도 기성세대들은 청년들을 지원하고 미래에 대한 희망을 되살리는 문제를 놓고도 포퓰리즘 논쟁으로 귀중한 시간을 낭비하고 있다.

대학에 대한 고정관념,
이제는 바꿔야 한다

기술고등학교 출신으로 지금은 캐나다에서 살고 있는 윤대현 씨의 이야기를 먼저 해보려고 한다. 윤 씨는 고등학교를 졸업하고 곧바로 공군 하사관으로 입대했다. 하사로 시작해서 부사관 생활 7년을 거쳐 중사로 전역한 윤 씨는 그동안 1억 5,000만 원을 모았다. 그의 꿈은 항공 정비사가 되어 민간 항공사에서 일하는 것이었다. 사실 1억 5,000만 원이면 대학교 학비로도 충분한 돈이었다. 주위에서는 윤 씨에게 "그래도 대학 졸업장은 있어야지. 항공 정비가 좋으면 그쪽 관련 학과로 들어가면 되잖아?" 하면서 대학에 진학할 것을 권했다. 하지만 윤 씨의 생각은 달랐다.

윤 씨는 캐나다로 가는 길을 선택했다. 대학이 아니라 항공기술학교였다. 1억 5,000만 원을 모은 것도 이미 계획이 있었기 때문이다. 1년 동안 어학연수를 받고 생활비까지 잡은 예산이 5,000만 원, 그리고 2년제 항공기술학교를 다니는 데 필요한 돈이 1억 원이었다. 윤 씨는 항공기술학교 졸업 후 곧바로 캐나다의 민간 항공사에 입사했다. 게다가 과거 부사관으로 일했던 7년 경력까지 인정을 받았다. 1억 5,000만 원을 투자해서 3년 동안 교육을 받은 후 항공사에서 받은 초봉이 우리 돈으로 대략 1억 2,000만 원이었다. 처음에는 '사람대접 받으려면…' 하면서 대학을 가라고 권했던 주위 사람들이 이제는 윤 씨를 부러워하는 처지가 되었다.

이 이야기를 하는 이유는 청소년들이나 청년들에게 '대학에 목매지 말고 다른 길도 많이 있으니까 자기가 원하는 방향을 찾아보라'고 말하기 위해서가 아니다. 사실 청소년들이나 청년들은 굳이 이런 이야기를 하지 않아도 대학이 전부가 아니라는 것도, 대학교 대신 사회 진출을 선택하는 것이 더 나을 수 있다는 것도 잘 알고 있다. 실제로 그렇게 선택하려고 하는 사람들도 많다.

문제는 오히려 부모다. 학벌에 얽매이지 않고 자신의 적성과 바람에 어울리는 진로를 선택하려는 자녀의 생각이 "공부나 해!"라고 말하는 부모의 고집 앞에서 가로막히는 일들이 허다하다. 부모 세대는 기본적으로 '내가 자녀보다 훨씬 더 오래살았고 그래서 경험도 더 많다'고 생각한다. 상대적으로 자녀들은 사회생활 경험도 아직 없고 하니 뭘 몰라서 저런 생각을 한다고 쉽게 결론을 내린다. 자녀가 나름대로 심사숙고해서 자신의 진로를 부모에게 이야기하면 "그런 거 해봐야 얼마나 돈이 된다고 그래!", "사회에 나가면 그런 사람들 대접이나 해주는 줄 알아?" 등의 훈계를 늘어놓는 이들도 많다. 내가 더 많이 살았고 더 많이 경험했으니까 더 많이 안다고 생각하는 부모 세대의 함정은 자신의 경험, 자기 세대의 경험에 빠져서 세상의 변화를 제대로 읽지 못한다는 것이다.

지금 자녀가 청소년기를 보내고 있을 40대에서 50대 초반 부모들의 부모 세대 때에는 남자가 요리를 한다는 것을 절대로 못 받아들이는 부모들이 많았다. 요리 같은 일이 무슨 돈이 되냐느니, 아들이 앞치마를 두르고 부엌일을 한다고 하면 창피해서 얼굴도 못 든다느니 하는 식으로 거의 호적에서 파낼 기세인 부모들이 얼마나 많았던가.

지금의 인기 직업들 중에는 10~20년 전만 해도 속된 말로 어디 가서 명함도 못 내밀 직업이 적지 않았다. 과연 지금의 부모들은 앞으로 10~20년 후에 세상이 어떻게 바뀔지, 어떤 직업이 지고 어떤 직업이 뜰지 자신 있게 말할 수 있는가? 오히려 그런 변화를 읽는 눈, 정보를 받아들이는 귀는 자녀 세대가 훨씬 빠르고 민감할 수 있다.

틀에 얽매이지 않고 자유롭게 열린 마음으로 스스로의 미래를 고민하는 자녀를 강제로 부모 경험에서 나온 틀에 끼워 맞추려는 것은 오히려 자녀의 미래에 도움이 안 될뿐더러, 자칫하면 자녀를 일찍부터 빚의 굴레에 둘러싸이게 만들 수도 있다. 대학을 안 가는 사람은 바보고, 자녀가 대학을 못 가면 창피하다는 부모가 대다수다. 대학 가기 싫다고, 공부하기 싫다고 하는 아이에게 "대학 가야지! 안 가는 게 말이 돼?" 하면서 게으름만 탓한다. 대학을 가기 위한 공부가 전부가 아니고 아이가 재미있어 할 공부, 좋아할 직업이 있을 텐데 그런 것은 별로 알고 싶어 하지 않는다.

요즘은 대안학교, 혹은 정규 학교이긴 하지만 입시 위주의 공부가 아닌 자녀가 스스로 좋아하는 것을 탐구하도록 학과 과정을 운영하는 학교들도 있다. 일반적인 학교에서는 얻기 힘든 다양한 활동을 체험할 수 있도록 하고, 스스로 과제와 목표를 세우고 해결하는 능력을 키우는 데 중점을 두는 '혁신학교'들이 여럿 운영되고 있다. 그런데 이들 학교의 학부모들을 보면 상당수가 우리 사회의 엘리트 계층이다. 한편에서는 가진 사람들이 어떻게든 금수저를 물려주려고 자녀 교육에 막대한 투자를 하는데, 이처럼 다른 한편에서는 명문 대학교에 유학까지 다녀온 대중들에게 이름이 알려진 유명 인사들이 자녀들을 이러한 대안학교에 보내는 경우가 은근히 있고, 점점 늘어나고 있는 추세다. 그렇다면 왜 엘리트들이 자녀를 이런 학교에 보낼까?

그들의 이야기를 들어 보면 결국 자녀의 '행복'이 가장 중요하다는 것이다. 명문 대학을 나오고, 엘리트 직업을 가지면서 남들이 선망하는 삶을 살았지만 결국 중요한 것은 나 자신이 행복하게 사는 것이고, 자녀가 살아가면서 겪는 문제를 스스로 풀어 갈 수 있는 능력을 키우는 것이 명문 대학 졸업장이나 대기업 명함보다 더 중요하더라는 것이다. 엘리트 코스를 밟아서 졸업장과 온갖 스펙에, 심지어는 미국 MBA 졸업장까지 가져와도 좋은 직장을 구하기가 하늘의 별 따기고, 운 좋게 대기업에 들어가도 정년을 못 채우고 40대 후반 혹은 50대 초반에 직장에서 밀려나면 회사 바깥에서는 정작 할 줄 아는 게 별로 없는 나를 발견하게 되는 것이 지금의 시대다. 과연 그러한 삶을 위해서 빚까지 지면서 교육비를 쏟아붓고 아이를 혹사시키는 것이 정말로 자녀를 위한 길인지 진지하게 생각해 봐야 한다.

단순 반복 노동만 기계에 일자리를 빼앗기는 게 아니다. 법률, 회계, 의학과 같이 많은 부모들이 선호하는 분야 가운데 상당수가 앞으로 기계에게 일부 또는 전부를 대체당할 직업 리스트에 올라가고 있다. 인공지능 알파고와 이세돌 바둑기사의 대국을 통해 우리는 먼 미래인 줄 알았던 인공지능 시대가 우리 옆에 와 있음을 충격적으로 목격했다. 바둑으로 인간을 이기는 기계를 보고 이러다 기계가 인간을 정복하지 않을까 하는 두려움까지 느낄 지경이다. 하지만 미래의 예고된 충격에 대응하는 모습은 잘 보이지 않는다. 미래학자 앨빈 토플러가 "한국의 학생들은 하루 15시간 동안 학교와 학원에서 미래에 필요하지도 않은 지식과 존재하지도 않을 직업을 위해 시간을 낭비하고 있다."고 진단한 지 오래되었다. 그러나 우리 교육은 뭔가 반성하고 대응하는 움직임조차 보이지 않는다.

인공지능이 더욱 큰 발전을 한다고 해도 인기 직업이 당장 사라지지는 않을 것이다. 의사나 변호사가 10~20년 안에 기계로 대체될 위험은 적다. 하지만 지금까지의 인기 직업조차도 인간의 지식과 기술에 의존했던 부분 중 상당한 양이 기계로 대체될 것이고, 그러면 진입장벽이 낮아지게 된다. 예를 들어 변호사나 로펌에서 하는 주요한 일 중에 하나가 현재 진행 중인 사건과 비슷한 과거의 사건 판례를 찾고 분석하는 것이다. 이는 단순한 키워드 검색과는 다르다. 단순히 같은 단어 몇 개가 들어 있다고 비슷한 판례가 아니라 내용을 파악하고 비슷한 점을 찾아야 하기 때문이다. 그런데 인공지능이 발달하면서 점점 이런 기능이 강화되고 있다. 미래학자들은 법조계 업무의 상당 부분을 인공지능이 대체할 것으로 보고 있다. 그러면 법조계의 진입 장벽은 낮아질 가능성이 크다.

세상의 변화는 오히려 자녀들이 민감하고 빠르게 받아들인다. 부모 세대들은 자신이 살아온 방식, 자신이 성공한 방식이 고정관념이 되어 자녀에게도 똑같은 방식을 적용하려고 들기 쉽다. 자녀가 좋아하는 것이나 가고자 하는 방향을 이야기할 때 부모는 옳다고 생각하는 것을 권위로 주입하려 하기보다는 자유롭게 생각을 말하고 응원

하는 것이 더 현명하다. 최근에는 어린이나 청소년들이 다양한 진로를 체험할 수 있는 기회가 많으므로 자녀에게 미리 직업을 체험해 보게 하는 것도 좋은 방법이다. 자녀가 진로 체험을 통해서 자신에게 맞는 직업을 발견하고 일찍부터 준비하기도 하지만, 막상 체험을 해보니 자신이 가졌던 생각과는 다르거나 안 맞는 부분이 많아서 단념하기도 한다. 아이들의 장래 희망이나 좋아하는 것도 시간이 지날수록 변할 수 있다. 이를 나쁘게 생각할 일이 아니라 성장에 따른 자연스러운 변화라고 생각하고, 시행착오를 통해서 진정으로 자신이 좋아하는 길을 찾아 나가는 과정이라고 생각할 필요가 있다.

요즘 많은 젊은이들이 '내가 좋아하는 일이 무엇인지 모르겠다'고 말한다. 자신이 원하는 일자리를 찾지 못하거나 어렵게 취직을 해도 오래 못 가는 이유 중에 하나다. 어릴 때부터 스스로 자신의 미래를 생각하고 답을 찾아 나가는 훈련이 되어 있지 않다면, 또한 부모가 주는 답, 부모가 몰고 가는 방향만 따라가면서 커 왔다면 성장해서도 내가 원하고 좋아하는 일이 무엇인지 모르고 헤매기 쉽다. 느리고 답답해 보여도 어려서부터 스스로 미래를 생각하고, 시행착오를 겪는 과정을 통해서 참을성 있게 자녀가 스스로 미래에 대한 답을 찾아 나가도록 돕는 자세가 가까운 미래의 커다란 변화 앞에 놓여 있는 자녀에게는 더욱 도움이 될 것이다.

05

노후를 벼랑으로 내모는
'뭐라도 해야지'의 위험

직장은 전쟁터,
자영업은 지뢰밭

우리나라의 자영업이 포화 상태, 아니 그 이상이라는 사실은 여러 가지 통계로 이미 널리 알려져 있다. 우리나라의 인구 대비 자영업자 비율은 OECD 국가 중에서 상위권이다. 우리보다 자영업자 비율이 높은 국가들은 그리스, 터키와 같이 대체로 관광 수입이 큰 비중을 차지한다. 즉 관광 가이드나 관광지 주변의 각종 상점 및 서비스와 같이 관광산업에 속한 자영업자가 많다. 이런 국가들을 제외한다면 사실상 우리나라의 자영업자 비율은 세계 최고 수준이라 할 수 있다.

그나마 내수 규모가 크고 자영업이 먹고 살만해서 자영업자 비율이 높다면 몰라도 매일매일 우리는 엄혹한 현실을 목격한다. 동네에는 새로운 가게가 끊임없이 생기고 끊임없이 망한다. 같은 자리의 가게가 1년 사이에 두세 번씩 바뀌는 풍경도 더 이상 낯설지 않다. 중소기업청의 2014년 자료에 따르면 자영업자들의 창업 5년 후 생존율은 숙박·음식점은 17.7퍼센트, 도·소매업은 26.7퍼센트였다. 창업하고 5년 사이에 80퍼센트는 문을 닫는 것이다. 국세청의 자료에 따르면 2003년부터 2012년까지 10년간 자영업 폐업 건수는 793만 8,683건이었다. 해마다 80만 개의 가게가 문을 닫는 셈이다.

사실 명예퇴직자를 포함한 은퇴자들 중 창업에 나서는 사람들과 상담을 해보면 상당수는 성공 여부에 관해서 자신 없어 한다. 자영업에 나서서 망하는 사람들이 많다는 것도 그동안 들어서 알고 있고, 평생 직장 생활만 해온 사람이 별다른 기술이나 장사 수완도 없이 가게를 차린다면 성공 확률은 더더욱 희박하니 자신 없어 하는 것도 당연하다. 그렇다면 성공할 자신감도 별로 없으면서 왜 창업이라는 모험을 하는 걸까? 이에 대해 "가족들 눈치가 보여서"라고 대답하는 사람들이 적지 않다.

은퇴를 하고 나서 집에 있는 시간이 많아지면 처음에는 가족들도 '그동안 열심히 일했으니까 좀 쉬어야지' 하며 휴식을 독려하기에 아무 생각 없이 쉴 수 있다. 하지만 시간이 지나면 지날수록 점점 가족들의 눈치를 보게 된다. 그동안 모아 놓은 자금으로 평생 아쉽지 않게 살 수 있다면 모를까 그런 집이 몇이나 될까. 명예퇴직으로 정년 이전에 은퇴했다면 십중팔구는 다른 일자리를 구해야 하는데 결코 쉬운 일이 아니다. 대부분의 은퇴자들은 예전보다 여러 가지 조건이 못한 자리밖에는 구할 수가 없다. 특히 은퇴하기 전 직장이 유명 대기업이거나 공기업 같은, 이른바 '신의 직장'이었던 사람은 예전 직장과 은퇴 후 찾을 수 있는 일자리의 괴리가 더더욱 크다. 그렇게 시간이 흐르면 가족들의 눈치는 점점 심해지고 결국 '뭐라도 해야지' 하는 생각에 창업에 나선다. '그동안 남의 밑에서 월급 받으면서 살았으니, 나도 이 나이에는 사장님 소리 들으면서 살아야지?' 하는 생각까지 가세한다. 창업하면 대부분의 사람들은 음식점을 생각한다. 특히 프랜차이즈를 끼고 창업하면 특별한 기술이나 경험이 없어도 자본금만 있으면 프랜차이즈 회사에서 어쨌든 가게 문은 열 수 있는 기본적인 시스템을 마련해 준다. 그렇게 해서 문을 열면 어떻게 될까?

창업 아이템으로 가장 인기가 좋은 업종은 치킨집, 카페, 피자집 등 속된 말로 '먹는 장사'다. 2014년 기준으로 국내 음식점 수는 65만여 개로 인구 78명당 1개꼴이다. 대중들에게 잘 알려진 음식점 프랜차이즈를 만든 분의 설명에 따르면, 음식점을 창업해서 1년 후 성공할 확률은 0.1퍼센트라고 한다. 100명이 창업해도 성공하는 사람이 거의 없는 것이나 마찬가지다. 폐업하는 음식점도 많지만, 폐업은 안 해도 수익을 못 내고 이 돈 저 돈 끌어 쓰고 빚까지 내서 버티고 있거나, 겨우 본전치기 정도로 현상 유지만 하는 음식점이 거의 대부분이다. 창업하고 1년 뒤에 제대로 수익을 내고 돈을 버는 음식점은 1,000개 중 1개꼴이라는 말이다. 이 이야기를 하는 분도 창업을 해서 여러 번 망해 보니 장사를 어떻게 해야 하는지 길이 보이더라고 말했다. 이분의 경우 그래도 운이 좋아서 여러 번 기회가 있었지, 은퇴 후 돈을 다 털어서 창업을 했다가 실패하면 즉시 노후 위기에 몰리는 사람들이 태반이다.

그다음으로 많이 생각하는 것은 편의점 창업일 것이다. 작은 슈퍼마켓이나 가게들이 편의점으로 빠르게 바뀌고 있는 것이 요즘 골목의 풍경이다. 어떤 유명 편의점 체인은 이런 광고로 가맹점주들을 모집했다.

"단돈 2,200만 원이면 나도 당당한 사장님!"

그러면서 "저렴한 투자로 안정적인 수익을 원하는 분, 대학 졸업을 앞두고 창업을 희망하는 청년 여러분, 자금이 부족해 창업에 어려움을 겪고 있는 분"들을 대상으로 2,200만 원으로 창업할 수 있다고 주장한다. 하지만 실제로 창업한 사람들의 이야기를 들어 보면 결국 5,000만 원 이상이 든다. 사실 위 2,200만 원에는 매장 임차 비용이 빠져 있기 때문이다. 그래도 창업 비용치고는 적게 들어가는 편이니 투자 대비 수익이 괜찮다고 주장하지만 과연 그런지 간단한 계산을 해 보자.

편의점에서 많이 팔리는 제품 중 하나인 담배를 한 갑 팔면 얼마나 남을까? 4,500원 짜리 담배를 하나 팔면 마진이 약 7.5퍼센트, 즉 337원 정도다. 그런데 신용카드로 결제하는 사람들이 많기 때문에 카드 수수료와 결제 시스템에 들어가는 이른바 VAN(신용카드 결제 승인 대행사) 비용을 제외하고, 담배판매소매인 조합비 등을 또 빼면 결국 담배 한 갑을 팔아서 남는 돈은 177원 정도다. 하루에 100갑을 팔면

1만 7,700원이 남는다. 2017년 최저임금이 시간당 6,470원이니까 담배 100갑을 팔아도 아르바이트 노동자 세 시간 시급에도 미치지 못한다. 이제는 편의점도 포화 상태라 유명 브랜드 편의점을 내기도 어려운데, 낸다고 해도 수익을 뽑기가 만만치 않다.

그래도 편의점은 일단 창업하면 잘 망하지 않는다고 생각한다. 최근에 편의점 시장이 커진 것도 그 이유다. 1~2인 가구가 늘면서 편의점에서 조금씩 물건을 사거나, 2016년 상반기 최대 히트 상품으로 '편의점 도시락'이 꼽힐 정도로 편의점 즉석식품들의 인기가 크게 오르는 것도 이유일 것이다.

하지만 한 가지 잘 알려지지 않은 문제가 있다. 장사가 안 되어 편의점을 폐업하고 싶어도 돈이 없으면 마음대로 폐업을 못한다는 점이다. 폐업을 할 경우 편의점 체인 본사는 1년치 로열티에 해당하는 수천만 원의 금액을 위약금으로 내도록 하고 있다. 가맹점주가 자살하는 사건이 잇달아 벌어지고 사회적으로 문제가 커지자, 최근 들어서는 경우에 따라 위약금을 면제 또는 감면해 주기도 하지만 그것도 소수의 경우에 불과하다. 그러니 어떻게든 버티려고 안간힘을 쓴다. 아르바이트를 쓸 여력이 안 되어 가족들이 돌아가면서 24시간 편의점을 지키는가 하면, 가지고 있는 돈을 다 털고 친척들 돈을 빌리거나 대출을 받아서 버텨 보려고 한다. 그러는 사이에 주위에 편의점은 계속 늘어나고 더욱 벼랑 끝으로 몰린다. 편의점 시장이 커지면 각 매장의 매출이 느는 것이 아니라 본사 차원의 점포 늘리기 경쟁이 벌어져서 대부분 업주들에게는 편의점 호황이 빛 좋은 개살구에 불과한 것이 현실이다.

장사가 잘된다고 해서 마냥 좋은가 하면 여기에도 숨겨진 폭탄이 있다. 바로 건물주다. 열심히 노력해서 자리를 잡고, 소문이 나서 단골손님도 늘었는데, 건물주가 계약 연장을 할 생각이 없으니 나가라고 하거나 혹은 임대료를 대폭 올리는 폭탄을 던진다. 장사가 잘된다고 하니까 임차인을 밀어내고 자기가 똑같은 업종으로 장사를 하는 악덕 건물주가 있는가 하면, 대기업 프랜차이즈의 물량 공세도 이런 밀어내기에 한몫한다. 이와 같은 '젠트리피케이션'gentrification의 문제는 사회적 문제로 언론에 오르내릴 정도다. 개인들이 열심히 노력해서 상권을 띄워 놓으면 대기업 프랜차이즈가 밀고 들어와서 높은 임대료를 부른다. 가만히 있어도 임대료를 대폭 올려 준다는데 싫어할 건물주가 어디 있을까. 서울의 신사동 가로수길, 홍대 인근을 비롯한 여러 상권들이 이런 젠트리피케이션으로 개성을 잃고 특색 없는 대기업 프랜차이즈들로 채워졌다. 여기서 밀려난 사람들은 근처의 덜 활성화된 지역에 둥지를 틀고, 또 그곳이 뜨면 대기업들이 밀고 들어와서 다시 쫓겨나는 신세가 된다. 이 문제가 심각해지면서 지방자치단체가 건물주들과 협상을 해서 임대료를 지나치게 올리지 않기로 협약을 맺기도 하지만 아직까지는 소수의 사례에 불과하다. 사실 협약을 깬다고 해도 처벌을 받는 것이 아니어서 협약이 얼마나 오래갈지도 의문이다.

우리나라도 상가임대차보호법으로 임차인을 보호하는 장치들이 있지만 선진국들에 비하면 한참 취약하다. 예를 들어 유럽 선진국들은 임대차계약 기간이 많게는 10년까지인 데다가 임차인이 원하면 건물주가 계약 연장을 거부하기도 힘들다. 임차인을 내보내려면 법원에서 인정할 정도로 확실한 이유가 있어야 한다. 임대료 연체가 너무 많다든가, 불법행위를 하거나 문제를 일으켜서 건물주와 주변 매장에 피해를 끼친다든가 하는 정도가 아니면 마음대로 임차인을 내보내기 어렵게 되어 있다. 임대료 역시 건물주가 횡포를 부리기 어렵도록 강하게 규제를 한다.

그에 비하면 우리나라는 정말로 '조물주 위에 건물주'라는 말이 과장이 아닐 정도로 임차인 보호가 취약하다. 열심히 해서 장사가 잘된 것은 분명 내 노력인데, 건물주가 이를 구실로 임대료를 올리면 남 좋은 일만 하게 되는 것이다. 가게를 옮기자니 인테리어 시설 비용에 그동안 확보한 단골손님들이 너무나 아까워서 울며 겨자 먹기로 요구를 들어주기도 한다. 심지어 계약 만료도 안 됐는데 건물주가 온갖 구실을 붙여서 임차인을 내쫓을 수 있는 게 현실이다. 장사가 안 되면 자신은 물론 가족들의 미래가 벼랑 끝으로 몰리고, 장사가 잘되어도 혹시 건물주가 계약 연장을 안 해주면 어떡하나, 임대료를 올리면 어떡하나 하고 불안에 떠는 것이 대한민국 자영업자들의 현실이다.

창업, 준비하는 만큼
성공 가능성은 커진다

창업에 실패하는 가장 큰 이유로 지적되는 문제점은 '준비 부족'이다. 우선 가게를 열려고 하는 곳의 상권 특징을 제대로 파악하지 않는 문제가 있다. 상권이 형성되고 매장이 불어나는 곳에서 창업을 하면 실패할 확률이 줄어든다. 문제는 들어오려는 사람이 많으니 비용이 비싸다는 것이다. 그렇다 보니 자기가 가진 돈에 맞춰서 애매한 곳에 창업을 한다. 그래도 인테리어 비용은 상당히 지불하게 되고, 음식점 창업을 한다면 음식이 맛있어야 성공하는 것은 기본이니 큰돈을 주고 요리사를 스카우트해서 데리고 온다. 그럼에도 상권이 받쳐 주지 않다 보니 실패하는 일이 종종 생긴다.

상권 분석은 단순히 그 지역에 유동인구가 많은 번화가인가 아닌가가 전부는 아니다. 강남권에서 고기 요리로 유명세를 떨치고 있는 어느 음식점은 몇 군데 분점을 냈고 대부분 성공을 거두었다. 그런데 유독 특정한 지역에서는 실패를 맛보았다. 그 지역의 생활수준에 비해 음식점의 가격대가 지나치게 비쌌기 때문이다. 반대의 경우도 있다. 요즘 인기 있는 어느 저가 뷔페 체인점은 강남권에서 오히려 실적이 좋지 않았다. 해당 브랜드가 저가로 잘 알려져 있다 보니 오히려 생활수준이 높은 곳에서는 '맛없는 싸구려' 취급을 받았기 때문이다. 이 업체는 조금 가격대를 높이고 메뉴를 고급화한 프리미엄 브랜드를 새로 만들어서 해당 지역에 성공적으로 안착할 수 있었다.

그 밖에 같은 유동인구라도 머무르는 유동인구와 흐르는 유동인구에는 차이가 있다. 유동인구가 머무르는 시간이 긴 편이라면 고깃집이나 술집이 잘될 것이다. 한편 머무르는 시간이 짧은 유동인구가 대부분이라면, 이를테면 버스나 지하철 환승을 위해 오가는 사람들이 많다면 편의점이나 패스트푸드점이 잘될 것이다. 유동인구는 시간

대별, 요일별, 계절별로 차이가 있다. 그런데 단순히 한두 번 가 보고 사람이 얼마나 많은지만 보는 식으로 상권을 알았다고 생각하면 큰 착각이다.

상권은 창업의 성패를 좌우하는 가장 큰 요소라고 해도 좋을 만큼 매우 중요하다. 대기업 체인점들은 아예 상권 분석을 전담하는 팀을 따로 두고 3개월에서 6개월 정도 시간을 들여 철저하게 분석을 거친 후에 매장을 열지 여부를 결정한다. 반면 개인이 창업을 할 때에는 상권 분석도 소홀한데다가 자금도 부족한 채로 애매한 창업을 한다. 음식점을 창업한다면 주방, 홀, 손님 서비스, 배달을 비롯한 수많은 요소들을 이해하고 준비하는 데만 몇 달이 걸린다. 공부해야 할 것도 많고, 경험도 필요하다. 많은 예비 창업자들은 이런 과정을 건너뛰고 빨리 장사를 시작하고, 돈을 벌고 싶어 한다. 그러니 시간이 필요한 준비 과정을 급행으로 서비스하는 프랜차이즈를 선택한다.

흔히 '기-승-전-치킨집'이라고 할 정도로 치킨집 창업을 선택하는 사람들이 많다. 그중 절대 다수는 프랜차이즈를 통해 창업을 한다. 어느 유명 치킨 프랜차이즈를 통해 창업을 한다고 가정해 보자. 보통 프랜차이즈 업체에는 창업지원팀이 있어서 상권 분석과 준비, 시설과 인테리어, 홍보에 이르는 준비 작업들을 대신해 준다. 또한 교육 시설이 있어서 단기간 속성 과정으로 치킨 조리법이나 고객 서비스를 교육한다. 보통 교육 기간은 1주일 정도다. 그동안 창업지원팀은 한 달 내지 두 달 정도면 점포 하나를 찾아 준다. 나름대로 상권 분석을 한다고는 하지만 예비 창업자가 원하는 지역이 있다면 그 지역 위주로 찾아 주는 정도이고, 실제로 상권을 들여다보면 상당히 부실한 경우가 많다. 가장 문제가 되는 것은 같은 업종의 가게가 주위에 몇 개나 있고, 가게 간 거리가 어느 정도인가 하는 것이다.

예를 들어 공정거래위원회에서 제정한 '모범 거래 기준'이라는 것이 있었다. 이 기준에 따르면 편의점은 점포 간 거리가 250미터, 치킨집은 800미터와 같이 업종별로 거리를 제한하는 기준이 있었다. 하지만 2014년에 이 기준은 폐지되었다. '자유로운 기업 활동을 제약하기 때문'이라는 이유에서다. 이러한 기준 폐지는 당연히 프랜차이즈 가맹점 난립으로 이어졌다. 상권이 10퍼센트 성장한다고 해도 그 지역 가게가 한 개에서 두 개가 되면 각 가게별 매출은 크게 떨어진다. 기존의 가게가 많은 수익을 얻고 있다면 모르지만, 대부분의 프랜차이즈 업주들이 그야말로 '생계형'을 벗어나지 못하는 상태에서 가게가 늘어나면 오히려 적자를 보게 된다.

반면에 프랜차이즈 본사는 이익이다. 일단 가맹점 유치를 맡은 영업사원들은 점포 하나가 문을 열 때마다 수당이 생기고, 본사는 창업 준비 과정에서 가입비, 보증금, 교육비, 인테리어 및 시설 비용, 간판, 홍보물과 같은 여러 가지 항목으로 이익을 챙긴다. 여기에 음식 재료도 본사에서 공급해 주는 대로 받아야 한다. 같은 재료를 직접 구매하면 싸게 받을 수 있다고 해도 본사에서 받지 않으면 계약 위반이다. 그리고 2~3년마다 한 번씩 인테리어를 바꾸도록 계약으로 강제한다. 실제로 어느 유명 치킨 프랜차이즈 브랜드는 2~3년에 한 번씩 브랜드 로고와 디자인을 바꾼다. 계약 때문에도 어쩔 수 없지만 브랜드 리뉴

얼을 함으로써 인테리어를 안 바꿀 수 없게 만드는 것이다. 이에 따른 매장의 온갖 교체 비용은 전부 가게 주인 주머니에서 나간다. 밤낮도 없이 휴일도 없이 일해서 돈을 좀 모을라치면 2년 뒤에 인테리어 비용으로 대부분 까먹는다.

열심히 장사를 해도 결국 본사 좋은 일만 하다 망하는 가맹점들이 부지기수지만 본사는 별로 개의치 않는다. 예를 들어 200개의 프랜차이즈 가맹점이 있다면 200개의 점포가 장사가 잘되는 구조보다는 해마다 50개는 망하고 50개는 새로 생기는 편이 본사에는 더 이익이다. 창업 준비에 필요한 각종 비용으로 버는 돈은 많은 반면, 폐업으로 입는 손해는 별로 없기 때문이다. 일부 악덕 프랜차이즈 업체는 그때그때 시류를 타고 브랜드를 급조했다가 유행이 지나면 본사 자체를 폐업해 버리고 다른 회사를 설립해서 새로운 아이템으로 업주들을 끌어모은다. 프랜차이즈 본사 쪽에서는 어떻게든 가맹점이 많을수록 이득을 보지만, 반대로 가게 업주들은 손해를 보는 구조가 우리나라 프랜차이즈의 맹점이다.

2013년 〈전국 소상공인 실태 조사 보고서〉에 따르면 창업 준비 기간, 즉 창업 구상에서부터 실제 창업에 이르는 기간으로 가장 비율이 높은 것은 3~6개월 미만이다. 자영업자들이 창업 아이템으로 많이 선택하는 도매업 및 소매업(편의점과 같은 업종이 여기에 속한다), 숙박업 및 음식점업을 살펴보면 3~6개월 미만이 거의 30퍼센트에 육박한다. 1~3개월 미만은 약 26퍼센트, 그리고 1개월 미만도 10퍼센트가 넘는다. 즉, 전체 창업자 10명 중에 4명 가까이가 창업에 채 석 달도 걸리

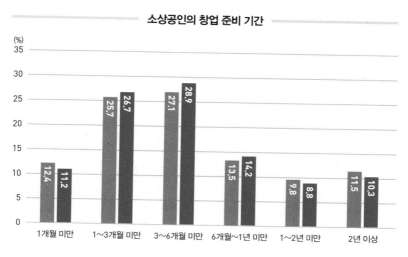

(%)

■ 도매업 및 소매업   ■ 숙박업 및 음식점업

출처 : 2013년 전국 소상공인 실태 조사 보고서(중소기업청)

지 않고, 전체의 3분의 2는 창업 준비 기간이 6개월 미만이다. 창업은 시간 준비, 돈 준비, 상권 분석 세 가지가 성패를 좌우한다고 해도 지나치지 않다. 창업에 반년도 걸리지 않는 이들은 전문가들의 눈으로 볼 때에는 실패할 모든 조건을 가지고 시작하는 것과 다름없다.

창업보다
취업을 먼저 생각하라

퇴직금을 가지고 창업을 하려는 상담 고객들을 만나면 우리는 거의 무조건 "창업하지 말라."고 권한다. 대부분은 어떻게 될지 미래가 너무 뻔하기 때문이다. 특히 '뭐라도 해야지' 하는 마음으로 창업을 한 다면 실패할 확률은 거의 100퍼센트다. 50대에 들어서면 지금의 직장에서 앞으로 얼마큼 더 일할 수 있는지에 관계없이 퇴직 후에 무엇을 할 것인가에 대해 혼자가 아니라 가족 단위로 준비를 해야 한다. 내가 가진 재산은 지금 얼마인지, 자녀들에게는 얼마나 더 돈이 나갈 것인지, 그리고 노후에는 어느 정도 자금이 필요할 것인지와 같은 현황을 파악한 다음에 계획을 세워야 한다. 노후 자금이 부족하다면 어떻게 그 자금을 마련할 것인지, 체면 때문에 지나치게 많은 돈을 쓰고 있지는 않은지와 같은 문제를 고민해야 한다.

외벌이 가정의 남편이 퇴직하고 집에 있으면 '나가서 뭐라도 하라'고 몰아세우는 사람은 대부분 부인이다. 퇴직금을 받고 나서 실업급여로 몇 달을 지내다 보면 부인 입장에서는 앞으로 살림살이가 적자일 게 너무 뻔하게 느껴지기 때문이다. 그러니 나가서 뭐라도 하라고 들들 볶기 시작한다. 남편 입장에서는 평생 일하다가 좀 쉬고 싶지만 그조차도 여의치 않다. 회사를 그만두고 처음에는 용돈이라도 타서 쓰지만 몇 달 지나면 눈치가 보인다. 대기업에 다니다가 퇴직했다면 바깥 지출 중에 일정 부분은 법인카드를 써서 정확히 내가 얼마 정도의 돈을 쓰고 다녔는지를 잘 모르는 사람들도 많다. 이런 사람들이 은퇴 후에는 용돈 때문에도 박탈감이 든다. 결국은 떠밀려서 혹은 마음이 상해서 그렇게 조급하게 창업에 나서고 쉽게 망한다. 설령 망하지 않고 장사가 그럭저럭 된다고 해도 가족들이 여유 있게 살 수 있을 정도의 수익을 버는 것은 또 다른 문제다.

대기업을 퇴직하고 고깃집 창업을 계획하고 있던 한 상담 고객에게 실제로 가게를 운영하는 사례를 보여 주었다. 가게 주인은 자기 투자금 2억 원은 물론 대출까지 1억 원 정도를 끌어다 써야 했고, 고군분투한 끝에 겨우 적자를 탈출했다. 위기를 벗어나기 위한 노력은 눈물겹기까지 했다. 가족들이 총동원되어 장사에 매달렸다. 그래서 과연 얼마를 벌고 있을까? 모든 운영 비용과 임대료, 대출이자까지 제하고 나니 월 220만 원 남짓이었다. 과연 두 배를 번다고 하면 남는 장사일까? 지금까지 들어간 투자금에 대출까지 감안해 보면 500만 원 이상을 벌어도 기회비용 측면에서 보자면 남는 게 없다.

같은 2억 원을 가지고 창업하지 않고 다른 곳에 취직했다고 가정해 보자. 똑같이 월수입이 200만 원인 곳에 취직했다면 원래의 2억 원은 그대로 남고 고정 수입이 200만 원 생긴다. 그리고 2억 원으로 리스크가 적은 곳에 투자를 했다면 재산은 더욱 불어나 있을 것이다. 창업을 해서 가게에 온 가족이 매달리는 것보다 기회비용 측면에서 창업 대신 취업을 하는 편이 훨씬 낫다. 그런데도 퇴직 후 일자리를 찾을 때에는 예전 직장보다 못하다는 생각만 하다가 결국 '뭐라도 해야지'라는 조급함에 창업을 하고 퇴직금을 날리는 사람들이 부지기수다. 창업에 실패하고 나면 결국은 먹고살기 위해서 어딘가에 취업을 해야 한다. 가진 돈을 모두 잃고 부채만 진 채로, 그리고 몇 년 동안 창업 전선에서 고생했기에 자신은 물론 가족들의 몸과 마음이 피폐해진 상태에서 취직을 해야 한다. 그 시간에 창업 대신 취업을 했을 때와 비교하면 결과는 하늘과 땅 차이다.

고깃집 창업을 계획했던 상담 고객이 생각하는 윤곽을 가지고 사업성 검토를 해본 결과, 비용과 임대료를 모두 제하고 나면 남는 수익이 200만 원 안팎이었다. 결국 마음을 돌린 그는 지인의 소개로 중소기업 부장급으로 취업해서 한 달에 250만 원의 수입을 얻고 있다. 퇴직 후 불안한 마음 상태에서 한순간의 잘못된 생각이 10년 뒤에는 한 가정의 삶을 완전히 망가뜨릴 수도 있다. 50대 중반에 창업 대신 취업을 선택하고 10년 정도를 버티면 국민연금이 나온다. 자기 집이 있다면 주택연금으로 돌릴 수도 있다. 퇴직금 자산은 그대로 남아 있고 그 기간 동안 어느 정도 불어났을 것이다. 월 300만 원 정도의 수입을 만들기에는 부족하지 않다.

창업을 해서 성공하고 싶다면, 최소한 창업 때문에 나와 가족이 불행해지지 않으려면 생계가 아니라 내가 좋아하는 일, 갈망하는 일을 위한 창업이 되어야 한다. 생계를 위해서라면 앞에서 살펴보았듯이 노력 대비 수입 측면에서나 기회비용 면에서나 창업보다 취업이 낫다. 이전 직장보다 못한 월급이라고 해도 웬만해서는 창업보다 낫다. 퇴직을 앞두고 있거나 창업을 생각하고 있다면 혼자서 고민하지 말고 가족이 함께 머리를 맞대야 한다. 출구 전략도 필요하다. 계획의 현실성이나 결과에 관한 분석도 없이 갑자기 퇴직자가 되고 시간을 허비하다 보면 '뭐라도 해야지'의 함정에 빠지기 쉽다. 퇴직 이후의 나는 무엇을 하고 싶은가, 그 일을 하기 위해서는 무엇을 준비해야 하고, 얼마만큼의 시간과 돈이 필요한가를 미리 고민하고 설계해야 한다. 그래야 가족들도 닦달하지 않고 당신을 기다려 줄 수 있다.

어느 상담 고객의 경우 조그만 커피숍을 운영하고 있는데, 처음에 상담을 할 때 함께 목표로 잡았던 것은 월 150만 원의 수익이었다. 장사가 잘 안 되던 자리를 권리금 없이 임대했기 때문에 대출 없이 순수 자기 자금 6,000만 원으로 창업을 했다. 처음 1년 동안은 평균 월 80만 원 정도 수익이 났고, 창업 2년 후에는 월 수익이 150만 원 수준에 이르렀다. '창업해서 겨우 한 달에 150만 원?' 하고 생각할 수도 있겠지만, 이 부부는 부인이 회사 생활을 하면서 한 달에 250만 원 정도의 수입을 얻고 있다. 부부가 합쳐서 월 수익이 약 400만 원이 되었고 부부에게는 그 정도 수입이면 별 문제가 없었다.

부인도 불만이 없었다. 처음부터 사업성을 제대로 검토해서 현금 흐름을 계획했고, 5년 안에 월 200만 원 수익을 목표로 했기 때문에 계획대로 진행되고 있는 상황에서 부부는 함께 만족스러워했다. 남편은 원래부터 커피를 좋아했고, 드립 커피만을 전문으로 특화하면서 단골손님들이 꾸준히 늘어났다. 앞으로 이 가게는 5년 목표 수준까지 수익이 올라갈 것이다. 처음부터 현실적인 계획을 세우고, 가족들이 그 계획에 동의하고, 대출은 최소화하고, 자기가 좋아하고 관심이 많은 일을 가지고 창업하는 사람들이 롱런한다. 크게 성공은 못해도 최소한 실패할 확률은 적다. 그리고 크게 성공하지 못한다고 해도 무리한 욕심 없이 좋아하는 일을 한다는 만족감이 있다.

은퇴 후 창업을 생각하는 50대 고객들이 상담을 올 때에는 "정말 창업을 하고 싶다면 부인이 먼저 창업을 하라."고 조언한다. 그리고 소자본으로 작게 시작하고, 처음부터 수익 낼 욕심을 부리지 말아야 한다. 위의 사례처럼 부인이 수입이 있다면 남편이 할 수도 있지만, 어떤 경우든 처음부터 창업에 가족의 모든 것을 걸지 말라는 뜻이다. 부부 중 한쪽이 계속 수입이 있는 상태에서 작게 창업을 하면 준비 기간에 여유를 가질 수 있고, 처음부터 크게 벌리지 않아도 된다. 창업에 올인을 하면 이를 통해 가족 전체의 수입이 나와야 하므로 작은 규모로 시작하기 어렵다. 경험도 없으면서 빚을 내서 무리한 투자를 하고 실패할 확률을 높이는 결과가 된다.

남편이 주 수입원일 때, 부인이 먼저 자신이 좋아하는 취미나 관심 있어 하는 분야를 가지고 작게 창업을 하라는 이유는 또 있다. 남편이 직장 생활을 하는 동안에는 창업에 관한 경험을 쌓기가 쉽지 않기 때문이다. 부인이 먼저 창업을 통해서 경험을 쌓으면 나중에 남편이 퇴직 후에 창업을 할 때 큰 도움을 줄 수 있다. 꼭 같은 분야의 업종이 아니더라도 매장 관리, 수입과 지출 관리, 세금 및 고정비용 지출, 고객 서비스를 비롯한 많은 경험을 할 수 있다.

창업을 원한다면 5년, 10년을 내다보고 준비하는 전략적 창업을 해야 한다. 혼자 방 안에 앉아서 온갖 긍정적인 상상만으로 짜는 전략이 아니다. 수많은 실제 사례들을 알아보고 찾아가면서 현실이 속된 말로 얼마나 '장난이 아닌지'를 알아야 한다. 그리고 취업과 비교했을 때 내 자산의 변화, 수입과 지출 구조, 기회비용을 따져 봐야 한다. 필요하다면 전문가의 도움을 받아라. 그 정도의 시간과 공을 들이고, 욕심을 배제하고 차가운 현실 위에서 철저하게 준비한 창업이 아니라면 창업보다 취업으로 퇴직금을 지키는 편이 백번 나은 선택이다.

사업 운영과
가정 경제를 분리하라

서울 외곽에서 휴대폰 대리점을 운영하는 정희수 씨는 빚 때문에 고통을 겪다가 재무 상담의 문을 두드렸다. 직장 생활을 그만두고 퇴직금으로 개업한 휴대폰 대리점은 한때는 스마트폰 열풍으로 장사가 잘되었지만 아이의 병 때문에 많은 치료비를 쓰면서 여유가 거의 사라졌다. 게다가 스마트폰의 성장세가 둔화되면서 매출은 감소하는 반면, 임대료는 올라서 사업 상황도 점점 나빠지고 있었다. 아내도 가게에 나와서 인건비라도 절약해 보려고 안간힘을 쓰고 있었지만 이미 신용 대출과 카드론, 친·인척에게 빌린 돈을 비롯해서 약 1억 5,000만 원 정도의 부채가 가계를 짓누르고 있었다. 사업 상황이 안 좋은 이유도 문제였지만, 빚의 터널에서 빠져나오지 못할 것만 같은 좌절감이 가정 전체에 드리우고 모두가 지쳐 가고 있는 모습이 더욱 문제였다.

상담을 거치면서 단순히 빚에서 탈출하는 것을 넘어, 우리는 고객이 무엇을 하고 싶은지를 물어보았다. 가정에 희망과 목표가 있다면 빚에서 벗어나는 과정은 고통의 시간만이 아닌 희망의 시간이기도 하기 때문이다. 우리는 일단 정 씨에게 다음과 같은 표를 작성하도록 했다. 현재 안고 있는 부채를 비롯해 앞으로 나가게 될 돈의 규모와 내용을 파악하고 이를 명확한 시기를 정해 어떻게 상환할 것인지 표로 만드는 일은 무척 중요하다. 대리점의 수입은 들쭉날쭉하지만 인건비와 임대료 같은 직접 경비를 제외하고 월평균 수입을 330만 원으로 산출했다. 그리고 추가 수입이 생기면 친척과 지인들의 대출을 우선 갚아

목표	주요 내용	시기	금액
친척·지인 대출 상환	이자만 내고 있는 실정, 마음의 부담	4년 후	4,900만 원
신용 대출 상환	신용 대출이 증가하고 있는 상황	4년 후	6,460만 원
지출 구조조정	과도한 보험의 조정과 생활비 지출의 리모델링	즉시	매달 57만 원
자녀 학자금 마련	최소한 대학 학자금의 절반을 마련해 주고 싶음	10년 후	5,000만 원
제주도 가족 여행	결혼 10년 동안 한 번도 못 가본 가족 여행	3년 후	200만 원

나가기로 했다. 먼저 자산을 처분하고 지출 규모를 조정함으로써 대출의 규모를 줄이는 것이 관건이었다. 여러 건의 대출 중 가장 문제가 되는 것은 1,700만 원의 카드론이었다. 처음에는 신형 휴대폰 재고를 확보할 자금이 부족해서 소상공인 정책 대출로 시작했다가 생활비나 자녀의 치료비 때문에 신용 대출이 늘어났다. 그러다가 금리가 16퍼센트에 이르는 카드론까지 받게 되면서 이자 부담이 크게 늘어났다.

상담을 통해 먼저 전세 보증금을 담보로 2,000만 원의 대출을 받아 카드론과 보험약관대출을 상환하기로 했다. 전세보증금담보대출이 카드론보다 금리가 훨씬 낮은 것은 누구나 안다. 하지만 급히 돈이 필요할 때에는 당장 손쉽게 융통할 수 있는 방법을 찾게 되고, 그러다 보면 낮은 금리의 대출을 받을 수 있는데도 비싼 금리의 대출로 불필요한 이자를 내는 사람들이 많다.

자동차도 처분해서 할부를 정리하고 월 할부금과 1,500만 원에 이르는 부채 규모를 줄이기로 했다. 자동차가 있으면 신제품 조달과 같은 사업 활동에는 도움이 되지만 자동차 할부금조차 부담스러운 실정이었기 때문에 차량은 처분하고 택배와 같은 유통망을 통해서 제품을 공급 받기로 했다. 이를 통해 할부금과 차량 유지 경비 65만 원을 확보할 수 있게 되었다. 지출 조정을 위해서는 먼저 60만 원 가까이 나가고 있던 보험료 중 치료를 받고 있는 자녀의 의료비 관련 보험을 제외한 부부의 종신보험이나 통합보험은 해지한 후 실손의료보험과 정기보험으로 전환하여 20만 원대로 보험료 부담을 대폭 줄였다. 또한 보험 해지 환급금으로 대출 중 금리가 높은 것부터 일부 상환함으로써 추가로 부채 규모를 줄였다.

남아 있는 신용 대출을 해결하기 위해서는 개인워크아웃 제도를 활용하기로 했다. 친척과 지인의 대출은 이 제도의 대상이 되지 않으므로 사업 운영의 추가 수입이 생기면 친척과 지인들의 대출을 먼저 상환하기로 했다. 지인의 대출은 돈만이 아니라 인간관계가 걸려 있는 문제이기 때문이다. 개인워크아웃을 통해서 이자는 면제를 받고 8년에 걸쳐서 월 80만 원씩 부채를 상환하기로 했다. 빚에 대한 막연한 부담에서 이제는 상환 목표와 계획을 세우게 되면서 정 씨의 가정에 희망이 보이기 시작했다.

가계 재무의 구조조정을 위해서 무엇보다도 강조했던 것은 사업 운영과 가정 경제를 명확하게 구분하고 운영하라는 것이었다. 상담실을 찾았을 때 정 씨의 가정은 휴대폰 대리점에 모든 것이 쏠려 있었다. 아내도 인건비를 절약하기 위해서 낮 시간에 남편과 함께 가게를 보고 있었다. 대리점 때문에 지게 된 빚으로 가계 재무구조 전체가 뒤틀려 있었기 때문에 자녀가 다니고 싶어 했던 학원도 보내지 못하고 있었다. 우리는 남편은 사업에, 아내는 가정에 주력함으로써 역할을 명확하게 구분할 것을 권했다. 그 후 아내는 시간제 일자리를 이용해서 월 50만 원 정도의 소득을 얻고, 그중 10만 원은 자녀의 학원비에 쓰고 나머지는 교육 자금과 노후 자금으로 각각 20만 원씩 적립하는 데에 썼다. 남편은 휴대폰 대리점 운영에 집중하면서 담배를 끊고 그 돈으로 적금에 가입하여 3년 후에는 결혼 후 처음으로 온 가족이 제주도로 가족 여행을 갈 희망을 키우게 되었다.

정 씨 사례의 경우 부채를 상환하는 것도 중요하지만 미래에 대한 명확한 계획을 세우는 한편 가족들이 힘을 모으고 어려움을 함께 이겨 낼 목적과 동기를 부여함으로써 가족의 관계를 회복시키는 것이 중요했다. 열심히 일하고 노력해도 생계비 부족에 시달리고 미래를 희망보다는 좌절로 생각하는 가정들이 적지 않다. 가난의 굴레에서 쉽게 벗어나지 못하는 가족들의 경제 사정을 당장에 개선시키는 것은 어렵다. 하지만 재무 상담 과정에서 많은 가족들이 소박하게나마 미래에 대한 목표와 희망을 가지면서 행복을 되찾는 모습을 목격했다. 현실을 받아들이되 더 나은 미래를 위해 가족들이 공동의 목표를 세우고 함께 나아간다면 큰 부자는 될 수 없다고 해도 행복한 마음만은 가질 수 있다.

제 3 장

빚지는
습관을
개선하라

부채 청산 2단계

성격과 질에 따라 달라지는 출구 전략

01

정확한 진단이
빚 치료의 첫 단계

빚지는 습관은
만성질환이자 난치병

1997년 세계보건기구WHO는 비만을 병으로 규정했다. 미국 의학협회도 2013년 투표를 거쳐 비만을 질병으로 선언했다. 또한 최근에 WHO는 비만을 '21세기 신종 전염병'으로 규정하고 세계 10대 건강 위험 요인 중 하나로 선정했다. 이처럼 비만은 여러 가지 병을 일으키는 원인에 그치는 것이 아니라 비만 자체가 치료를 받아야 할 병이다. 게다가 치료하기도 힘든 난치병이다.

너무 많이 먹고 너무 적게 움직이는 게 비만의 원인이니 먹는 것을 줄이고 더 많이 움직이면 고칠 수 있는데도 당장 맛있는 음식의 유혹은 너무나 강하다. 게다가 사방에 우리를 편리하고 힘 안 들이게 하는 문명의 이기들이 넘쳐 나니 움직이기는 귀찮다. 그렇다고 무작정 굶으면 건강을 해칠 수도 있고, 굶었다가 폭식했다가를 되풀이하면 요요 현상의 굴레에 빠져 좌절할 수도 있다. 의사에게 제대로 진단을 받고 계획을 세워 체계적으로 다이어트를 하는 치료가 필요하다.

그런데 비만만큼이나 많은 현대인들이 앓고 있고, 치료가 필요하고, 치료가 어려운 난치병이 또 있다. 바로 '빚'이다. 비만과 빚은 많은 면에서 비슷하다. 비만이 몸을 병들게 하듯이, 빚은 나와 가정의 살림살이를 병들게 한다. 비만이 병이듯 빚 자체도 병이다.

빚은 너무 많이 쓰는 것이 문제이기 때문에 씀씀이를 줄여야 하지만 돈이 없어도 갖고 싶은 것은 너무나 많고, '갖고 싶다면 당장 가지라'고 속삭이면서 온갖 방법으로 빚지게 만드는 금융의 유혹은 너무나 달콤하다. 그러면 무작정 돈을 안 쓰면 빚의 굴레에서 벗어날 수 있을까? 무작정 안 쓰는 식으로 해결하려면 지속하기도 힘들고, 나름대로 열심히 노력한 것 같은데 지나고 보면 빚이 별로 줄지 않아서 좌절할 수 있다. 따라서 재무 전문가에게 제대로 진단을 받고 계획을 세워 체계적으로 부채를 줄여야 한다.

질병을 치료하려면 먼저 그 원인을 찾고, 약물 치료와 같은 가벼운 방법부터 수술까지 질병에 따른 적절한 방법을 택해 치료해야 한다. 시간을 들여 치료 과정을 거치고 나면 다시 몸을 건강한 상태로 회복시키기 위한 재활이 필요할 수도 있다.

빚 치료도 마찬가지다. 하지만 우리나라는 빚이라는 질병을 치료하기 위한 시스템은 부실한 상태에서 사람들은 질병 치료도 못하고 새로운 병을 얻어서 점점 심각한 지경으로 빠져든다. 이제는 빚은 심각한 질병이라는 사실을 인정하고, 이미 병에 걸렸다면 꼭 치료를 받아야 함을 깨달아야 한다.

빚 진단 첫 번째 :
부채 현황 리스트를 작성하라

빚이라는 질병에서 벗어나고 싶다면 가장 먼저 해야 할 일은 진단이다. 내 빚이 얼마이고 또 어디에 빚이 있는지, 즉 빚의 질과 양을 정확히 파악하는 것이다. 대부분의 사람들이 자기 빚이 어디에 얼마나 있는지를 제대로 알지 못한다. 대략 머릿속에서 어림 정도로 대출이나 카드론처럼 쉽게 알 수 있는 부채만을 자기가 진 빚이라고 생각한다. 부채를 정리하기 위해서는 부채에 대한 자료와 정보를 조사해야 한다. 금융기관은 어디를 이용했고, 신용 대출이었는지 담보대출이었는지, 담보대출이었다면 담보는 무엇이었는지, 언제 대출을 실행했는지, 만기는 언제인지, 대출금의 잔액과 금리, 중도상환 수수료는 얼마인지를 각 부채별로 정확히 조사해야 한다.

이러한 조사 작업을 편리하게 할 수 있는 인터넷 서비스도 있다. 은행이나 제2금융권 대출에 관련된 신용 정보는 올크레딧에서, 신용카드 관련 정보는 마이크레딧에서 제공하고 있다. 이 서비스를 통해 나의 신용 등급은 물론이고 대출 정보, 카드 발급 정보, 현금서비스 정

개설 · 발급 정보

금융기관에서 신용(체크)카드를 발급 받거나, 가계 (당좌)예금을 개설한 정보입니다. **지세히 보기 ›**

기관명	관리점명	등록사유	발생일자
스탠다드차타드은행	카드사업부	신용카드 발급	2010-05-18
신한카드(통합)	신용기획팀	신용카드 발급	2010-03-25
총 건수		2건	

현금서비스 정보

신용카드 현금서비스 사용잔액 정보 입니다 [단위 : 천원]

기관명	발생일	변동일	금액
한국스탠다드차타드	2013-04-18		160
신한카드(통합)	2012-02-28	2013-05-24	300
총 건수	2건	총 금액	460

대출 정보

금융기관별 대출금액,대출건수,대출일자 등 개인대출에 대한 정보입니다. **자세히 보기 ›** [단위 : 천원]

기관명	등록사유	대출일자	변동일자	금액	대출구분
HK상호저축은행	일반대출	2010-11-19	2013-05-06	1,311	신용대출
현대저축은행	일반대출	2010-11-19	2013-02-22	1,247	신용대출
현대스위스상호저축	일반대출	2010-11-19	2013-04-25	3,606	신용대출
새마을금고	일반대출	2010-08-26	2013-04-26	4,648	지급보증담보대출
한국스탠다드차타드	일반대출	2010-06-03		4,500	신용대출
총 건수	5건		총 금액	15,312	

N	대출명의	대출종류	대출액	대출년월	중도상환월	월상환액	거치	대출목적	처리
	금융기관	상환방법	금리(%)	만기년월	중도상환액	현잔액			
0	::선택::	::선택::							추가 취소
		::선택::							
2		신용대출	600	201011		30.2	0	생활비	
	HK저축은행	원리금균등	43.9	201311	0	135.9			
3		신용대출	580	201210		38.1	0	생활비	
	미래대부	원리금균등	48.1	201410	0	443.3			
4		신용대출	500	201011		18	0	생활비	
	현대스위스	원리금균등	35.8	201511	0	346.1			
5		신용대출	450	201006		3.4	0	생활비	
	SC은행	만기일시	9	201506	0	450			
6		신용대출	280	201210		17.7	0	생활비	
	티포스대부	원리금균등	44	201410	0	211.9			
7		신용대출	200	201105		8.3	0	생활비	
	콜렉트대부	원리금균등	43.8	201605	0	161.8			
8		신용대출	164	201302		15.2	0	생활비	
	현대(신라)저축은행	원리금균등	44	201404	0	125.2			

올크레딧을 통해 현금서비스 및 대출 정보를 한꺼번에 조회해 볼 수 있다.

보, 신용회복 정보, 연체 정보, 보증 정보, 채무불이행 정보와 같은 내용들까지 확인할 수 있다. 이 두 가지 서비스만 활용하면 내가 금융기관에 진 빚을 모두 확인할 수 있다. 또한 현금서비스나 리볼빙을 이용하는 사람들이라면 무조건 이 서비스를 이용해 볼 것을 권한다. 단, 대부업체의 경우 등록 대부업체는 보통 올크레딧에서 확인할 수 있지만 일부 업체는 정보 공유를 하지 않아 이들 서비스로는 아예 확인이 되지 않는다. 또한 대출 받은 내역은 알 수 있지만 정확한 액수는 나오지 않는 것과 같이 일부 정보만 조회되는 경우도 있다.

특히 이 과정에서 의외로 많은 사람들에게서 연체 정보가 발견된다. 자기에게 빚이 얼마 있는지 대략 파악하고 있던 사람들조차도 연체 관리 문제에는 특히 약하다. 신용카드 사용자들은 결제일이 되면 결제계좌에서 자동으로 카드 값이 출금된다. 때로 결제일에 통장 잔고가 부족해서 연체가 돼도 며칠 후에 통장에 돈이 들어오면 자동으로 출금이 되어 연체가 풀리기도 한다. 단기 연체는 신용카드 사용이 정지되지 않을 수도 있어서 모르고 지나가는 사람들이 많다. 하지만 단기 연체도 신용도에는 나쁜 영향을 미친다. 부채 문제가 심각하지 않다고 생각하거나 얼마나 빚을 지고 있는지 잘 알고 있다고 해도 올크레딧과 마이크레딧을 통해 신용 정보를 조회해 보면 연체 관리에 도움이 된다. 실제로 상담 고객 중에 많은 사람들이 연체 관리 부분에서 "어, 나도 연체가 있네?" 하고 놀라곤 한다.

이렇게 명확히 조회한 정보를 기반으로 부채 리스트를 작성해야 한다. 스스로 리스트를 작성해 보려고 하면 꽤나 어렵고 부정확하다. 머릿속에 있는 기억만으로 리스트를 만들지 말고 반드시 정확한 정보를 조회해 보자. 물론 마음 편한 일은 아니다. 하나하나 조사할 때마다 내 부채 액수가 늘어가는 것이 눈에 보여서 속이 쓰릴 수밖에 없다. 그렇다 보니 부채 리스트를 작성하라고 하면 "빚진 것도 스트레스인데 뭘 그런 리스트까지 일일이 다 쓰라고 하냐."면서 항변하는 이들도 있다. 자기 빚의 실체를 정면으로 보려 하지 않고 막연하게 한 달 한 달 살아가는 사람들이 정말로 많다. 두려움을 극복하고 정면으로 빚과 마주하는 것이 빚지는 삶에서 탈출하는 첫 번째 단계다.

정확한 부채 리스트가 작성이 안 되면 빚을 갚는 시간은 훨씬 길어진다. 빚의 굴레에서 벗어나고 싶다면 내 부채가 얼마나 많은지를 확인하고 그에 대한 위기의식을 가져야 한다. 그다음 내가 얼마를 벌고 얼마를 지출하며, 빚을 털어 내기 위해서는 한 달에 얼마를 갚아야 하는지, 과연 현재의 수입 지출 구조로 가능한지를 파악해야 한다.

한편으로는 왜 빚을 지게 되었는지, 왜 빚이 이렇게까지 늘어났는지를 곰곰이 되짚어 보아야 한다. 질병도 치료를 통해 고쳤다고 해도 생활 습관을 바꾸지 못하면 재발하기 쉽다. 빚도 마찬가지다. 자신의 빚이 어떻게 여기까지 이르게 되었는지의 과정, 그리고 빚을 지는 패턴을 점검하지 않으면 빚의 양은 좀처럼 바뀌지 않고, 줄어든다고 해도 일시적 현상에 그친다. 사치나 과소비 같은 특별한 문제가 없는데도 자녀의 교육비, 큰 병을 앓고 있는 가족, 그리고 자동차와 같이 이미 보유하고 있는 자산 때문에 나가는 유지 관리비 같은 이유로 빚을 질 수밖에 없는 구조적인 문제를 가지고 있는 가정도 있다. 이 문제를 풀지 않고서는 무이자로 가족이나 친척에게 돈을 빌려서, 혹은 신용 회복 프로그램의 도움을 받아서 빚의 무게를 줄였다고 해도 시간이 지나면 다시 원위치가 될 위험이 높다.

빚 진단 두 번째 :
부채의 유형별로 나눠라

빚을 지게 되는 이유를 아주 단순화해 요약하면 '돈이 부족해서'이기 때문이다. 지금 지고 있는 빚들이 다음 도표와 같은 네 가지 기준으로 볼 때 각각 어디에 해당하는지 체크해 보면 빚을 분류하는 데 도움이 될 것이다.

그동안의 재무 상담 사례들을 종합해서 빚을 지게 되는 여러 가지 요인들을 아홉 가지의 유형으로 분류하면 다음과 같다.

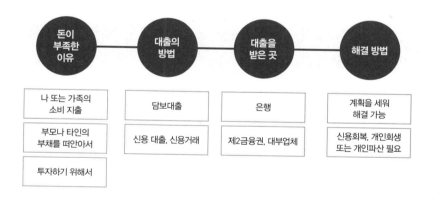

1. 신용카드, 카드론, 현금서비스

2. 보험료 과다, 중도 해지, 약관대출

3. 자동차 할부가 과도한 경우

4. 부동산담보대출이 과도한 경우

5. 전세자금대출

6. 자녀 학자금 증가 및 노후 자금 준비 부족

7. 제2금융권과 대부업 부채

8. 부모님으로 인한 대출

9. 신용회복, 개인회생이 필요한 경우

그런데 이런 아홉 가지 유형은 한 사람에게 여러 가지 유형이 중첩되어 나타난다. 빚 문제가 심각할수록 중첩되는 유형의 가짓수도 많아진다. 사실 신용카드나 현금서비스로 인한 부채, 보험료 과다나 자동차 할부 같은 경우는 소비 구조조정이나 보험 다이어트를 통해 어느 정도 해결이 가능하다. 여기서는 규모나 성격 면에서 해결이 어려운 부모님으로 인한 청년층의 부채 문제와 전세자금대출 및 생계형 대출 문제에 대해 다뤄보도록 하겠다.

부모님으로 인한 청년층의 대출

청년층은 앞에서 살펴본 것처럼 학자금 대출과 졸업 후 취업난, 낮은 임금, 취업 준비에 필요한 비용 때문에 생계형 빚을 지는 사례가 많다. 게다가 의외로 부모님과 연관된 부채가 많다. 30대 역시 부모님으로 인해 빚을 지게 되는 사례가 상당수 있다. 부모님이 원인이 되는 이유는 여러 가지가 있다. 부모가 사업을 하다가 자금 사정이 좋지 않을 때 자녀 명의로 대출을 받거나 보증을 세우기도 한다. 사업이 회복되면 모르겠지만 결국 사업에 실패하면 자녀까지 빚더미에 올라앉게 된다.

부모님이 이혼한 상태에서 자녀가 부모를 경제적으로 책임질 수밖에 없고 그 때문에 빚을 지게 된 사례도 있다. 어느 여성 상담 고객은 이혼한 아버지가 몸이 좋지 않을 때 자신의 신용카드를 아버지에게 드렸다. 아버지는 처음에는 용돈 범위 정도로만 썼지만 시간이 지나면서 생활비를 거의 딸의 카드에 의존하게 되었다. 이 고객은 수입으로 아버지와 자신의 생활을 모두 감당하기 어려워서 카드 빚이 점점 불어나고 위기에 몰리자 상담실의 문을 두드리게 되었다. 그동안의 상담 사례들로 볼 때 이혼과 같이 한 부모 가정의 자녀가 이런 문제에 취약할 수 있으므로 주의할 필요가 있다.

부모님 때문에 빚을 진 상담 고객의 문제를 해결해야 할 때는 본인만이 아니라 부모님과도 상담을 한다. 자녀가 부모에게 돈 문제를 이야기하기란 아무래도 껄끄럽다. 가족끼리 솔직하게 소통이 잘 안 되다 보니 부모는 자녀가 얼마나 빚을 진지 몰라서 과거에 돈을 쓰던 습관대로 쓴다. 자녀는 부모님에게 미안하기도 하고 부담을 주기도 싫어서 속으로만 끙끙 앓고 있는 사례가 많다. 아버지 때문에 빚을 지게 된 위 여성 고객의 경우에도 아버지는 딸이 얼마를 버는지, 빚이 얼마나 되는지를 모르고 있었다. 마음 착한 딸이 아버지 앞에서는 아무 내색을 안 하다 보니 별 생각 없이 예전의 소비 습관대로 살면서 카드에 의존하고 있었다. 상담 과정에서 딸의 처지를 알게 된 아버지는 일자리를 찾고 일을 하기 시작했다.

부모 자식 간에 돈 이야기를 하기가 내키지는 않겠지만 솔직하게 사정을 털어놓고 가족이 함께 문제를 풀어야만 한다. 만약 부모님 때문에 빚을 질 수밖에 없는 구조가 이어질 때에는 더 이상은 어렵다는 이야기를 솔직하게 해야 한다. 부모님에게도 씀씀이를 줄여 달라거나 다른 방법을 찾아보시라고 실질적인 부탁을 해야 한다. 힘들겠지만 어쩔 수 없다. 그 말을 못하면 결국 부모와 자식이 모두 빚에 눌리고 함께 불행해진다는 사실을 알고 용기를 내야 한다. 부모와 자식의 연을 끊을 수는 없겠지만 돈 문제만큼은 어느 시점에서는 냉정하게 관계를 끊어야 한다.

부모님이 스스로 빚 문제를 풀 수 없다면 개인회생이나 개인파산을 선택하는 방식으로 해결하도록 한 다음 생활비를 지원하는 방법이 부모와 자녀 모두를 구하는 지혜로운 해결책일 수 있다.

사업체를 운영하던 60대 중반의 한영남 씨는 2000년대 초·중반의 호황기 때 무리한 확장을 하다가 2008년 금융위기를 맞아 사업이 큰 어려움에 빠졌다. 한 씨는 소유하고 있던 부동산을 담보로 대출을 받은 것을 시작으로 지인들에게 빌린 돈까지 총 4억 원의 빚을 지게 되었다. 결국 한 씨는 살고 있던 집까지 경매로 넘어가서 지인의 집에 얹혀살고 있다. 게다가 이 과정에서 보증을 선 한 씨의 딸은 2억 원의 부채를 떠안게 되었다. 연봉 4,000만 원 정도의 수입을 올리고 있는 딸은 부모의 사업 실패만 아니라면 착실하게 자금을 모아 결혼을 준비할 수 있었을 것이다. 결혼을 앞두고 있는 한 씨의 딸은 상담 도중에 눈물을 흘렸다. 애인에게 솔직히 말해야 하는데 2억 원이나 되는 빚을 어떻게 이야기해야 할지 난감해했다.

현재의 상황으로는 한 씨의 딸이 부모의 부채를 책임지면서 결혼 준비까지 하는 것은 불가능했다. 자칫하면 결혼을 약속한 애인과의 관계까지 위험해질 수 있었다. 상담 끝에 제도를 활용해서 부모님의 채무를 구조조정하기로 했다. 부모님에게는 심리적인 위축이 있겠지만 현재 상황에서 활용할 수 있는 방법은 개인파산이 가장 합리적이라는 결론을 내렸다. 한 씨는 이듬해면 국민연금 수급 자격을 얻기 때문에 그 전에 부채를 청산해야 월 100만 원의 국민연금으로 최소한의 노후 생활비를 보장 받을 수 있다. 개인회생 제도도 있지만 내년부터 국민연금을 받게 되므로 개인회생 기간에는 연금 중 일부를 일정 기간(5년) 동안 부채 상환을 위해 지출해야 한다. 현재 한 씨는 순자산이 없기 때문에 파산관재인(변호사)을 선임할 필요가 없어서 이에 관한 비용도 절약할 수 있었다. 개인파산과 면책을 통해 사업 빚을 청산함으로써 한 씨는 국민연금으로 최소 생활비를 확보할 수 있었다. 그리고 한 씨의 딸은 부모님의 빚 부담을 덜고 결혼을 준비할 수 있게 되었다.

부모의 빚이 자녀에게까지 이전된 상황이라면 자력으로 재기할 가능성은 거의 없다고 봐야 한다. 밑 빠진 독에 계속 물을 붓기보다는 고리를 끊어야 한다. 개인회생이나 개인파산을 통해 빚을 청산하고 부모의 빚으로 들어갈 돈을 생활비로 지원해 주는 편이 부모와 자식 모두가 사는 길이다. 일례로 어느 상담 고객은 부모님이 추가로 7,000만 원을 보증해 달라는 상황이었다. 상담을 통해 고객은 부모님의 부탁을 거절하고 개인회생을 통해 빚을 청산하도록 한 후, 3년 후에 5,000만 원을 전세 보증금으로 지원해 드렸다.

　부모님과 연관된 빚 중에는 부동산이 끼어 있는 경우도 있다. 이러한 유형의 빚은 30대에게서 종종 발견된다. 자녀가 직장, 특히 대기업 정규직으로 들어가면 대출 한도도 크게 늘고 금리를 비롯한 각종 조건도 좋아진다. 그렇다 보니 부모님이 대출을 받아서 부동산을 사라고 권한다. 예를 들어 부동산에 투자하면 나중에 결혼할 때 집 걱정을 안 해도 좋고 집값이 오르면 돈도 번다는 생각에 자녀에게 대출을 받아서 집을 사라고 권하거나, 부모와 자녀가 함께 빚을 내서 큰 집을 사기도 한다. 부모 세대는 부동산을 사 두기만 하면 올랐던 시대를 살았기 때문에 부동산 불패를 철석같이 믿고 있다. 예상대로 집값이 오르면 좋겠지만 반대로 집값이 떨어지면 자녀는 투자한 돈을 까먹고 대출 부담만 지게 된다.

　청년들의 빚 해결은 무척 까다롭다. 수입이 적은 것도 문제지만 생계형 빚이 제2금융권에서 시작된다는 것도 문제다. 은행 대출을 받기가 거의 어렵기 때문에 생계형 빚은 대부분 신용카드에서 생긴다. 그 한도를 넘어가면 현금서비스, 카드론, 마지막으로는 고리대금에 가까운 대부업체로까지 넘어간다. 액수가 적더라도 이자율이 높기 때문에 이자 부담에 허리가 휘고 빚을 줄이기는 힘들어진다. 이런 경우는 일단 신용회복위원회의 프리워크아웃(1~3개월 미만의 단기 연체자의 채무를 신용회복위원회와 채권금융회사 간 협의를 거쳐 조정해 주는 제도)을 생각해 볼 필요가 있다. 30일 이상 90일 미만 연체된 경우에 이용할 수 있는 제도로 승인이 되면 연체이자를 감면 받고 이자율도 50퍼센트를 감면 받아(최저 이자율 5퍼센트) 최대 10년 이내로 분할상환을 할 수 있다. 아르바이트라고 해도 정기적인 소득이 있으면 대상이 되기 때문에 잘 이용하면 빚 문제에서 벗어나는 데 도움이 된다.

전세자금대출 및 생계형 대출

30대는 이미 앞에서 자세히 살펴본 것처럼 결혼을 하고 가정을 꾸리는 과정에서 빚이 크게 불어난다. 가장 큰 비중을 차지하는 빚은 전세나 집 구입으로 생기는 대출이다. 여기에 아이를 낳으면 육아 문제로 지출이 크게 늘면서 빚 부담을 가중시킨다. 30대 때의 주거 빚 문제를 풀지 못한 상태에서 40대에 이르면 자녀들이 자라면서 교육 빚이 급증한다. 부인은 집에서 살림을 하는 외벌이 가정이 많다 보니 살림살이가 빡빡하고 교육비 때문에 빚이 늘어난다. 가장의 수입에 문제가 생기면 갑자기 빚이 크게 불어난다. 이렇게 30~40대를 보내면 부채는 점점 만성질환으로 굳어진다. 30대 초반의 신혼부부들과 상담을 하다 보면 대출이 하나도 없거나 전세자금대출만 약간 있는 정도로 재무구조가 좋은 부부들도 꽤 있다. 이런 부부들조차도 상당수는 40대에 접어들 때쯤에는 재무구조가 많이 나빠진다.

상담 사례들을 종합해 보면 연봉 4,000만 원 이하는 생계형 빚을 지는 사례가 많았다. 몸이 아프거나 혹은 회사 구조조정 때문에 쉬게 되면 수입은 끊기지만 지출은 줄이기가 힘든데, 이 기간에 빚이 크게 불어난다. 금융자산이 별로 없는 상태에서 약 2억 원의 전세로 살고 있는 어느 고객의 가정은 남편이 몸이 아파서 회사를 그만두고 반 년 이상을 쉬어야 했다. 그 과정에서 1,500만 원 이상의 빚이 생겼다. 문제는 빚이 전부 저축은행과 대부업체이다 보니 이자 부담만 60만 원이 넘었다. 고객의 경우 직장이 없다 보니 은행에서 대출을 받기가 불가능했고, 처음에는 저축은행으로 시작해서 그도 여의치 않자 대부업체까지 이르게 된 것이다. 이 고객은 정부의 제도권 대출 프로그램을 활용해서 평균 금리를 27퍼센트에서 7~8퍼센트 선까지 크게 낮추어 이자 부담을 줄일 수 있었다.

30~40대의 생계형 빚은 대체로 건당 금액이 크지 않은 편이다. 그때그때 모자라는 생활비를 조달하다 보니 대체로 한 번에 200~300만 원 정도로 조금씩 빚을 진다. 담보대출처럼 큰 금액의 빚을 질 때에는 위기감이 많이 느껴지지만 조금씩 빚이 늘어날 때에는 그 위험성을 쉽게 체감하지 못한다. 당장 필요하다 보니 큰 생각 없이 대출로 융통을 하게 되는 것이다. 하지만 이런 대출이 쌓여서 1,000만 원, 2,000만 원이 넘어가면 원금을 갚지 못하게 된다. 제2금융권이나 카드 리볼빙, 대부업체를 이용하다 보면 이자율이 20~30퍼센트 선이 되니 2,000만 원 빚을 지고 평균 금리가 25퍼센트라면 이자만 약 41만 6,700원이다.

한편 50대는 생계형 빚도 있지만 자영업을 하다가 사업자대출을 못 갚는 사례들이 많다. 이와 같이 연령대에 따라, 각자의 사정에 따라 빚을 지게 된 경로와 빚의 구조, 질이 다르기 때문에 그에 맞는 출구 전략이 필요하다. 무조건 '쓰지 마라, 갚아라'는 식으로는 해결이 힘들다. 예를 들어 부모님과 연결된 빚이라면 내가 아무리 지출을 줄인다고 해도 문제가 풀리지 않는다. 이럴 때는 가족들과 허심탄회하게 현실을 털어놓는 자리가 필요하다.

빚 진단 세 번째 : 알맞은 출구 전략을 찾아라

빚을 줄이기 위해서는 소비 패턴과 습관을 따져서 빚 다이어트를 실행에 옮겨야 한다. 그런데 빚 다이어트는 혼자만의 의지로는 잘 안 된다. 몸무게를 줄이는 다이어트도 혼자만의 의지로는 어려워서 전문가를 통한 다이어트 프로그램의 도움을 받듯이, 빚 다이어트도 전문가의 도움을 받을 필요가 있다. 또한 가족이 있다면 함께 빚 다이어트를 해야 한다. 가정의 전체 빚이 불어나고 있다면 어느 한 사람만의 문제가 아닐 가능성이 크기 때문이다.

그렇기 때문에 빚의 양과 질, 빚이 불어나게 된 원인, 그리고 이런 상황에 이르기까지 자신이 심리적으로 극복하지 못하는 문제들까지 구체적으로 적어 보면서 무엇 때문에 빚에서 탈출하지 못하는지 자세하게 진단해 보아야 한다.

빚의 실체를 파악했다면 다음 단계는 전체 빚 가운데 '악성 부채', 즉 금리나 신용도를 비롯한 조건들이 불리한 부채가 어느 정도인지를 확인하는 일이다. 이를 확인해 보려면 인터넷으로 조회되는 정보로는 부족할 수 있다. 각 금융기관 및 대부업체 빚이 있다면 금융기관이나 대부업체에 가서 대출 서류를 확인할 수 있다. 은행이나 제2금융권은 대출거래약정서, 대부업체는 대부거래계약서 사본을 가지고 지점에 방문하면 금융거래확인서나 부채증명서를 발급해 준다. 신용카드로도 부채잔액증명서를 발급 받을 수 있다. 이와 같이 자세한 자료를 수집하고 내가 어떤 대출을 어떤 조건으로 얼마나 받고 있는지를 정확하게 알고 난 다음에는 구체적인 빚 탈출 프로그램을 짤 수 있다. 부채를 해결하기 위한 첫 번째 순서는 '사전 채무조정'이다.

악성 부채는 좀 더 나은 조건의 부채로 바꾸어야 한다. 생각보다는 쉬운 방법들이 여러 가지 있다. 리볼빙이나 카드론을 비롯한 제2금융권 대출은 조건만 약간 바꾸어도 부담이 훨씬 나아질 수 있다. 특히 악성 부채를 갈아탈 수 있도록 정책적으로 지원하는 금융 상품, 즉 햇살론, 바꿔드림론, 새희망홀씨대출과 같은 상품으로 갈아타면 이자 부담을 크게 줄일 수 있다. 은행에 따라 대출 한도나 자격 조건, 금리에는 차이가 있지만 우리은행의 새희망홀씨대출을 예로 들면 연 소득 4,000만 원 이하, 신용 등급 6등급에서 10등급 사이가 자격 조건이고, 한도는 최대 2,500만 원으로 최대 5년까지 원리금 분할상환을 할 수 있다. 신용 등급과 소득이 낮은 사람이 이를 이용하면 금리를 크게 낮출 수 있다.

신용도가 낮은 사람들은 조건이 좋은 은행 대출이 잘 안 되어 금리가 높은 신용카드나 제2금융권 빚을 많이 지게 되고, 상대적으로 편하게 대출을 받을 수 있는 상품을 많이 이용하다 보니 더욱 비싼 이자를 무는 악성 부채가 된다. 여러 가지 정책적 금융 상품으로 갈아타지 않고 귀찮아서 계속 고금리 대출에 물려 있으면 빚의 굴레에서 벗어날 기회는 더욱더 멀어진다.

만약 이와 같은 금융 상품으로 해결이 어렵다면 신용회복이나 부채 청산을 위한 좀 더 강도 높은 제도를 활용해야 할 수도 있다. 여기에는 크게 세 가지가 있다. 첫째는 신용회복위원회를 통한 개인워크아웃, 둘째는 국민행복기금의 채무조정 지원, 그리고 최후의 수단으로 쓸 수 있는 것은 대한법률구조공단을 통한 개인회생이나 개인파산, 면책이다. 이 가운데 개인회생이나 개인파산을 필요로 할 때 변호사나 법무사를 찾아가는 사람들이 많다. 개인회생이나 개인파산 업무를 대행해 준다는 법무사나 변호사의 광고도 쉽게 볼 수 있다. 하지만 파산이나 회생이 필요한 사람들이 이런 곳에 의뢰하기에는 비용이 부담스럽다. 이럴 때 대한법률구조공단을 이용하면 무료로 법률 상담도 받을 수 있고, 개인회생이나 개인파산에 필요한 절차와 서류의 준비에 대해 무료로 도와주기도 한다.

빚은 한 사람에게 모으고
한 건으로 모아라

빚에서 탈출하기 위한 기본 전략은 크게 두 가지다. 첫째, 빚이 가족 중 여러 사람에게 흩어져 있다면 한쪽으로 몰아야 한다. 한쪽으로 빚을 모으면 가족들 모두가 어마어마한 빚에 헤매지 않아도 되고, 나머지 사람들은 신용을 회복해서 정상적으로 일할 수 있다. 최악의 경우에도 한 사람만 개인회생이나 개인파산으로 문제를 해결할 수 있다. 그 이후 다른 사람들이 생활비를 지원해 주는 방법으로 도움을 줄 수 있다. 반면 여러 사람이 빚을 지고 있으면 모두가 어려움을 겪게 되므로 그만큼 빚 탈출이 늦어진다.

둘째, 여러 건의 빚은 한 건으로 몰아야 한다. 금융기관에서 신용 등급을 계산할 때에는 대출 액수도 중요하지만 건수도 중요하게 보기 때문이다. 즉 대출 건수가 많을수록 신용 등급이 낮아진다. 신용 등급이 7등급이나 8등급까지 떨어진 사람이 같은 액수라고 해도 대출 건수를 하나로 줄이면 신용 등급이 크게 올라간다. 신용 등급이 올라가면 그만큼 좋은 조건으로 대출을 갈아타서 이자 부담을 줄일 수 있다.

한 상담 고객은 은행, 저축은행, 대부업체, 캐피탈사에 이르기까지 여덟 곳에 2,700만 원의 빚을 지고 있었다. 신용 등급은 8등급까지 떨어져 있었고 월 부담해야 할 대출 원리금이 160만 원이나 되었다. 이 고객의 빚 탈출을 위한 첫 단계로 여기저기 분산되어 있던 대출을 바꿔드림론과 캐피탈론 두 건으로 줄였다. 빚 자체는 줄어들지 않았지만 이자가 크게 낮아졌기 때문에 월 부담액이 63만 원으로 대폭 줄어들었다. 그리고 신용도가 차츰 회복되는 추이를 지켜봤다가 전체를 은행 대출로 전환했다. 그 결과 부채 조정을 시작한 지 8개월 만에 월 부담액이 162만 원에서 43만 원으로 대폭 줄어들었다.

이 단계에서 가장 경계해야 할 것은 '조급증'이다. 질병을 치료하기 위해서는 시간이 필요하다. 감기만 걸려도 낫는 데 1주일은 걸린다. 난치병이라면 몇 달에서 몇 년까지도 치료하고 재활하는 과정이 반드시 필요하다. 그 과정은 때로는 무척 고통스러울 수도 있다. 그런데 이렇게 시간이 걸리고 고통을 겪어야 하는 과정이 싫어서, 당장 통증을 없애 줄 강력한 진통제 주사 한 방에 의존한다면 어떻게 될까? 당장은 아프지 않겠지만 그 사이에 병은 더욱 깊어지고 더욱 강한 진통제에 의존하다가 나중에는 백약이 무효인 지경에 이를 것이다.

빚도 마찬가지다. 많은 사람들은 한 방에 빚을 해결하고 싶은 욕구가 강하다. 빚을 질병이라고 생각한다면 치료도 질병과 마찬가지의 방법으로 접근해야 한다. 얼마 동안의 시간을 거쳐야 완벽한 치료가 가능한데도 부채가 주는 고통에서 한 방에 벗어나려다 보면 치료도 안 되고 오히려 또 다른 빚을 지게 된다. 예를 들어 적어도 10건 이상의 빚을 진 다중 부채를 해결하기 위해서는 먼저 부채 건수를 점차 축소해서 최종적으로는 한 건으로 줄여 신용 등급을 올려야 한다. 그다음 이 한 건의 부채를 금리가 낮은 쪽으로 전환시켜야 한다. 이를 위해서는 보통 1년 정도의 시간이 필요하다. 그런데 이 기간을 못 참는 사람들이 많다. 이는 1년의 치료가 필요한 병을 앓고 있는 환자가 치료를 시작한 지 몇 달 만에 나아진 게 없다면서 치료를 포기하는 것과 비슷하다.

빚 문제를 한 방에 해결하고 싶은 사람들이 결국 선택하는 것은 개인파산이나 개인회생이다. 정부의 부채 관련 정책들도 '한 방에 해결'하는 쪽으로 초점이 맞춰져 있다. 그러나 이렇게 한 방에 빚을 털고 나서 시간이 지나면 다시 빚을 지고 또 한 방에 해결하는 일이 되풀이된다. 개인회생은 3년에서 5년에 걸쳐 일정한 금액을 갚으면 나머지 부채는 면제 받을 수 있다. 그리고 한 번 개인회생을 받았던 사람도 5년이 지나면 다시 개인회생을 신청할 수 있다. 한편 개인회생으로 빚 문제를 해결한 사람의 경우 다시 빚을 지고, 5년이 지나기를 기다렸다가 또 개인회생을 신청하는 사례가 종종 있다. 마치 무절제한 술, 담배 때문에 생긴 병을 치료하다가 좀 나아졌다 싶으면 다시 술, 담배에 손을 대고 병이 도지는 것과 비슷하다.

담배나 알코올중독에서 벗어나기 위해서는 개인의 의지만으로는 힘들다. 전문가에게 꾸준한 상담과 관리를 받고, 금연이나 금주 모임을 통해서 서로 의지를 다지는 것과 같이 다른 사람들의 도움을 받는 것이 좋은 선택이다. 빚도 중독성이 강하다. 빚의 굴레에서 탈출하기 위해서는 혼자만의 의지로는 힘들 때가 많다. 전문가의 도움을 받아서 빚의 양과 질에 대한 진단을 받고, 체계적인 빚 탈출 프로그램을 짠 다음 지속적인 관리를 받는 것이 현명한 선택이다.

02

집에 대한
생각을 바꿔라

고소득층도 허리를 휘게 만드는
과도한 부동산 투자

상담을 받으러 온 40대 중반의 대기업 간부 사원인 서주원 씨는 세금을 제하고도 월수입이 1,000만 원이 넘는 상당한 고소득을 올리고 있지만 빚 때문에 고민하고 있었다. '월 수입이 1,000만 원이 넘는다면 부자 소리를 들을 만한데, 웬 빚 걱정?' 하고 생각하는 사람들도 많겠지만 의외로 고소득자들 중에는 그런 상황을 겪는 이들이 많다. 심지어 부채 압박에 시달리는 재벌 대기업 임원을 상담한 적도 여러 차례 있었다.

서 씨가 부채 때문에 고민하는 이유는 부동산 때문이었다. 서울 강

■ 서주원 씨의 부동산 보유 현황

용도	투자금	주택담보대출금	전·월세 보증금	월세
주거용	9억 원	4억 원	-	-
투자용 1(서울)	2억 7,000만 원	2억 7,000만 원	5,000만 원	100만 원
투자용 2(지방)	8,000만 원	-	3,300만 원	25만 원
투자용 3(지방)	6,000만 원	-	1,000만 원	25만 원
합계	13억 1,000만 원	6억 7,000만 원	9,300만 원	150만 원

남의 아파트에 살고 있던 서 씨는 그 집은 물론이고, 서울과 지방에 각각 투자를 위해 총 세 건의 아파트 및 다세대주택을 보유하고 있었다. 이를 위한 주택담보대출이 주된 원인이 되어 많은 부채를 안고 있었던 것이다.

서 씨는 주택담보대출만으로도 6억 7,000만 원의 빚을 지고 있었다. 전·월세 임대 보증금도 이자만 없을 뿐이지 결국 돌려줘야 하는 빚이므로 부동산 관련 빚은 7억 6,000만 원이 넘는다. 여기에 3,000만 원의 신용 대출과 약 2,000만 원의 마이너스 대출 잔액이 있었기 때문에 총 부채는 8억 5,000만 원을 넘어가고 있었다. 한 달에 부채 때문에 들어가는 돈만도 362만 원이나 되었기 때문에 임대 소득 150만 원의 두 배를 훌쩍 넘고 있었다. 그 결과 한 달에 250만 원 정도의 적자가 발생하고 이 돈은 고스란히 마이너스 통장의 빚으로 쌓여 가고 있었다. 그 밖에 과다한 교육비 및 보험료 지출의 문제도 있었지만 여기서는 일단 부동산 문제에 집중해 보도록 하자.

월 임대 소득으로 보면 서 씨의 부동산은 투자가 아니라 손해다. 만약 운이 좋아서 집값이 오르면 이익을 볼 수도 있지만 한 해에 대출 관련으로 나가는 돈만 4,300만 원이 넘어간다. 3년이면 1억 3,000만 원이나 된다. 돌려줘야 하는 보증금까지 감안한다면 집값이 어지간히 폭등하지 않고서는 대출 때문에 유출되는 돈을 메우고 남을 정도로 차익을 내기는 쉽지가 않은 실정이다. 그나마 지금은 거치 기간이라서 이자만 내고 있는데도 주택담보대출로만 280만 원이 넘는 돈이 매달 나가고 있었다. 만약 거치 기간이 끝나서 원리금을 함께 상환해야 하는 구간이 되면 가계의 사정은 급속도로 나빠질 것이다.

가장 문제가 되는 것은 서울에 있는 아파트다. 앞으로 이 아파트가 값이 많이 오를 수 있을까? 가능성은 높지 않다. 2015년 이후로 부동산 시장이 불이 붙었다고는 하지만 분양과 재건축 시장 위주로 사람들이 몰렸지 기존 아파트 및 주택은 큰 혜택을 보지 못했다. 그나마 가계 부채가 급증하면서 정부가 대출을 조여 가고 있다. 또한 미국도 기준금리를 계속 올릴 전망이 우세하기 때문에 저금리를 기반으로 한 분양 및 재건축 시장 호황이 지속될지 여부도 불투명하다. 구조적으로는 생산 인구가 줄어들고 1~2인 가구가 늘어나는 추세라 중·대형 아파트의 수요는 늘지 않을 것으로 전망된다. 분양 호황을 타고 밀어내기로 건설사들이 최소 2018년까지 쏟아 낼 입주 물량과 재건축까지 감안하면 공급 과잉으로 이어질 가능성이 크다.

자산 가치가 상승할 가능성도 적고, 현재 투자 대비 수익률도 좋지 않은 데다가 무리한 대출로 과도한 비용이 발생하는 이 주택을 계속 보유하는 것은 득보다 실이 많다. 반면 지방에 보유하고 있는 주택은 수익률이 좋은 편은 아니지만 재건축을 할 때 대지 지분이 많아서 향후 부동산 자산 가치 상승력이 많은 것으로 분석되었다. 액수도 크지 않은 편이고 담보대출도 없기 때문에 일단은 유지하되 향후 자산 가치가 오르면 처분을 적극 고려할 수 있을 것이다. 만약 노후를 생각해서 임대 수익을 원한다면 서울의 주택은 처분하는 대신 오피스텔과 같은 수익형 부동산에 투자하는 것으로 방향을 전환할 수 있다.

또한 주거용 부동산의 대출금리가 5퍼센트 이상으로 높은 편이었기 때문에 좀 더 낮은 금리의 대출로 바꿈으로써 추가적으로 이자 지출을 줄였다. 그 밖에 과다한 보험료를 조정하고 생활비 및 사교육비 절감을 통해 서 씨는 고정 지출(대출이자, 보험료와 같이 고정적으로 나가는 비용) 및 변동 지출(소비성 지출)을 합쳐서 1,328만 원에 이르던 지출을 400만 원 이상 줄여서 922만 원까지 대폭 축소할 수 있었다. 그에 따라 250만 원 이상의 적자 구조는 약 150만 원가량의 흑자로 전환되었다. 이를 통해 자녀의 대학 진학과 유학에 대비한 자금을 저축할 여력도 갖추게 되었다.

눈덩이처럼 불어나고 있는 가계 대출 가운데 가장 큰 부분을 차지하면서 가장 크게 늘어나고 있는 대출은 이미 잘 알려져 있듯이 부동산담보대출이다. 특히 2015년 하반기부터 수도권 분양 시장이 꿈틀거리자 더욱 큰 폭으로 주택담보대출이 뛰고 있다. 상담 고객들 중에도 집을 살지 말지를 문의하는 분들이 많다. 이를테면 서울 반포에 어느 25평 아파트가 11억 원에 나왔다고 하면서 투자하면 어떨까 하는 문의를 받았다. 25평이 11억 원이라니 비싸도 너무 비싸지만 조만간 재건축 가능성 때문에 형성된 가격이므로 실제 재건축이 성사되면 집값이 더욱 뛸 것으로 본 것이다. 이 상담 고객은 약 4억 원의 대출과 전세를 놓았을 때의 보증금을 합치면 자기 자금은 3~4억 원 정도면 될 것으로 보았다. 결과적으로 6~7억 원이 빚인 것이다. 재건축을 앞둘 정도로 낡고 작은 아파트가 10억 원이 넘는 돈으로 거래된다면 실제 거주 목적보다는 재건축 후 차익을 노린 투자로 사들이는 사람들이 많다. 우리가 "집값이 안 오르면 어떻게 할 겁니까?" 하고 반문했을 때 이 상담 고객은 집값은 당연히 오를 것이라고 확신하면서 4억 원에 대한 대출이자를 내겠다는 반응이었다. 그때 1억 원당 대출이자가 월 18만 원일 정도로 금리가 바닥이었기 때문에 4억 원이라고 해봐야 80만 원 선이다. 같은 지역의 다른 아파트 단지는 재건축이 성사되면서 투자했던 사람들이 대박이 나기도 했다. 이쯤 되면 투자를 안 하는 게 오히려 미련한 것 같기도 하다.

몇몇 재건축 단지가 대박을 터뜨리다 보니까 그 주변 지역으로 투자 열기가 퍼지고, 심지어는 아예 이야기도 안 나오던 동네까지도 들썩거리기 시작했다. 반포와 같이 강남권이라든가 한강변이라는 메리트가 있는 곳과는 거리가 먼 지역까지 일종의 착시 현상으로 덩달아 오르기도 한다. 이런 현상이 얼마나 지속될 수 있을까? 몇 개월 정도로 끝나 버리면 넘어가는 사람들이 적겠지만 보통 짧게는 1년, 길게는 2~3년까지 지속되기 때문에 많은 사람들이 끌려들어 온다.

부동산 투자의 가장 큰 맹점은 다른 사람들의 부동산 투자 성공담이 곧 나의 미래라고 착각하는 것이다. 그렇다 보니 상환 능력도 안 되면서 막대한 대출을 겁도 없이 받는다. '어차피 오를 거 남들 돈 벌 때 안 지르면 그게 제일 미련한 것'이라고 생각하기 때문이다. 이른바 부동산 전문가들은 '레버리지 투자'라는 이름으로 더더욱 분위기를 부추긴다. 그러다가 상투 끝을 잡고 하우스푸어로 몰락하는 사람들이 많다. 아무리 분위기가 좋고 시장이 펄펄 끓는다고 해도 원리금 상환 능력이 되는지 여부를 생각하지 않고 '묻지마 투자'를 하는 것은 절대적으로 위험하다. 언제 시장이 식을지는 웬만한 전문가도 예측하기 힘들다. 한번 시장이 식기 시작하면 급속도로 얼어붙고 거래가 뚝 끊긴다. 그야말로 하우스푸어 대량 생산 사태가 벌어지는 것이다.

만약 나에게 100만 원 정도의 여력이 있다면 '이자로 100만 원까지 낼 수 있으니까'라고 생각해서 그 규모의 대출을 받으면 대단히 위험하다. '지금 이자가 싼데 대출 받자' 하고 너도나도 최대치까지 대출을 당겨 쓰지만 집값이 예상대로 가지 않으면 패가망신에 이를 수 있다. 분양 시장이 한참 들끓던 2016년 중반에 한 신도시 분양 창구에서 재무 상담을 해준 적이 있었다. 상담을 받는 사람들의 90퍼센트는 분양권을 받으면 웃돈을 붙여 바로 전매해서 돈을 벌 꿈을 꾼다. 수도권 전매는 1년 동안 금지되어 있지만 그 주위의 떴다방 부동산들은 불법적인 거래를 알선해 주고 있었다. 적발되면 형사처벌은 물론 양도세 추징까지 당하지만 분양만 받으면 6,000~7,000만 원씩은 오르는 분위기 속에서는 겁이 없어진다.

1년 후에 분양권 전매를 하면 양도차익의 50퍼센트를 세금으로 내야 한다. 이렇게 말하면 대부분의 사람들은 "그럼 2년 뒤에 팔면 되죠."라고 말한다. 2년 뒤에도 과세표준에 따라 6퍼센트에서 38퍼센트의 양도소득세를 내야 하는데, 수도권이라면 대부분은 1억 5,000만 원 이상의 최고 세율 38퍼센트, 또는 8,000만 원에서 1억 5,000만 원 사이의 35퍼센트에 걸릴 것이다. 그때까지 집값이 계속 오르면 좋겠지만 그렇지 않으면 이자만 뒤집어쓰는 결과가 된다. 그러니 사람들은 형사처벌 위험까지 있는데도 불법 거래를 무릅쓴다. 이러한 게임의 승자는 분양권을 사는 사람도 파는 사람도 아니다. 건설업계와 '떴다방'이다.

부자가 되려면 신문을 읽어라?
신문에 속지 마라!

정부의 잘못된 정책이 만들어 놓은 부동산 빚잔치판을 더욱 부추기는 주범이 있다. 바로 언론들이다. 언론들의 기사는 대개 건설업계의 관점을 투영하고 있다.

예를 들어 전세난 문제를 조명하는 기사들을 보면 대부분이 "전세난에 지친 사람들, '차라리 내 집 마련하자'고 나서"라는 식의 헤드라인을 내건다. 이들 기사를 보면 전세난을 해소하고 서민들의 주거비 부담을 줄여 줄 대책을 정부나 정치권에 촉구하는 모습은 거의 보이지 않는다. '전세 때문에 지치셨죠? 그만 고생하고 빚 좀 더 내서 집 사세요. 전세 보증금이나 집값이나 거기서 거기예요. 게다가 요즘 금리도 싼데' 하고 속삭이는 내용들이 대부분이다. 심지어 기사 말미에 아주 친절하게 요즘 분양하고 있는 아파트 단지는 어디인지 소개한다. 이쯤 되면 대체 아파트 분양 광고인지 기사인지 헷갈릴 지경이다.

이유는 간단하다. 건설업계는 대부분 언론들의 주요 광고주이기 때문이다. 신문의 전면 또는 반면을 차지하는 아파트 분양 광고는 사흘이 멀다 하고 지면을 장식한다. TV를 켜면 예전보다는 덜해졌다고 해도 여전히 유명 여배우들이 여유로운 생활을 즐기는 브랜드 아파트 이미지 광고가 나온다. 언론의 수입에 지대한 공헌을 하는 곳이 건설업계다 보니 서민들의 입장보다는 광고주에게 도움이 되는 방향으로 기사를 쓴다. 정부의 눈치도 봐야 한다. 알고 보면 정부 역시 여러 가지 공고나 정부 홍보 광고들을 집행하는 주요 광고주 중 하나이기 때문이다. 정부가 부동산 띄우기에 열을 올리는데 광고 실적이 깎일 각오를 하면서 반대하기는 쉽지 않다.

언론의 부동산 관련 기사를 액면 그대로 받아들여서는 안 된다. 한두 가지 신문만 보고 그것이 전반적인 흐름이라고 속단하는 것은 금물이다. 흔히 경제를 알려면 경제 신문을 봐야 한다고 말한다. 물론 일반적인 신문보다는 경제 관련 이슈를 더 많이, 더 집중적으로 다루는 것은 사실이다. 문제는 경제를 다루는 관점이다. 우리는 학교에서 경제의 세 가지 주체를 기업과 가계 그리고 정부라고 배웠다. 그런데 경제 신문에서 가계의 관점에서 경제를 다루는 기사를 보기는 힘들다. 기사 대부분은 기업의 관점이 반영되어 있고, 기업의 이익을 우선으로 한다. 기업의 이익이 가계에도 이익이 될 수 있겠지만 충돌할 때도 종종 있다. 이럴 때 경제 신문은 거의 일방적이다시피 기업에 편향되어 있다.

부동산 문제는 특히 기업 편향이 두드러지게 나타난다. 집값이 떨어질 때에는 수시로 '바닥론'에 군불을 지핀다. 이제 떨어질 만큼 떨어졌고 곧 오를 수 있으니 늦기 전에 집을 사라는 것이다. 반면 집값이 오를 때는 하락 가능성은 이야기하지 않는다. 집값은 계속 오를 테니까 더 오르기 전에 빨리 집을 사는 것이 좋다고 은근히 부추긴다. 집값이 떨어지든 오르든 언제나 집을 사라고 부추기는 것이다.

한편으로 부동산 시장이 침체되면 어떻게든 불을 지피라고 성화다. 2015년 하반기부터 분양 시장이 불붙는 바람을 타고 건설사들이 엄청난 분양 물량을 쏟아 내다 보니 공급 물량이 너무 많아서 미분양이 늘고 그 여파로 전세 가격이 떨어지자 '역전세난' 기사가 떴다. 집값이 떨어지고 부동산 시장이 얼어붙으면 국가 경제에도 악영향을 미치고 집을 가진 사람들은 하우스푸어의 위기로 몰리니 큰일 난다면서 '연착륙' 대책을 주문했다.

역전세난은 집을 가진 사람, 그중에서도 여러 채의 집을 가진 사람들에게는 위험하다. 하지만 자기가 사는 집 한 채만을 가진 사람에게는 크게 와 닿는 이야기는 아니다. 역전세난이 발생할 정도의 시장 상황이라면 집값도 떨어질 가능성이 높지만 지금 살고 있는 집이 전부이고 대출 부담이 크지 않다면 당장 위기가 되지는 않는다. 그렇다면 전세를 사는 사람들은 어떨까? 역전세난을 오히려 환영해야 할 일이다. 집을 선택할 수 있는 폭이 넓어지고 보증금을 비롯한 조건도 떨어지거나 최소한 오르지는 않을 것이기 때문이다. 하지만 이런 시각으로 기사를 쓰는 언론은 보수 성향이든 진보 성향이든 찾아보기 힘들다.

사람들에게 착각을 불러일으키는 왜곡 기사들도 적지 않다. 예를 들어 아파트 분양 열풍을 다루면서 "최고 경쟁률이 수백 대 1"이란 식으로 마치 어떤 아파트 단지가 엄청난 청약 경쟁을 벌이고 있는 것처럼 다루는 기사들이 있다. 그런데 이런 식의 기사에는 중요한 함정이 있다. 사람들을 현혹시키기 위해 자주 쓰는 수법 중 하나를 살펴보자. 하나의 아파트 단지는 보통 여러 가지 평형과 구조를 가지고 있다. 그중에는 인기 있는 종류도, 그렇지 않은 종류도 있고, 수요는 많지만 분양되는 집의 수는 적은 종류도 있다.

이를테면 어떤 아파트 단지가 아주 조건이 좋은 27평(89제곱미터)은 겨우 10채, 34평(112제곱미터)과 43평(142제곱미터)은 100채씩을 분양한다고 가정해 보자. 시행사는 제한된 공간에 넓은 평형을 많이 지을수록 더욱 비싸게 팔 수 있어서 이익이다. 반면 수요자 입장에서는 27평이 가격도 저렴하고 부부에 자녀 한 명 정도가 쓰기에는 괜찮으니까 이 평형으로 경쟁이 몰려서 100대 1이 될 수도 있지만 나머지는 경쟁률이 크게 떨어질 수도 있다.

분양할 때에는 아파트의 종류에 따라 별도로 청약 경쟁률을 집계하는데, 아파트 단지 전체의 경쟁률을 '최고 100 대 1' 경쟁률로 뭉뚱그려서 말하면 마치 그 아파트 단지 전체가 100 대 1 경쟁률이라도 되는 것처럼 착각을 일으킨다. 심지어 분양할 때 아예 이 점을 노리고 업자들에게는 수익이 낮은 대신 사람들에게는 인기가 많을 평형을 일부러 소수만 만들어서 싸게 분양하기도 한다.

또한 언론에서 마치 부동산이 '실수요자' 중심으로 붐이 일고 있으니까 괜찮은 것처럼 포장하는 것도 문제가 있다. 사람에게 집은 분명 필요하다. 알고 보면 누구나 실수요자다. 하지만 자기 자금은 별로 없이 대출로 대부분의 돈을 지불해야 하는 사람을 실수요자라고 부르는 것은 문제가 있다.

자동차를 예로 들어 보자. 내 돈은 2,000만 원밖에 없는 4인 가족이 그에 맞는 적당한 자동차를 사지 않고 할부를 잔뜩 당겨서 6,000만 원짜리 대형차를 산다면 그 사람이 과연 '실수요자'인가? 한 사람이 몇 채씩 집 사재기를 하는 경우가 아니라 하더라도 자신의 소득이나 자금 수준에 비해서 지나치게 비싼 집을 대출을 잔뜩 지고 사는 것도 역시 실수요자와는 거리가 멀다.

대부분 사람들은 집값의 대부분을 거액의 빚으로 메워야 한다. 경제 신문 중에 빚을 지고 집을 샀을 때 가계의 살림살이가 얼마나 힘들어지는지, 만약 집값이 떨어졌을 때 거액의 빚이 어떤 재앙으로 돌아오는지를 제대로 경고하는 기사는 거의 없다. 따라서 경제에 관한 정보를 경제 신문만을 위주로 얻으면 일방적인 관점이 주입되기 쉽다. 부동산에 관해서는 보수든 진보든 언론들의 기사가 아쉬운 것이 사실이다. 따라서 여러 가지 다양한 관점을 가진 언론을 통해 최대한 균형 감각을 가지려 노력할 필요가 있다.

하우스푸어에
더욱 소외된 전세푸어

대출을 끼고 집을 샀을 때의 위험성이 높다 보니 하우스푸어에 관한 이야기는 많이 나오는 편이지만, 상대적으로 '전세푸어'에 관한 이야기는 별로 없다. 하지만 전세자금대출도 무리하면 부채에 시달리게 된다. 결혼 5년을 맞이한 30대 초반의 김용준 씨 부부는 최근 전세로 살고 있는 수도권 신도시 아파트의 집주인이 반전세를 원하면서 고민에 빠졌다. 집주인이 계약을 연장하고 싶다면 월세 50만 원씩을 내라고 요구했기 때문이다. 김 씨는 현재 살고 있는 집의 보증금 1억 원과 8,000만 원 대출을 합쳐서 좀 더 큰 전셋집으로 이사 갈 생각을 하고 있었다. 그리고 아직은 아이가 없지만 조만간 아이를 가질 계획도 염두에 두고 있었다. 맞벌이 중인 김 씨 부부는 한 달 수입이 약 700만 원이었기 때문에 대출에 별 걱정을 하지 않고 있었다. 여기에 더해 김 씨의 처가는 재개발 예정인 주택에 투자해 놓고 있어서 재개발 보상을 받으면 처분할 계획이었다. 김 씨의 아내는 전세로 2~3년 더 살면 친정에게서 지원을 받아 집을 살 수 있을 것이라고 내심 기대를 하고 있었다.

상담을 진행하면서 이 부부가 살아가면서 원하는 목표들을 체크해 보았다. 자녀는 두 명을 계획하고 있었고, 3년쯤 후에는 내 집 마련을 꿈꾸고 있었다. 좀 더 장기적으로 은퇴 후에는 안정된 생활 기반이 마련되면 여행이나 봉사 활동을 하고 싶어 했다. 아내는 출산을 한 후에도 일을 하고 싶지만 복귀도 쉽지 않을 테고 복귀를 하더라도 계약직

■ 김용준 씨 부부의 미래 자금 계획

목표	시기	필요 자금
전세자금대출	1년 후	8,000만 원
내 집 마련(홈스쿨링 미술학원 운영)	3년 후	2억 원
자녀 대학 자금(2명)	21년 후	1억 5,000만 원
전세자금대출 만기 상환	6년 후	8,000만 원
노후 자금	30년 후	2억 원

이 될 가능성이 높아서 오래 일할 수는 없을 것으로 보고 있었다. 만약 직장에 다시 다니는 것이 여의치 않으면 예술 전공을 살려서 홈스쿨링 미술학원을 운영할 궁리를 하고 있었다.

이 부부의 꿈을 어떻게 하면 이룰 수 있을까? 먼저 주요한 목표 또는 해결해야 할 과제에 따라 필요한 자금을 추산해 보면 위 표와 같다.

위와 같은 목표를 모두 달성하기 위해서는 전세자금대출의 액수를 최소화할 필요가 있다. 평수나 지역을 고집하지 말고 무리하지 않는 전세 보증금 액수를 설정한 후 그에 맞는 집을 찾는 것이다. 이 부부는 대출을 받더라도 전체 보증금의 30퍼센트를 넘지 않는 선으로 기준을 정했다. 그 결과 새로 구할 집의 보증금 상한선은 1억 3,000만 원으로 잡았다. 원래는 평수를 늘리려고 했지만 이 기준에 따라 일단 지금과 비슷한 규모의 집에 만족하기로 했다. 2~3년이면 출산을 하더라도 자녀가 한 명뿐이니까 지금 정도의 규모로도 별 문제는 없다. 원래 계획보다 대출금을 5,000만 원이나 줄이기도 했으므로 그만큼의 이자 부담도 줄어든다.

대출금 3,000만 원은 6년에 걸쳐서 매월 27만 원씩 원리금을 분할 상환하기로 했다. 이는 남편 소득의 30퍼센트를 넘지 않는 수준이다. 집을 살 때든 전세든 주택 관련 대출에 관한 상담을 할 때 종종 강조하는 원칙이 있다. '30/30의 법칙'이다. 대출 금액은 집값 또는 전세 보증금의 30퍼센트 이하, 원리금 상환 부담은 수입의 30퍼센트 이하가 되도록 하라는 것이다. 특히 젊은 부부나 맞벌이 부부는 현재의 수입이 아닌 외벌이일 때를 가정해서 원리금 상환 부담이 30퍼센트를 넘지 않도록 해야 한다. 이를 넘어서면 저축 여력이 거의 생기지 않고 가계의 재무구조가 앞으로 나빠질 위험이 높아진다. 김 씨 부부 역시 지금은 맞벌이이기 때문에 수입이 많지만 임신과 출산으로 아내가 휴직 또는 퇴직을 하면 수입이 급격하게 줄어드는 반면 출산과 육아 비용은 급증한다. 부부의 신혼기는 이와 같은 변화가 많이 일어나므로 특히 맞벌이 부부는 외벌이로 전환되더라도 생활비는 물론 저축 여력까지 가진 재무구조를 염두에 두고 미리 설계해야 한다.

돈 쓸 일이 많은 세상이다. 하루에 1억 쓰기는 마음만 먹으면 누구나 할 수 있다. 하지만 하루가 아니라 한 달에 1억을 버는 사람도 소수에 불과하다. 원하는 것을 모두 이루고 살 수는 없다. 하나를 이루는 데 너무 많은 돈을 쓰면 이루고 싶은 다른 목표 여러 개가 멀어진다. 우선순위가 아닌 것은 내려놓음으로써 기회비용을 줄이는 자세가 필요하다. 특히 새로이 출발하는 신혼부부들에게 내려놓음의 지혜가 절실하다.

요즘 신혼부부들은 모든 것을 갖춰 놓고 시작하려고 한다. 집도 갖추고, 집 안의 온갖 가전제품도 풀 세트로 갖추고, 자동차도 갖추고 싶어 한다. 반지하 단칸방에서 신혼살림을 시작하고, TV를 사고 냉장고 등을 살 때마다 파티를 했던 부모 세대의 신혼 생활은 남의 나라 이야기처럼 들릴 것이다. 그렇게 신혼을 시작하라고 이야기한다면 '요즘 시대가 어떤데 고리타분한 소리 하고 있네' 하는 소리나 들을지도 모르겠다. 그럼에도 불구하고 될 수 있는 대로 최대한 작게 시작하고, 작게 채우는 것이 현명한 시작이다. 신혼부부가 과다한 전세금으로 대출을 끼고 있고 그것도 모자라서 자동차 할부까지 내고 있다면 외벌이든 맞벌이든 저축 여력은 거의 제로에 가깝다. 자산을 모을 수 있는 금쪽 같은 골든타임을 놓치고 나면 출산 이후 가계는 본격적으로 마이너스의 늪에 빠진다.

살다 보면 이것도 저것도 다 필요해 보이지만 냉정하게 우선순위를 따지고, 꼭 비싼 돈을 주고 소유하지 않아도 가능한 대안이 없는지를 생각해 보자. 그로 인해 절약되는 자금을 합리적으로 저축과 투자에 분배하면서 앞으로 꼭 필요한 것을 위한 자금을 준비해 나간다면 미래에는 더욱 많은 기회가 기다리고 있을 것이다.

소비 패턴을
구조조정하라

부채를 가중시키는
자동차 할부

30대 동갑내기로 맞벌이를 하고 있는 박영석 씨 부부는 결혼한 지 1년
을 갓 지나 아직 신혼 분위기에 깨가 쏟아질 때지만 요즘 고민이 많
다. 두 사람은 합쳐서 650만 원의 수입이 있고 아직 자녀가 없는데도
저축은 적금과 펀드, 저축성 보험을 합쳐 월 70만 원 정도에 불과했
다. 1억 5,000만 원 보증금의 전세로 살고 있는 박 씨 부부는 3~4년
안으로 서울 외곽에 내 집 마련을 꿈꾸고 있지만 지금과 같은 상황이
라면 내 집 마련의 꿈은 까마득하게 멀어 보인다. 저축액 중에 청약저
축과 저축성 보험은 중·단기 목돈 마련에는 적합하지 않기 때문에 사

실상 내 집 마련에 보태기 위해 모을 수 있는 저축액은 월 30만 원 남짓이었다. 무엇이 문제인가 들여다보니 가장 큰 문제는 자동차에 있었다. 몇 달 전 생일을 맞은 박 씨는 꼭 사고 싶었던 RV 차량을 3,200만 원 전액 할부로 구입했다. 월 할부금이 100만 원이 나가다 보니 저축 여력이 크게 떨어졌고, 여기에 자동차 기름값과 세금, 보험료, 유지비와 같은 고정 지출이 월평균 40만 원 이상 나가고 있었다. 자동차를 사면 늘어나는 지출은 이것으로 그치지 않는다. 차가 생기면 행동반경이 넓어진다. 예를 들어 차가 없을 때에는 주말에 근처에서 외식을 하거나 영화를 봤다면, 차가 생기고 나서는 먼 곳으로 여행을 가는 빈도가 늘어나므로 여가 비용이 늘어난다. 차가 없을 때는 가까운 마트에서 필요한 것만 그때그때 장을 봤다면, 차가 생기면 대형마트에 가서 사지 않아도 될 것들을 과잉 소비하게 된다. 평일에 외식을 할 때에도 더 먼 곳으로 갈 수 있고, 차를 가지고 나왔다가 술이라도 마시면 대리기사를 불러야 한다. 이렇듯 자동차는 전반적인 생활비 상승을 불러오는 주요한 원인이 된다.

만약 박 씨가 자동차 구입을 3년 정도만 미뤘다면, 그리고 새 차 대신 중고차를 샀다면 내 집 마련의 꿈은 훨씬 앞당겨졌을 것이다. 할부금과 고정 지출을 합쳐 월 140만 원의 돈을 3년 동안 모으면 5,000만 원의 자산이 생기고, 이를 적금과 투자 상품에 활용했다면 5,500만 원 정도는 충분히 예상해 볼 수 있다. 중고차를 샀다면 4,000만 원 정도가 남는 돈이다. 자동차 때문에 생기는 전반적인 생활비 상승을 감안한다면 더 많은 저축 여력이 생겼을 것이다.

결혼을 하면 자동차가 반드시 필요하다고 생각하는 사람들이 많다. 심지어 '연애하고 결혼하려면 차는 있어야지' 하고 생각하는 남자들이 많다. 취업에 성공하고 나면 자동차 할부를 지르는 젊은 남성 직장인들도 많다. 예비 졸업생이나 신입사원들을 대상으로 강의를 할 때 '첫 월급을 타면 가장 먼저 하고 싶은 것'을 물어보는데, '자동차'에 손을 드는 사람들이 꽤 있다. 그러나 사회생활의 시작, 혹은 결혼생활의 시작을 자동차와 함께하면 그 뒤의 현금 흐름은 아주 오랜 기간 동안 험난해진다는 사실을 기억해야 한다.

사회생활을 시작할 때부터 출산 전까지의 시기는 현금 자산을 빠르게 쌓아 올릴 수 있는 거의 유일한 시기라고 해도 과언이 아니다. 이때 자동차를 사게 되면 자산 증식에 큰 악영향을 미친다. 결혼할 때 새 차를 사서 3년 후 금융자산이 1,000만 원에 불과한 가정과, 3년 동안 참았다가 중고차를 사서 5,000만 원 이상의 자산을 가진 가정의 미래는 누가 보아도 다를 것이다. 시간이 지나면 그 격차는 더더욱 크게 벌어진다. 출산을 하게 되면 자동차 할부금으로 나갔던 돈이 자녀에게 투입되므로 금융자산을 늘리기가 더욱 힘들어지고 양육과 교육비로 빚이 늘어난다. 이 시기에 많은 사람들이 집 크기를 늘리거나 집을 사므로 더더욱 가계에 큰 짐이 된다. 반면 금융자산을 보유한 상태에서 출산을 한다면 걱정이 훨씬 덜하고 집을 살 때에도 대출을 적게 받기 때문에 일찍 새 차를 산 가계보다 시간이 갈수록 격차가 더욱 큰 폭으로 벌어진다.

자동차를 산다는 것은 단순히 자동차 한 대 값으로 끝나는 것이 아니라 가족 전체의 생활 습관에 많은 영향을 주는 커다란 의사결정이라는 사실을 잊지 말고 가급적이면 참을 때까지 참는 것이 현명한 선택이다. 새 차보다는 중고차로 시작하고, 가족 구성원이나 필요에 맞지 않게 큰 차보다는 적절한 크기의 자동차를 사야 한다.

수익률보다 중요한
고정 저축 금액의 확보

많은 사람들은 저축이나 투자 플랜을 짤 때 수익률에 가장 많은 관심을 가진다. 같은 돈으로 더 많은 수익을 거둘 수 있다는 것을 싫어할 사람은 없다. 하지만 정말로 돈을 모으기 위해서는 수익률보다 더 중요한 것이 있다. 바로 '월 고정 저축 금액'이다. 이것은 말 그대로 한 달에 고정적으로 최소한 얼마를 저축하는지를 뜻하는 것이다. 많이 저축할수록 돈이 많이 모이는 것은 누구나 알고 있다. 그러나 이는 단순한 금액의 문제가 아니다. 돈이 모이는 시스템을 구축하고 실행 의지를 높이는 것이다.

  가계가 돈을 모으지 못하는 가장 큰 원인을 살펴보면 수익률보다 금융 상품의 유지 문제가 훨씬 크다. 아무리 수익률이 좋은 금융 상품에 가입해도 유지를 못해서 중도 해지를 하면 만기 때 받을 수 있는 이자보다 훨씬 적은 이자만을 받고, 세금 우대 상품일 경우 최소 유지 기간을 넘기지 못하면 세금 혜택도 받지 못한다. 보험 상품이라면 원금을 손해 볼 수도 있다. 따라서 자녀 출산 전까지는 월 고정 저축 금액을 최대한 높이도록 수입 및 지출 구조를 짜는 것이 중요하다.

먼저 돈이 될 만한 것들을 모두 정리해서 대출부터 갚아야 한다. 아무리 수익률이 좋은 금융 상품을 가지고 있다고 해도 보통은 부채 이자의 금리가 더 높다. 자산을 처분해서 빚을 최대한 정리함으로써 고정 저축 금액을 높이는 게 첫 번째 과제다. 과다한 보험료도 정리 대상 중 하나다. 이러한 과정을 통해 확보된 월 고정 저축 금액은 월 적립식 저축 및 투자 상품에 투입한다.

다음은 지출 구조의 조정이다. 향후 1년 동안 예상 소득을 추정해 보자. 사업자들이라면 1년 동안의 사업 목표가 여기에 해당될 것이다. 좀 더 시간을 두고 생각한다면, 그리고 재무 전문가의 도움을 받는다면 좀 더 장기간에 걸친 수입 구조도 예상해 볼 수 있다. 그리고 생애 주기에 맞춰서 자녀는 몇 명을 둘 것인지, 주거는 어떻게 할 것인지, 언제쯤 은퇴를 하게 되며 그 이후의 계획은 무엇인지와 같은 인생의 로드맵을 그려 보자. 그러면 장기간에 걸쳐서 목돈이 언제 얼마나 필요한지, 노후 대비 자금은 어느 정도가 필요한지 계산이 나온다. 이러한 체계적인 계획에 맞춰서 내가 얼마나 저축을 해야 하는지를 판단해 보라.

많은 사람들이 한 달에 얼마를 지출해야 하는지를 생각하고 저축액을 판단하는데, 우선순위를 바꿔야 한다. 먼저 우리 가정이 빚 걱정 없이 살 수 있으려면 얼마를 저축해야 하는지를 계산해 보고, 그에 맞춰서 지출을 조정해야 한다. 그러면 당장 새 차나 대형 UHD TV를 사고 싶은 마음도 억누르기가 좀 더 쉬워진다. 누구도 우리 가정의 우울한 미래를 감수하고 그런 값비싼 제품을 사고 싶지는 않을 것이다.

물론 습관을 바꾸기는 무척 힘들다. 소비 습관이라고 해서 예외는 아니다. 지출을 최대한 계획적으로 하고, 매달 초에 예산을 세우고 월말에 결산을 함으로써 시스템을 갖추고 이를 통해 습관을 서서히 변화시키는 것을 목표로 잡아야 한다. 지출의 90퍼센트 이상을 구체적으로 계획하는 것을 목표로 해야 한다. 대부분의 지출은 계획을 세우는 것이 가능하다. 전체 지출 중에는 휴대폰, 인터넷, IPTV 요금과 같은 각종 고정 지출이 상당수를 차지한다. 이런 지출도 요금제를 낮추거나 하는 식으로 구조조정을 할 수 있다.

중간 점검도 꼭 필요하다. 월초에 쓸 수 있는 지출이 많다는 생각에 너무 많이 돈을 썼다가 월말에 쓸 돈이 부족해질 수 있기 때문이다. 이렇게 되면 쉽게 카드를 쓰게 되고 결국 애써 짜 놓은 재무구조가 무너진다. 수입과 지출의 구조를 확인하고 최대한 월 고정 저축 금액을 높이는 방향으로 구조를 짰다면 대부분의 경우 부채와 이자 부담은 줄어들고, 저축 여력은 높아질 것이다. 앞서 자동차 할부 때문에 금융자산을 모으고 있지 못한 박 씨의 경우 표 1과 같이 구조조정을 통해 다음과 같이 재무구조를 개선했다.

박 씨는 과도한 보장성 보험 및 저축성 보험을 정리하고 해약환급금으로 부채를 상당 부분 정리했고, 지출 구조를 개선함으로써 저축 여력을 기존의 70만 원에서 240만 원으로 크게 끌어올렸다. 이제 늘어난 월 고정 저축 금액을 어떻게 활용할지에 관한 계획도 짜야 한다.

다음 표 2에서 볼 수 있듯이 기존에는 저축보험의 비중이 적금과 펀드를 합친 것과 맞먹었다. 조정 후에 대폭 늘어난 저축 여력은 모두 적금과 펀드로 투입하고, 저축보험은 변액유니버셜보험으로 교체하면서 액수는 유지했다. 단기 목돈 자금은 적금, 자산 증식은 펀드, 노후 대비를 위한 장기적인 자금 마련은 변액보험을 활용하는 식으로 각각의 목적을 명확히 하고 고정 저축 금액을 배분한 것이다.

금융자산을 확보할 수 있는 기회는 사실상 출산 이전까지라는 점을 명심해야 한다. 먼저 저축할 액수를 정하고 그에 맞춰 지출을 하면 금융자산을 빠르게 늘릴 수 있다. 3개월 단위로 계획된 대로 현금 흐

■ 표1. 지출 구조조정

조정 전		조정 후	
월 고정 지출	350만 원	월 고정 지출	295만 원
자동차 할부	100만 원	자동차 할부	70만 원
보장성 보험	42만 원	보장성 보험	15만 원
저축 및 투자	70만 원	저축 및 투자	240만 원
비정기 지출	40~90만 원	비정기 지출	30만 원

■ 표2. 월 고정 저축 금액의 리모델링

조정 전	70만 원	조정 후	240만 원
청약저축	10만 원	청약저축	10만 원
정기적금	10만 원	정기적금	90만 원
적립식 펀드	20만 원	적립식 펀드	110만 원
저축보험	30만 원	변액유니버셜보험	30만 원

름이 형성되고 있는지를 점검하고, 다음 6개월 동안의 예산을 수립할 수만 있다면 성공적으로 자산을 늘려 나갈 수 있을 것이다.

지출의 파이를 키우는 카드와 '페이'를 멀리하라

어느 상담 고객 부부의 소비지출을 분석하다 놀랐던 적이 있다. 부부의 휴대폰 요금이 합쳐서 한 달에 32만 원이나 나가고 있었기 때문이다. 알고 보니 상당 부분이 소액 결제로 나간 돈이었다. 요즘 온라인이나 모바일에서 유료 결제를 할 때 휴대폰 소액 결제를 이용하는 사람들이 많은데, 다음 달 휴대폰 요금에 합산되어 청구되다 보니 소비를 했다는 느낌이 별로 없다. 게다가 보통 몇 천 원에서 1~2만 원 정도의 결제가 대부분이다 보니 더더욱 감이 없다. 하지만 이런 소액 결제가 누적되면 합계 금액은 절대 소액이 아니다. 또한 요즘은 IPTV를 이용하는 가정이 많다 보니, 다시 보기나 VOD 같은 서비스를 이용하면 몇 천 원씩이 빠져나간다. 이 역시 TV 리모컨 버튼 한 번으로 결제가 되고 다음 달 IPTV 요금에 합산되므로 소비지출이라는 생각을 하지 못한다.

유료 서비스 자동 결제도 의식하지 못하는 상태에서 돈이 빠져나가는 원인 중 하나다. 음악이나 동영상 스트리밍 서비스가 대표적인 예다. 가령 1개월 무료에 3개월 동안 3,000원 할인이라는 프로모션을 보고 가입을 하면 무료와 할인 서비스가 끝나는 5개월째부터는 매달 1만 원씩이 빠져나간다. 해지 신청을 하지 않으면 자동으로 매달 결제가 된다. 인터넷, IPTV, 휴대폰과 같은 서비스를 가입할 때 할인 또는 지원금 조건으로 가입한 부가 서비스로도 매달 돈이 나간다. 상담 과정에서 지출 구조를 분석할 때 이런 식으로 지출되는 돈이 얼마나 많은지 깜짝 놀라는 상담 고객들이 많다. 4인 가족쯤 되면 소액 결제만으로 많게는 20~30만 원 이상이 빠져나가기도 한다.

리볼빙도 그렇지만 이런 식으로 빚이라고 의식하지 못하는 갖가지 빚들이 늘어날 때의 가장 큰 문제는 지출의 파이가 커진다는 것이다. 이러한 결제 수단이 없었다면 안 썼거나 적게 썼을 지출이 편리한 지출 수단 때문에 늘어나고, 소액이라고 별 부담 없이 한 지출이 쌓여서 큰 지출이 된다.

최근 들어서는 신용카드보다 더욱 간편한 갖가지 '페이', 즉 핀테크 간편 결제가 경쟁적으로 소비를 유혹하고 있다. 편의점이나 카페 등에 가면 지갑에서 돈이나 카드를 꺼낼 필요가 없이 휴대폰만으로도 간단하게 결제하는 모습을 볼 수 있다. 홈쇼핑에서도 카드 번호나 유효기간 같은 정보를 일일이 입력할 필요 없이, 여섯 자리 간편 결제 비밀번호만 입력하면 결제가 끝난다. 또한 비밀번호 입력조차 필요 없이 지문이나 홍채 인식만으로도 결제가 이루어지는 기술도 개발되었다. 핀테크 기술이 발달할수록 소비의 편의는 더욱 좋아질지 모르지만 소비지출이라는 면에서는 더욱 위험해지고 있다.

이러한 함정에서 벗어나는 가장 좋은 방법은 '불편한 지출'을 하는 것이다. 핀테크 간편 결제보다는 신용카드가 낫고, 신용카드보다는 체크카드가 낫지만, 무엇보다도 지출 통제를 위해 월등히 좋은 방법은 현금을 사용하는 것이다. 편리할수록 통제가 안 되고, 불편할수록 통제가 쉬워진다. 돈이 주는 물리적인 볼륨감이나 압박감을 느끼면 돈을 많이 쓰는 것에 불편함을 느낀다. 카드나 핀테크는 이러한 불편함을 없애 버림으로써 지출을 쉽게 만든다. 현금이 주는 압박감을 느낄수록 지출에 불편함을 느끼고 통제력이 커진다.

특히 해외여행을 할 때에는 자제력을 잃고 카드 사용이 확 늘어나기 쉽다. 실제로 내수 소비는 위축되고 있는 반면, 해외 지출은 계속 늘어나는 추세다. 한국은행의 통계에 따르면 2016년 3분기에 국내 거주자가 해외에서 지출한 금액이 처음으로 8조 원을 넘었다. 지난해 같은 기간과 비교해도 16.8퍼센트나 늘어난 액수다. 해외로 나가면 해방감을 느끼면서 국내에서는 위축되고 억눌려 있던 소비 욕망까지 함께 터지는 것이다. 애초에 해외여행을 갈 때 '이 정도만 써야지' 하고 환전을 해 갔지만 막상 해외에 나가면 사고 싶은 물건이 눈에 들어오고, 예산 범위를 넘어가면 카드에 손이 간다. 해외여행을 갈 때 정말 사고 싶은 물건이 있다면 무조건 참는 것이 정답은 아니겠지만, 미리 그에 대한 예산을 세우고 그 범위 안에서 지출해야 한다. 여행을 준비할 때 어디를 가고, 무엇을 먹을지만 계획할 것이 아니라 얼마나 어떻게 돈을 쓸지도 예산을 함께 계획해야 한다. 요즘은 인터넷에서 가격 관련 정보를 찾기도 쉬워졌기 때문에 예산 짜기가 수월하다.

꼭 사고 싶은 물건이 있다면 예산에 포함시키고, 선물이나 면세점 쇼핑을 하고 싶다면 그 역시 예산에 포함시켜 놓아야 한다. 그러면 돈을 쓸 때마다 생각을 하게 되고 절제하게 된다. 무조건 억누르기만 하는 것도 정답은 아니다. 단, 통제 가능한 범위 안에서 욕구를 분출시켜야 한다. 그 이상으로 넘어서면 정말로 걷잡을 수 없어진다. 따라서 구체적인 예산을 짜는 일은 필수다.

빚지지 않는 재무 시스템을 만드는 6단계 전략

소비 패턴 구조조정의 종착점은 자동적으로 돌아가는 재무 시스템을 확립하는 것이라 할 수 있다. 앞서 설명한 소비 습관을 기반으로 단계별 재무 원칙을 통해 빚 지지 않는 재무 시스템을 만들어 보길 권한다.

빚지지 않는 재무 시스템을 만드는 1단계는 '월급만으로 한 달 산다'이다. 대부분의 사람들은 월급을 받으면 이미 지난달에 사용한 신용카드 결제 때문에 월급으로 한 달을 살기가 쉽지 않다. 그러므로 당장 지난달 신용카드 결제 금액부터 해결하는 것이 중요하다. 만약 은행 잔고가 바닥이거나 마이너스라면 앞으로 3~6개월간은 예비비를 모아 그 돈으로 밀린 카드 값을 결제하도록 한다. 그리고 신용카드를 쓰지 않으면서 한 달 월급을 가지고 한 달을 살 수 있도록 트레이닝한다. 2단계는 '내가 얼마 쓰는 알고 쓴다'이다. 가계부를 쓰는 가정이 많은데 가계부 쓰는 것 자체로는 아무 의미가 없다. 중요한 것은 가계부를 쓰면서 다음 월급날까지 필요 자금과 여유 자금이 어느 정도인지 파악하고 수입과 지출의 균형을 맞추는 일이다.

1단계와 2단계가 어느 정도 자리가 잡히고 나면 3단계인 '통장 쪼개기로 꼭 필요한 목돈을 만든다'로 넘어간다. 월급날 필요 자금에 예산을 집행하고 남는 돈이 잉여 자금이다. 이 잉여 자금들을 통장 쪼개기를 통해 목돈을 만들어야 한다. 통장 쪼개기를 할 때는 재무 목표에 따라 우선순위를 정하고 단기, 중기, 장기로 분산하여 적정 금액을 설정한다. 즉 1~3년 내에 있을 이벤트는 단기로, 5년 뒤에 필요한 자금(자동차 구입 등), 10년 뒤에 필요한 자금(주택 자금, 자녀 교육 자금, 노후 자금 등)은 중, 장기로 투자하는 것이다. 통장 쪼개기에서 또 하나 생각해야 할 것이 예비비다. 잉여 자금을 모두 저축하는 것이 맞긴 하지만 경조사나 갑자기 예상치 못하게 돈 쓸 일이 생길 수도 있다. 이 때를 대비해 비정기 지출을 위한 통장을 하나 더 만들어 둔다. 예비비는 1년 예산을 산정한 후 예비비 통장에 따로 넣어두고 그때그때 빼서 쓰는 게 좋다. 그리고 여윳돈이 생기면 이 통장에 돈을 넣어 1년 예산을 다시 채운다. 처음엔 힘들겠지만 1~2년 하다 보면, 안정화가 될 것이다.

1~3단계까지 준비가 되었다면 4단계로 '월급 통장 0원으로 만들기'에 돌입한다. 여기서 말하는 0원은 돈을 너무 많이 써서 0원이 된다는 말이 아니다. 생활비와 교육비, 용돈 등 필요 자금을 집행하고 남은 잉여 자금을 3단계에서 쪼갠 항목에 따라 각각의 통장으로 모두 자동이체시키기 때문에 월급 통장에는 돈이 남지 않는다는 말이다. 그렇게 월급날 월급 통장을 무조건 0원으로 만드는 시스템을 구축시켜야 한다.

물론 이 과정이 결코 쉽지는 않으며 금방 자리 잡히지도 않는다.

특히 2~3개월이 지나면 힘들어하는 사람이 많다. 신용카드 할부가 남아 있다든가 갑작스럽게 소비 패턴을 바꾸려니 용돈도 부족해져 생활이 많이 흔들린다. 그러다보면 금방 포기하기도 하는데 그래서는 아무 소용이 없다. 빚지지 않는 재무 시스템을 만드는 5단계는 '바뀐 시스템이 지켜지도록 매달 점검하기'다. 그렇다면 시스템이 자리 잡기까지 얼마나 걸릴까? 최소 6개월은 잡아야 한다. 사람에 따라 더 걸릴 수도 있을 것이다. 빚지는 습관은 만성이며 난치병이라고 설명했듯이 하루아침에 바뀔 수는 없다. 하지만 모든 습관 형성이 그러하듯 처음이 힘들고 어려울 뿐 습관이 정착되고 나면 그다음부터는 자연스럽고 편해질 것이다.

마지막 단계는 '지금 당장 시작한다'이다. 지금까지 소개한 재무 시스템 6단계는 특별한 사람만이 할 수 있는 일이 아니다. 누구나 쉽게 적용할 수 있다. 다만 매일, 매월, 매년 지속적으로 실천하는 것이 관건이다. 현재 당신의 재무 상황이 어떻든 당장 시작해 보길 바란다. 그리고 다시 한 번 강조하지만 하루아침에 갑자기 바뀔 것이라 생각하지 마라. 시작만큼 중요한 것이 지속하기다. 이 시스템을 정착하기까지 쉽지 않겠지만 일단 한번 '빚을 지지 않는 재무 시스템'을 만들어 놓으면 필요할 때 필요한 돈을 마련할 수 있고, 돈 걱정 없이 가족과 자신의 미래를 희망적으로 그려나갈 수 있을 것이다.

04
자녀 교육비,
원칙을 세우고 공유하라

교육비, 한 번 시작하면
의지대로 멈출 수 없다

베이비부머 세대는 흔히 '낀 세대'라고 하지만 실제 부모 세대에게 재정적 지원이나 도구적 지원(생활에 필요한 시설이나 물품의 제공), 또는 간병 지원 가운데 어느 한 가지라도 정기적으로 제공하고 있는 비율은 전체 베이비부머의 24.4퍼센트, 즉 네 명 중 한 명 정도에 불과하다. 반면 자녀가 취업을 미루고 더 공부를 하겠다면 이를 도와주겠다는 비율은 71퍼센트에 이른다. 이렇게 본다면 베이비부머는 부모에 대한 부담은 적은 대신, 자녀를 위한 투자에는 열렬하다. 하지만 앞으로 베이비부머의 부모가 더욱 나이가 들고 건강이 나빠지면 부모를 지원하고 모셔야 할 가능성이 높으므로 정말로 재정적으로 긴 세대가 될 위험이 적지 않다.

50대 중반인 중견 기업 임원인 송병준 씨는 세전 월수입이 2,000만 원, 세금을 제외하고도 1,500만 원 가량인 고소득자다. 큰아들은 대학교에, 작은아들은 고등학교에 다니고 있는 송 씨는 약 1억 원 정도의 현금 자산을 보유하고 있고, 이른바 '강남 3구' 지역에 12억 원 시가의 아파트를 가지고 있고 주택담보대출도 모두 청산했다. 이런 사람이 빚 걱정을 한다면 아마도 거짓말이라거나, '염장 지른다'는 소리 듣기에 딱 좋을 것이다.

그런데 정말로 송 씨는 최근에 돈 문제로 고민에 싸여 있다. 지금 당장은 빚이 없지만 이대로 가면 현금자산이 바닥나고 빚을 지는 운명을 피할 수 없기 때문이다. 다음 도표를 통해 이 가정의 한 달 현금 흐름을 살펴보자. 한 달에 136만 원의 손실이 나고 있기 때문에 그동안 모아두었던 금융자산이 계속 줄어들고 있는 실정이다. 이 추세가 계속된다면 3년 후에는 금융자산이 모두 바닥나고 빚을 지게 된다. 지출 내역을 살펴보면 누구나 두 자녀의 교육비가 주된 원인이라는 사실을 발견할 수 있다. 두 아들의 월 교육비가 한 달에 900만 원을 넘어가고 있으니 대한민국 상위 1퍼센트 안에 들어가고도 남을 소득을 올리면서도 돈 걱정이 점점 커지고 있는 것이다.

큰아들의 교육비가 한 달에 700만 원이나 되는 이유는 미국 유학 때문이었다. 원래 큰아들은 학자금만 집에서 지원받고 생활비는 아르바이트로 충당하는 것을 조건으로 유학길에 올랐다. 처음에는 약속

■ 송병준 씨의 한 달 지출 내역

수입	지출	
	주거생활비	85만 원
	식비 및 외식비	100만 원
	교통비	24만 원
	통신비	22만 원
	의료비	30만 원
	문화생활비	40만 원
	가족 용돈	150만 원
	교제비 및 기부금	30만 원
	큰아들 교육비	700만 원
	작은아들 교육비	210만 원
	보장성 보험료	120만 원
	평균 비정기 지출	125만 원
1,500만 원	합계	1,636만 원
	월 손익	-136만 원

을 지키는 것처럼 보였지만 한 학기가 지나자 큰아들은 일과 공부를 함께 하기 힘들다는 하소연이 점점 늘어갔다. 처음에는 일을 해서 생활비를 충당하면 된다는 생각으로 유학을 갔다가 언어 문제도 있고 공부할 양이 많다 보니 힘들어서 일을 포기하는 유학생들이 적지 않다. 그렇다고 부모 된 입장에서는 약속을 안 지켰다고 아들에게 중간에 포기하라고 할 수도 없고, 계속 아르바이트를 하라고 다그치기에

는 일 때문에 지쳐서 공부를 제대로 못하면 어쩌나 싶은 걱정이 들게 마련이다. 결국 송 씨가 미국에 보내는 돈은 학비에 생활비까지 크게 불어났다.

둘째아들도 문제였다. 경쟁이 치열한 '강남 8학군'에서 고등학교에 다니는 둘째 아들은 대치동 학원가에 들어가는 사교육비가 한 달에 200만 원이 넘는다. 사실 대치동 안에서는 이것도 많이 쓰는 편이 아니다. 2년에 한 번씩 실시되는 강남구 사회조사의 2015년 자료에 따르면 대치동의 고등학생 사교육 평균 지출액은 257만 4,000원이다. 송 씨의 둘째아들은 사실 대치동의 평균에 한참 미치지 못하는 셈이다.

아직 학부 과정이 3년 더 남아 있는 큰아들은 대학원까지 진학하고 싶어 한다. 학부 졸업 때까지 들어갈 돈을 계산해 보면 최소 2억 5,000만 원, 대학원까지 간다면 4억 원 이상이 필요하다. 고등학교 1학년인 작은아들도 역시 미국 유학을 가길 원하고 있다. 집안에서 자녀 하나가 유학을 가면 다른 자녀들도 뒤를 따르고 싶어 하는 경우가 많다. 부모 입장에서는 '누구는 보내주고 누구는 안 보내주고'와 같은 식으로 자녀를 차별하고 싶지는 않으니 돈 부담이 가중되어도 가지 말라는 말을 못한다.

두 자녀가 모두 유학생활을 한다면 지출이 단순 계산으로도 월 1,400만 원으로 뛴다. 같은 대학교에 다니면서 같은 집에 살면 그보다는 부담이 좀 줄 수도 있겠지만 그래도 지금보다 큰 폭으로 늘어날 것만은 확실해 보인다. 현재 보유하고 있는 현금 자산이 바닥나는 속도는 더욱 빨라진다. 결국 십중팔구는 최후의 수단으로 집을 팔거나,

■ 송병준 씨 가족의 향후 예상 현금 흐름

(단위 : 만 원)

시점 (년 후)	수입	자녀지출		기타지출	현금자산	비고
		큰아들	작은아들			
현재					10,000	
1	18,000	8,400	2,520	8,640	8,440	
2	18,000	8,400	2,520	8,640	6,880	
3	18,000	8,400	2,520	8,640	5,320	
4	18,000	8,400	8,400	8,640	−2,120	큰아들 대학원, 작은아들 유학
5	28,400	8,400	8,400	8,640	840	퇴직금 및 자회사 입사
6	8,400	0	8,400	8,640	−7,800	
7	8,400	0	8,400	8,640	−16,440	자회사 3년 근무 후 퇴직
8	0	0	8,400	8,640	−33,480	작은아들 대학원
9	0	20,000	8,400	8,640	−70,520	큰아들 결혼
10	3,000	0	0	8,640	−76,160	국민연금 및 개인연금 수입
11	3,000	0	0	8,640	−81,800	
12	3,000	0	0	8,640	−87,440	
13	3,000	0	20,000	8,640	−113,080	작은아들 결혼

집을 담보로 대출을 받거나 하는 길을 선택하게 된다.

하지만 송 씨는 현재 자기고 있는 아파트를 활용하면 자녀의 교육비를 감당하고 노후도 어느 정도 대비할 수 있다고 생각하고 있었다. '내 집'을 가진 많은 사람들이 노후 대비의 수단으로 집 하나만을 바라보고 있다. 그렇다면 송 씨의 아파트는 가계와 노후를 책임지는 최후의 보루가 될 수 있을까? 큰아들이 대학교 2학년, 작은 아들이 고등학교 1학년인 상태에서 두 자녀의 교육이 끝날 때까지 이 가계의 재정을 예측해 보면 앞의 표와 같다.

실제 상담 고객의 향후 현금 흐름을 추정할 때는 급여 인상, 물가 인상과 같은 요소들을 고려해서 더욱 정밀하게 도표를 작성하지만 여기서는 수입과 지출, 그리고 현금보유량의 추이를 쉽게 파악할 수 있도록 극도로 단순화시켰다. 실제 우리가 추산해 본 송 씨의 현금 흐름은 이보다도 더 나쁘게 나타났다. 예를 들어 작은아들이 유학을 떠난다면 초기 정착 비용 및 입학금 등이 추가로 발생하는데, 위 도표에서는 단순화를 위해서 이런 요소들은 계산하지 않았다.

이 도표에서 현재 보유하고 있는 현금 자산은 4년 후면 바닥나고 적자로 전환한다. 이듬해에 퇴직금으로 잠깐 흑자 전환을 하지만 그 다음해에는 다시 적자로 전환되고, 그 액수가 급속도로 불어난다. 여기에 회사 임원으로 근무하는 송 씨가 5년 후에 은퇴하고, 3년 동안은 자회사 근무를 통해서 월 700만 원 정도의 수입이 생기지만 이마저도 퇴직하면 연금이 나올 때까지 소득 공백이 생긴다. 연금이 나온다고 해도 현재의 지출 규모에 큰 변동이 없다면 적자 규모는 계속 불어난다. 13년 후에는 12억 원 가치의 아파트에 육박하는 정도로까지 가계 적자가 불어난다. 아파트를 팔아서 이 빚을 모두 청산하면 당장 어디에서 살아야 할지부터 걱정해야 할 노릇이다. 자산이 사라진 상태에서 연금 수입만으로 살아야 한다면 생활수준의 추락 역시 불을 보듯 뻔했다. 노후가 두고두고 부부와 자녀들의 무거운 짐이 될 위험이 정말로 높았다.

그 시작은 결국 큰아들의 유학이었다. 교육비가 무서운 이유는 한 번 시작하면 멈출 수가 없기 때문이다. 아르바이트로 생활비를 벌겠다던 큰아들이 약속을 못 지켜도 유학을 그만두라고 할 수 없는 노릇이다. 이 과정을 작은아들도 모두 지켜봤기 때문에 유학을 가겠다면 작은아들에게도 유학비와 생활비를 안 대줄 수 없게 된다. 향후 9년 동안 송 씨는 교육비 폭주에 속수무책일 수밖에 없다. 과연 송 씨의 사례가 특이한 경우일까? 그렇지 않다. 앞서 살펴보았지만 작은아들의 고등학교 교육비는 대치동 평균에도 미치지 못한다. 대치동 부모라면 미국 유학은 필수로 여기는 풍토다. 우리는 상담을 하면서 송 씨보다 더 많은 교육비를 쏟아 붓는 사례도 무수히 보아왔다.

송 씨의 앞에는 아주 어려운 결정이 기다리고 있다. 기타 지출을 줄임으로써 현금 흐름을 개선할 수는 있지만 근본적인 해결책은 되지 못한다. 잘 해야 빚이 아파트를 잡아먹을 정도까지 불어나는 시기를 1~2년 정도 늦출 수 있을 뿐이다. 교육비에 수술 메스를 대지 않고서는 해결할 수 없다. 큰아들의 학부 과정까지는 지원을 하되 대학원은 스스로 비용을 마련하도록 하거나, 작은아들에게는 현재의 가정 사정을 솔직하게 설명하고 국내 대학교에서 학업을 마친 후 필요하다면 대학원 유학을 고려하거나 하는 방안이 있겠지만 어느 쪽이든 자녀의 실망감, 차별 받는다는 둘째의 불만과 같은 후유증은 피할 수 없을 것이다.

자녀의 교육에 관한 중요한 결정을 내릴 때에는 반드시 '한 번 시작되면 멈추기가 어렵다'는 것을 명심해야 한다. 한 번 시작하면 몇 년에 걸쳐서 많은 비용이 들어가고, 자녀가 여럿이라면 첫째부터 시작한 교육비 지출이 연쇄적으로 동생들에게 이어진다. 앞의 도표에서 볼 수 있는 것처럼 여러 자녀가 동시에 유학 생활을 하거나 하면 그 비용은 감당할 수 없을 정도로 폭주한다. 당장 내 수입이 괜찮고 자산도 있다고 해서 자신감을 가지고 지를 일이 절대 아니다. 향후 어디까지 뒷받침을 해줘야 하고 그 비용은 얼마나 들어갈 것인지 장기적인 현금 흐름을 예측해 본다면 지금의 막연한 자신감이 얼마나 잘못된 것인지를 어렵지 않게 깨달을 수 있다.

자녀 교육보다 당신의 은퇴 후를 먼저 생각하라

앞의 사례를 보며 '나는 강남 8학군도 아니고, 자식 유학이니 대학원도 안 보낼 것이니 저 정도까지는 아니다'라며 안심하는 사람이 있을지도 모르겠다. 하지만 자녀 교육비가 가진 가장 큰 문제는 절대적인 금액뿐만 아니라 자녀 교육비로 인해 노후 준비가 되지 않는다는 데 있다. 40대 중반의 김상욱 씨 가족의 사례를 통해 많은 사람들이 가진 은퇴 이후의 걱정에 관해 살펴보도록 하자.

김 씨 가계는 회사의 간부사원인 남편과 파트타임으로 일을 하고 있는 아내의 수입을 합쳐 한 달에 580만 원의 수입을 얻고 있다. 하지만 은퇴 자금은 거의 모으지 못한 상태다. 아직 시간이 있긴 하지만

■ 김상욱 씨 가족의 현금 흐름표

현금 유입		현금 유출	
남편 수입	500만 원	월 고정 생활비	140만 원
아내 수입	80만 원	비정기 지출	30만 원
		보장성 보험	80만 원
		자녀 교육비	250만 원
합계	580만 원	합계	500만 원
		잉여 자금	80만 원

현재의 살림 구조로는 노후 준비는 엄두도 내지 못하는 실정이었다.

김 씨는 6억 원의 아파트, 그리고 예금, 펀드와 같은 금융자산을 5,000만 원 가량 보유하고 있었고, 부채는 8,000만 원 정도로 순 자산은 5억 7,000만 원 정도였다. 현재 상태로 보면 그렇게 나빠 보이지 않지만 김 씨 부부는 과연 현재의 상태로 지금 중학교에 다니고 있는 두 자녀의 고등학교와 대학교 진학, 결혼 준비, 그리고 부부의 은퇴 이후 대비가 잘 될 수 있을지 불안해했고, 재무 상담을 의뢰했다.

생활비 지출은 별로 문제될 게 없었다. 오히려 4인 가족의 월 고정 생활비로 140만 원이라면 수입에 비하면 적은 편에 속했다. 가장 문제는 자녀의 교육비로 중학교에 다니는 두 명의 자녀에게 한 달에 250만 원이 나가고 있었다. 지금은 잉여 자금이 월 80만 정도가 남고 있기 때문에 금융자산이 늘어나는 추세지만 이후 자녀들이 고등학교와 대학교에 진학하면 지금보다 교육비 지출이 늘고 현금흐름이 적자로

첫째 (중학교 3학년)		둘째 (중학교 1학년)	
영어 그룹과외	80만 원	영어 학원	40만 원
수학 학원	40만 원	수학 학원	30만 원
국어 학원	30만 원	국어 학원	30만 원
합계	150만 원	합계	100만 원

돌아설 가능성이 많았다.

자녀 교육비를 조금 더 자세하게 들여다보니 다음과 같았다. 그나마 김 씨 부부는 첫째의 피아노 학원과 둘째의 미술학원을 끊고 국영수만 남겼다. 요즘처럼 사교육 경쟁이 치열한 현실 속에서는 많이 썼다고 말할 수 없는 사교육비지만 그래도 가계에서 가장 큰 지출 비중을 차지하고 있는데, 그럼에도 아이들 성적은 생각처럼 오르지 않아 부모도 걱정이고 아이들도 힘들어 하는 실정이었다.

더 문제는 자녀들이 상급 학교로 진학할 때다. 고등학교에 가면 지금보다 교육비 지출이 100만 원 정도 늘어날 것으로 예상된다. 즉, 둘째가 고등학교에 진학하는 3년 후에는 현금 흐름이 적자로 돌아설 가능성이 높다. 지금 성적도 그리 마음에 안 드는 상황인데 교육비를 줄인다는 것은 부모로서는 지금 성적에서 더 밑으로 떨어진다는 것을 의미할 수 있어서 쉽게 결정을 내리기도 힘들다.

또 한 가지 문제는 보장성 보험이었다. 과다한 보험료 때문에 현금 흐름이 악화되는 문제를 이 가정도 안고 있었다. 그중에서도 자녀의 교육비를 생각해서 가입한 교육보험은 만기를 채우고 앞으로 받을 돈보다 지금 해약하고 운용하는 편이 은행 금리로만 계산해도 이익인 것으로 나타났다. 상해보험 및 저축성 보험으로도 10만 원 넘게 들어가고 있지만 오히려 1만 원이 안 되는 상해보험에 가입하고 나머지 돈으로 적금에 가입하는 편이 오히려 이익인 것으로 나타났다.

가계의 재무구조를 분석한 결과는, 60세에 은퇴하고 싶은 부부의 희망과는 달리 은퇴 시기를 70세로 잡아도 노후 준비가 불가능한 것으로 나타났다. 현재 은퇴 자금을 위한 준비는 국민연금 이외에 개인연금보험 10만 원이 전부다. 부부는 은퇴 후 필요 자금을 월 300만 원으로 예상했는데 물가상승률을 한해 평균 2퍼센트 정도로 잡으면 부부가 은퇴하는 시기의 미래가치로는 매달 450만 원씩의 연금 또는 기타 수입이 나와야 한다. 실제로는 어떻게 될까? 현재 가치 기준으로 국민연금 수령액이 월 90만 원으로 예상되고 개인연금은 현재 불입액이나 가입 개월 수로 계산하면 8만 원 정도가 예상된다. 소유하고 있는 집을 주택연금으로 돌릴 수 있지만 앞으로 들어갈 자녀의 교육비와 결혼자금, 그리고 대출까지 감안하면 월 70만 원 정도가 가능한 것으로 예측되었다. 합해보면 은퇴 후 수입은 160~170만 원으로 예상되므로 부부가 예상하는 필요 자금의 절반을 조금 넘는 수준에 불과하다.

아마도 자녀 둘을 기르고 있는 40대라면 비슷한 사정에 놓여 있는 가계가 많을 것이다. 자녀가 하나뿐이라면 교육이나 생활비 부담은 좀 줄어들겠지만 역시 만만치 않은 집이 많은 데다가, 자녀가 외동인 가정은 '하나 뿐'이라는 생각 때문에 더더욱 아낌없이 지출을 하는 경향이 있다.

위의 사례처럼 일반적인 인식으로 보아 특별히 낭비하거나 사치하는 부분이 없다. 보장성 보험의 설계가 잘못되어 있기 때문에 이 부분을 조정하면 일정 정도 개선은 되지만 그래도 은퇴 준비에 필요한 자금에는 못 미치는 게 현실이다. 열심히 일하고 알뜰하게 살림을 꾸려가는데도 은퇴 준비가 불가능하다면 이는 개인의 문제 탓으로만 돌릴 수는 없을 것이다. 과도한 교육비를 강요하는 교육 체제, 부족한 사회 안전망, 가계의 소득 증가로 이어지지 않는 경제 성장과 같은 여러 가지 사회 문제가 있다. 하지만 이러한 고질적인 문제점이 개선되는 것은 쉬운 일이 아니고 시간도 오래 걸린다. 결국 개인에게는 주어진 여건에서 원하는 것을 모두 가질 수는 없다. 최선의 미래를 계획하기 위해서는 무엇을 선택하고 무엇을 포기할 것인가, 하는 어려운 결정이 필요한 것이다.

김 씨와 같은 사례에서 제시할 수 있는 선택은 여러 가지가 있다. 사교육을 늘린다고 해서 자녀의 성적이 오르고 좋은 미래를 얻을 수 있을 것이라는 막연한 기대에서 벗어난다면 교육비 부담을 덜 수 있고 은퇴 준비에 큰 도움이 된다. 대학 진학 이후의 자녀 생활비는 스스로 벌도록 하거나 결혼에 대한 체면을 버리고 결혼 준비에 필요한 자금을 대폭 줄이는 것도 역시 은퇴 준비에 도움이 된다. 인식의 전환이 필요한 문제다. 평균수명이 점점 길어지고 고령화되어 가는 사회에서 부모가 자녀에게 해줄 수 있는 최선의 선물은 자녀에게 부담을 지우지 않는 노후 준비라는 생각을 한다면, 현재의 상황에 매몰되지 않고 미래를 좀 더 냉정하게 보고 선택할 수 있을 것이다.

'부모로서 미안한 마음'을 버릴 때 모두가 행복한 미래를 맞을 수 있다

교육비 문제로 고민하는 사례를 한 가지 더 살펴보자. 안정적인 정규직으로 20년 이상 직장에서 계속 근무해 온 이정선 씨는 올해로 50대에 접어들었다. 결혼할 때부터 외벌이로 가정을 유지해 오면서 세 자녀를 두고 내 집 마련까지 이루어 알뜰하게 살아왔다. 집을 살 때에도 대출은 1억 원으로 비교적 적은 수준이었다. 그러나 최근에 자녀들이 대학교에 진학하면서 경제적인 압박이 심해지기 시작했다. 다행히 회사의 복지 제도가 잘되어 있어서 학자금을 무이자로 대출 받을 수 있었지만, 두 딸이 대학교에 들어갔고 이제 막내아들까지 내후년이면 대학교에 들어가게 된다. 게다가 첫째 딸은 대학원에 진학을 선언하면서 1년만 등록금을 지원해 달라고 한다. 이 씨는 딸 두 명의 학자금으로 각각 1년에 700만 원씩을 대출하고 있고, 막내까지 대학에 진학하면 1년에 대출해야 할 금액만 2,100만 원이 된다. 부부가 알뜰하게 살림을 꾸려 가면서 적자는 면하고 있지만 빡빡한 살림에 학자금 대출까지 불어나면서 저축이나 노후 대비는 꿈도 꾸지 못할 실정이었다.

이와 같은 가정의 재무 조정은 쉽지 않다. 일단 생활비에서 별로 줄일 부분이 발견되지도 않는다. 이미 절약하면서 알뜰하게 가계를 꾸려 가고 있기 때문이다. 다만 보험은 설계가 좋지 못해서 내고 있는 보험료에 비해 필요한 보장을 받지 못하고 있었다. 퇴직 이후 연금과 같은 수단으로 위험 보유(위험에 따른 장래의 손실을 스스로 부담하는 방법)를 할 수 있기 때문에 보험의 구조를 실비 보장 위주로 조정해서 여력을 만들 수는 있었다.

하지만 가장 큰 문제는 학자금이었다. 현재 이 씨의 자산 대비 부채 비율은 20퍼센트 수준으로 과다한 정도까지는 아니지만 앞으로도 이 씨의 수입만으로 세 자녀의 학자금을 모두 부담해야 한다면 5년 후 총 부채는 2억 원으로 늘어나 자산 대비 부채 비율이 30퍼센트까지 올라간다. 학자금 대출은 무이자지만 엄연히 빚은 빚이고 갚아야 한다. 최악의 경우에는 연금을 포기하고 일시금으로 받아서 빚을 갚아야 할 수도 있으며, 그렇게 되면 이 씨 부부의 노후 준비는 큰 지장을 받는다. 만약 자녀가 결혼을 할 때 비용을 지원하려고 하면 더더욱 상황은 악화된다. 그 결과 노후를 자녀에게 의존하게 될 가능성이 높으며 오히려 자녀에게 큰 부담을 줄 수 있다.

이 씨의 재무 구조조정을 위해 우리가 먼저 권고한 것은 집의 구조조정이었다. 비록 대출 액수가 주택담보대출로서는 적은 편이라고 할 수 있고, 대출이자도 45만 원으로 수입에 비해서는 부담스럽지 않은 수준이라고 하지만 앞으로 학자금 빚이 빠르게 늘어날 것을 생각하면 그 이자 부담조차 점점 버거워질 것이다. 게다가 아직까지는 이자만 내고 있는 거치 기간이 끝나고 원리금을 분할상환해야 할 시점부터는 월 77만 원을 내야 하므로 가계의 재무가 적자 구조로 악화된다.

6억 원 정도의 시세가 형성되어 있는 서울 시내의 현재 아파트를 처분하고 외곽으로 이사를 가면 비슷한 평형을 3억 원 수준으로 매입할 수 있다. 현재 고등학교에 다니는 아들 때문에 지역을 옮기는 것이 곤란하다면 지금의 아파트를 처분하고 같은 지역의 전세를 구한 뒤, 계획대로 아들이 대학에 진학하는 내후년 이후에 이사를 갈 수도 있을 것이다. 집의 구조조정을 통해 약 3억 원의 자금을 확보해서 주택담보대출 1억 원 또는 2억 원 정도로 전체 규모가 예상되면 학자금 대출을 갚고 나면 은퇴를 위한 준비가 가능해지며 최소한 연금은 지킬 수 있다.

그러나 이 씨의 문제를 해결하기 위해 가장 중요한 것은 자녀의 교육과 결혼에 대한 분명한 원칙을 세우고 가족들과 합의하는 것이다. 집을 처분하고 자금을 마련하면 대출 상환은 가능하겠지만 앞으로 세 자녀의 학자금과 결혼 자금 일부까지 지원하게 되면 다시 상황은 나빠질 것이 불을 보듯 뻔했다. 수입이 많고 자산이 많다면 자녀의 교육비나 결혼 비용의 지원 걱정이 크지 않겠지만 가계 사정이 그렇지 못한데도 '부모의 의무' 혹은 '주위 부모들도 다 그 정도는 하는데' 같은 생각 때문에 무리수를 둔다면 부모의 노후는 무너지고 자신의 의지와는 관계없이 자녀에게 짐이 되는 노후를 보내야 한다. 과거에는 부모가 자녀를 위해 아낌없이 희생하고, 자녀는 성장하면 부모를 봉양하는 것을 당연하게 여겼지만 지금은 대부분 부모 자신이 자녀에게 의존하는 노후를 원하지 않는다.

교육비를 부모가 지원한다면 결혼 비용은 자녀가 스스로 알아서 해결하거나, 혹은 부모가 대학교 등록금까지는 지원하더라도 자녀가 대학원 진학을 원한다면 그에 대한 재정 부담을 스스로 해결하게 하는 방식으로 합의가 필요하다. 자녀들에게 이런 말을 꺼내는 것이 부모로서 미안하고 능력 없는 부모가 되는 것 같아서 꺼려질 수 있다. 그럼에도 불구하고 가족들에게 현재 상황을 솔직하게 꺼내 놓고, 함께 머리를 맞대면서 해법을 찾기 위한 용기가 필요하다. 막상 이야기를 해보면 현실을 인정하고 스스로 해법을 찾기 위해 애쓰는 자녀들이 많다. 자녀를 단지 부모가 아낌없이 지원해 줘야 하는 대상으로만 생각하지 말고, 가족의 일원으로서 가정의 문제를 함께 고민하고 의지하는 파트너로 생각하는 관점의 변화가 필요하다.

05

보험은 과연
미래를 위한 '저축'일까?

불안을 먹고사는 공포 마케팅,
'보험 과소비'로 이끈다

재무 상담을 하다 보면 40대 이후의 상담 고객들이 공통으로 가지고 있는 고민 중에 하나가 바로 보험이다. 보험을 유지하자니 보험료 부담이 만만치 않고, 그렇다고 해지하자니 손해는 너무 크고, 또 '해지했다가 혹시…' 하는 불안감도 있기 때문에 이러지도 저러지도 못하는 사람들이 많다.

어느 상담 고객은 가족들이 겹치기로 보험을 들다 보니 한 달에 나가는 보험료가 70만 원이나 되었다. 보험의 가입 내용을 보니 20만 원 정도의 보험료도 충분할 정도로 중복 가입이나 불필요한 보장이 많왔다. 결과적으로 이 가정은 한 달에 50만 원을 손해 보고 있었다. 한 달에 70만 원을 보험료로 내는데 가정의 현금 흐름이 좋을 리가 없고 계속 빚이 늘어나고 있었다. 한 달에 50만 원씩 3년이면 1,800만 원이나 되는 돈이다. 이 돈을 적금에 부었을 경우 받았을 이자와 과다한 보험료로 현금 흐름이 나빠져서 받은 대출의 이자까지 계산해 보니 거의 3,000만 원에 이르는 손실을 입고 있었다.

과거에는 아는 사람이 보험 하나 들어 달라고 해서 들거나, 수시로 회사로 찾아오는 보험설계사의 계속되는 권유에 조금씩 귀가 솔깃해져서 가입하는 사람들이 많았다면 요즘 보험 마케팅은 경로도 많이 다양해졌다. 케이블 TV는 틀었다 하면 보험 광고 아니면 대부업 광고가 나올 정도다. 홈쇼핑 보험 판매는 이미 일상화되었고, 대형 마트 전단지에도 보험 권유 광고가 큼직하게 실려 있다. 보험회사와 대형 마트가 손잡고 아예 매장 안에 상담 가입 창구까지 만들어 놓았다.

보험 마케팅의 단골 메뉴라면 뭐니 뭐니 해도 공포 마케팅이다. 노후에 대한 불안, 질병에 대한 불안을 잔뜩 자극시켜서 보험 가입을 권유하는 공포 마케팅은 보험 과소비의 주요한 원인이 된다. 여러 가지 마케팅 수법에 넘어가다 보면 중복되거나 불필요한 보험을 여러 개 들거나 불필요한 특약을 너무 많이 든다. 보통 보험은 기본 보장에 특약을 추가하는 식으로 설계되는데, 기본 보험료보다 특약 보험료가 더 많은 구조, 즉 배보다 배꼽이 더 큰 구조로 가입한 사람들이 많다.

의료비 부담, 특히 국민건강보험 혜택을 받을 수 없는 이른바 '비급여 항목'의 부담이 크다 보니 다른 것은 몰라도 실손보험만큼은 꼭 들어야 한다고 생각하는 사람들이 많다. 생명보험회사와 손해보험회사(주로 '○○화재'와 같은 이름이 붙은 보험회사) 모두 실손보험을 취급한다. 그런데 생명보험은 실손보험과 종신보험, CI Critical Illness(중증 질환)보험을 묶은 형태의 통합보험이라는 상품을 내놓았다. 기본적으로 통합보험은 보험료가 25~30만 원에 이른다. 손해보험회사는 실손보험에 특약을 백화점 식으로 가득 넣었다. 이 특약을 다 들면 보험료 부담이 통합보험이나 마찬가지가 된다. 어느 중년의 상담 고객은 실손보험을 들면서 특약을 무려 60개 넘게 가입했다. 가입할 수 있는 특약을 모조리 선택한 셈이다.

과연 그 특약들이 다 필요한 것이었을까? 시중의 실손보험을 분석해 보면 보통은 최대 10개 정도의 특약으로 충분한 보장을 받을 수 있다. 만약 이 정도의 특약만 가입했다면 월 보험료는 7~10만 원 정도다. 그런데 60여 개의 특약에 가입했던 상담 고객은 실손보험료로만 월 25만 원을 내고 있었다. 실손보험만이 아니라 변액보험이나 종신보험, CI보험도 불필요한 특약을 너무 많이 들어서 많은 보험료를 내는 사례가 종종 발견된다.

많은 사람들이 마치 보험 한 방에 모든 것이 다 보장될 것이라고 생각해서 자신에게 맞는지, 맞지 않는지도 따져 보지 않고 통합보험이나 특약을 가득 채운 실손보험에 가입한다. 적금은 10만 원도 안 넣으면서 보험은 25~30만 원을 넣고, 그것도 부부가 하나씩 들거나 자녀까지 이것저것 보험을 들면 보험료가 50~60만 원 이상으로 치솟는다. 보험은 납입 기간이 10년, 20년은 기본이다 보니 장기간에 걸친 보험료가 가계에 큰 부담이 된다. 실손보험은 중간에 해지하면 환급금이 아예 혹은 거의 없는 구조다. 보험이 위험을 막아 주는 것이 아니라 그 자체가 가계의 재무구조에 위험 요소가 된다.

보험은 어느 정도는 확률 싸움이다. 인생에는 극단적인 일이 일어날 가능성이 있다. 젊은 사람도 암에 걸릴 수 있고, 나이 들어서까지 술과 담배를 달고 사는데도 큰 탈 없이 장수하는 사람들도 있다. 지나치게 낙관적이고 행운인 경우만을 생각하고 위험 대비를 안 하는 것도 문제고, 발생할 확률이 낮은 극도로 불행한 경우를 다 생각해서 지나치게 특약을 많이 드는 것도 문제다. 젊을 때는 의료비 지출이 많지 않고 성인병에 걸릴 위험도 낮으므로 들어야 할 특약이 많지 않다. 젊을 때는 골절이 많은 반면 중년 이후에는 뇌졸중, 심근경색을 비롯한 심혈관 계열 질병이 치명적이다. 나이가 들면 치명적인 질병이나 난치병에 걸릴 위험도 높아지고, 노후가 되면 병 수발을 자녀에게 의존하기도 점점 힘들어지므로 간병인이나 요양 보호에 드는 비용이 필요할 가능성이 높다.

결혼하기 전에 실손보험에 가입한다면 평생을 이 보험 하나로 해결한다는 생각으로 온갖 특약을 다 가입하기보다는 일단은 젊을 때 꼭 필요한 특약만으로 제한하면 보험료를 10만 원 이상은 절약할 수 있다. 중년 이후의 의료비나 요양비를 보장 받기 위한 상품은 결혼 이후에 부부의 보험 가입 현황이나 가정의 현금 흐름을 보고 선택하면 보험료를 대폭 절약하면서도 필요한 보장을 받을 수 있다.

결혼 이전에는
보험 가입을 최소화하라

보험을 가입할 때에는 대부분 보험설계사가 짜 주는 플랜을 거의 그대로 받아들이는 사람들이 많다. 특히 젊은 층은 이 같은 경향이 더 심하다. 20대 후반의 한 여성 직장인 고객은 항상 사무실로 찾아오는 보험설계사와 상담을 하게 되었다. 결혼할 준비는 안 하느냐는 설계사의 말에 결혼 때문에 적금도 들어야 하고 걱정이라고 하자, 며칠 후 설계사가 플랜을 들고 왔다. 이 여성은 대략 150만 원 정도의 저축 여력이 있었는데 설계사가 짜 온 플랜은 아래 표와 같았다.

보험설계사는 저축 여력 중에 절반 이상을 변액유니버셜보험으로 몰아 놓았다. 2년 동안 보험료를 불입하다가 그 이후에는 결혼이나 다른 이유로 돈을 내기 어려우면 납입을 중지해도 되고, 목돈이 필요해서 인출을 해도 원금 이상은 나오며 수익도 적금보다 낫다는 게 설계사의 설명이었다. 설계사가 짜 준 플랜대로 150만 원을 금융 상품에 넣은 이 여성은 과연 어떻게 됐을까?

2년 후에 이 여성은 결혼을 앞두고 있었고 목돈이 필요했다. 2년 동안 여러 가지 금융 상품에 넣은 원금만 해도 3,600만 원이었다(150

종류	금액
변액유니버셜보험	80만 원
적금	30만 원
펀드	40만 원

만 원 × 24개월). 이자까지 감안하면 4,000만 원 정도는 되어야 했을 것이다. 그런데 목돈이 필요해서 찾으려고 했을 때 찾을 수 있는 돈은 3,000만 원도 안 되었다. 가장 큰 문제는 변액보험이었다. 보험설계사는 분명히 2년 정도 불입하면 인출을 할 때에도 원금 이상은 나온다고 장담을 했지만 실제로는 원금의 70퍼센트 정도밖에 찾을 수 없었다. 펀드도 손실이 났고, 전체의 5분의 1에 불과한 적금만 이자가 붙어 있었다. 착실하게 저축을 해서 결혼 자금으로 쓰려고 했던 이 여성은 예상에 한참 못 미치는 황당한 결과에 상담실을 찾아와서 "어떻게 이럴 수 있느냐."고 하소연을 했다. 하지만 설계사는 이미 다른 보험회사로 옮긴 후였고 누구도 책임지는 사람은 없었다.

보험에 관련된 가장 큰 함정은 사업비, 정확히는 사업비와 위험보험료다. 예를 들어 변액유니버설보험은 보험료를 펀드와 같은 상품에 투자함으로써 그 수익률에 따라 받을 수 있는 보험금 액수가 달라지기 때문에 '변액'이라는 이름이 붙는다. 그런데 내가 낸 보험료가 전부 펀드에 투자되는 것은 아니다. 보험료 중 사업비와 위험보험료를 제외한 나머지 돈만이 투자된다.

사업비는 보험회사의 사업 운영에 필요한 돈이다. 보통 가입 초기에는 사업비의 비중이 가장 높고 시간이 지날수록 사업비가 줄어든다. 위험보험료는 위험 보장을 위한 보험료다. 저축성 보험은 보통보다는 저축의 개념으로 가입하지만 엄연히 '보험'이다. 즉, 저축성 보험이라고 해도 사망보험금과 같은 아주 기본적인 수준의 보험 기능을 가지고 있으며, 이를 위해서 보험료 중 일정 비율이 위험보험료로 빠진다. 보통 가입 후 7년 정도까지는 평균 10퍼센트 정도, 많게는 15퍼센트 이상이 빠져나가고 나머지 돈만이 투자되다 보니, 2년 정도 지났을 때 돈을 찾으려고 하면 원금의 60~70퍼센트 정도밖에는 되지 않는 것이다. 또한 가입 기간이 짧을수록 페널티가 붙기 때문에 해약환급금은 더욱 줄어든다. 원금의 70퍼센트는 그나마 나은 편이고, 심지어 해약환급금이 반 토막도 안 되거나 거의 없는 일도 허다하다.

'최저보증이율'을 내세우는 저축성 보험에도 함정이 있다. 예를 들어 최저보증이율로 5퍼센트를 내세우는 보험 상품이 있다면 보험료 10만 원을 낼 때 우리는 이 10만 원에 대해 최소한 연 5퍼센트 이자가 붙을 것으로 기대한다. 하지만 실제로는 보험료에서 사업비와 위험보험료를 뺀 나머지 금액에 대해서만 5퍼센트 이자가 붙는다. 이러한 비용이 10퍼센트 공제되는 보험 상품에 가입했다고 가정한다면, 보험료 10만 원을 넣고 1년이 지나면 우리는 원금 10만 원과 이자 5,000원을 합쳐서 10만 5,000원을 찾을 수 있을 것이라고 생각한다. 하지만 실제는 비용을 제외한 원금 9만 원에 이자 4,500원을 합쳐서 9만 4,500원이 된다.

과거에는 보험설계사들이 자신이 파는 보험 상품에 대한 정확한 지식이 없이 몇 가지 장점만을 부각시켜서 플랜을 짜고 상품을 권했다. 변액보험을 그냥 보험회사에서 파는 펀드 상품이라고 하면서 2년만 넣으면 무조건 수익이 난다고 큰소리를 치기도 했다. 시간이 지나면서 이 같은 문제는 어느 정도 개선되었다. 플랜을 짜는 컴퓨터 프로그램도 개발되고, 설계사들의 보험에 대한 지식수준도 과거보다는 전반적으로 올라갔다. 앞에서 소개한 여성 고객과 같은 극단적인 사례도 지금은 많이 줄었다. 하지만 자신이 파는 보험 상품을 정확하게 모르거나, 의도적으로 단점은 축소하고 장점만을 부각시키는 보험설계사들이 여전히 있는 것도 사실이다. 플랜을 짤 때에도 고객에게 이익이 가장 많이 돌아가는 것보다 자신에게 수당이 많이 돌아오는 방식으로 플랜을 짜는 설계사가 있는 것도 현실이다. 설계사가 짜 주는 플랜대로 10년, 20년의 미래를 맡기기에는 허점이나 함정이 많다.

20대들은 특히 금융에 대한 지식이나 경험이 부족하기 때문에 보험설계사가 짜 주는 플랜을 별 생각 없이 따라가는 이들이 많은데 절대 경계해야 한다. 특히 저축성 보험은 10만 원을 넘어가지 않는 것이 좋다. 최대한으로 금액을 잡아도 20만 원 범위 안에서 그쳐야 한다. 그 이상을 넘어가면 돈을 잃을 위험이 커진다. 또한 결혼 전까지는 보험 가입을 꼭 필요한 것만 최소한으로 제한할 필요가 있다. 배우자가 누가 될지, 그 배우자가 어떤 금융 상품에 가입해 있는지 모르기 때문이다.

예를 들어 남자와 여자가 각각 30만 원씩 개인연금보험을 들어 놓은 상태에서 결혼하면 연금보험료만 60만 원이 된다. 보통 미혼 청년층은 실손보험과 CI보험을 잘 짜면 6~7만 원 선으로 보험 보장을 받을 수 있다. 저축성 보험이나 개인연금 상품은 결혼을 하고 나서 가입을 해도 늦지 않다. 정말 충분한 여유가 있다면 10만 원가량, 아무리 여유가 있어도 20만 원을 넘지 않도록 저축성 보험이나 개인연금과 같은 장기 상품에 가입하고, 나머지는 적금과 같이 중도 해지를 하더라도 원금 보장이 가능한 금융 상품에 가입하는 것이 결혼 이후를 생각하면 현명한 선택이다.

부모님 때문에 결혼 전에 과다한 보험에 가입되어 있는 20~30대 사람들도 많다. 자녀 이름으로 몇 년 동안 불입하다가 자녀가 취직을 하면 보험을 넘겨주는 부모님들이 적지 않은데, 문제는 자녀가 이 보험이 어떤 상품인지, 정말 자신에게 도움이 되는 것인지 정확히 모르는 상태에서 물려받는다는 것이다. 금액도 부담스럽다. 부모님 세대에는 금융 상품의 금리가 높았다. 재형저축(근로자 재산 형성 저축)은 한때는 금리가 20퍼센트 선에 이르기도 했다. 3년에서 5년 정도 기간만으로 비과세 혜택도 받았다. 부모 세대는 부동산의 자산 효과를 가장 많이 보았던 세대이기도 하지만, 젊은 시절 수입이 적고 힘들 때 적금이나 보험으로 빠르게 돈을 불린 경험이 있다. 게다가 나이가 50~60세에 접어들면서 여기저기 몸이 아프다 보니 수술비나 통원치료비 등 직접적으로 보험금 혜택을 본 경험도 긍정적으로 작용한다. 이런 부모 자신의 경험을 자녀들에게 그대로 적용시키는 것이다.

우리나라의 많은 부모님들은 자녀를 위해 모든 것을 해주겠다는 생각을 가지고 있다. "너는 아직 어려서 잘 모르지만 보험 하나는 들어 놔야지." 하고 자녀 의사는 묻지도 않고 보험에 가입해서 몇 년 동안 대신 불입하다가 자녀에게 떠넘긴다. 심지어 월급을 타면 가져오라고 하는 부모님도 있다. 자녀에게 그냥 맡겨 놓으면 홀랑 써 버리니까 부모 자신이 관리하면서 적금도 넣고 보험도 드는 것이다. 문제는 부모님이 자녀에게 필요하고 도움이 되는 금융 상품을 선택하는 법을 모른다는 데에 있다. 펀드도, 보험도 잘 모르는데도 과거의 경험만 가지고 선택을 하다 필요 없는 보험을 들거나 너무 많은 보험료로 자녀에게 무거운 짐을 지우는 일들이 많다.

목적에 맞게 저축성 보험을 이용하는 법

보험이 가진 문제점, 또는 보험 판매 과정에서 일어나는 불합리한 문제점들 때문에 일각에서는 보험을 들어서는 안 된다고 주장하기도 한다. 특히 저축성 보험은 보험회사의 배만 불려 주는 백해무익한 상품이라고 역설하기도 한다. 최근에는 언론이나 방송의 시사 프로그램에서 저축성 보험이나 개인연금을 자주 비판하기 때문에 부정적인 생각이 전보다 많이 늘어나기도 했다. 앞선 사례들처럼 저축성 보험을 들었지만 원금에도 못 미치는 돈으로 돌아오는 결과를 겪고 나면 저축성 보험만이 아니라 보험 전반에 대한 거부반응이 생길 수밖에 없다.

그럼에도 불구하고 보험은 미래의 위험을 대비하는 측면에서 필요성이 있고 현명하게만 활용한다면 도움이 될 수 있다. 저축성 보험도 마찬가지다. 정확하게 알고 현명하게 가입한다면 은행 예금 및 적금보다 많은 수익을 얻을 수 있다. 노후를 대비하려면 국민연금에 더해서 개인연금도 필요하다. 노후에 국민연금이 가장 큰 도움이 되기는 하지만 그것만으로는 생활비를 모두 충당할 수 없기 때문이다.

금융 지식을 어느 정도 가진 고객들 중에는 상담 과정에서 변액보험이나 개인연금 상품은 무조건 싫다고 이야기하기도 한다. 이런 경우 싫다는 상품을 억지로 권하지는 않는다. 그러면 대신 펀드에 가입하라고 권한다. 문제는 오래 못 간다는 것이다. 몇 년 지나면 전세를 얻거나 집을 살 때 다들 펀드를 깬다.

예를 들어 노후 대비 통장을 펀드 통장으로 만들어 놓았다고 가정하자. 한 상담 고객은 8년 동안 펀드로 4,000만 원을 모아 놓았다. 그런데 집을 사기로 하면서 추가 자금이 1억 5,000만 원 정도 필요하게 되었다. 이때 노후 대비 통장 4,000만 원을 그냥 두고 전부 대출을 받지는 않는다. 결국 펀드를 깨고 나머지 돈만 대출을 받는다. 8년 동안 모은 노후 자금이 없어지는 것이다.

노후를 위해 '5억이 필요하다', '10억이 필요하다' 하면서 공포심을 자극하는 이야기를 듣다 보면 노후를 위해서 많은 돈을 모아야 한다고 생각한다. 하지만 무리하게 많은 액수로 연금에 가입했다가 계약 유지를 못하면 손해만 보기 쉽다. 적은 돈이라도 20~30년 이상을 꾸준하게 적립해서 만드는 돈이 노후에는 훨씬 큰 도움이 된다. 변액유니버설이나 변액연금은 저금리 시대에는 분명 하나의 대안이 될 수도 있다. 단, 장기간에 걸쳐서 유지할 때만 그렇다. 기간이 짧으면 절대 대안이 될 수 없다. 여기서 장기간이라는 것은 10년이 아니다. 20년 이상을 말한다. 하지만 우리나라의 보험업계에는 5년에서 10년 만기의 상품이 주종을 이루고 있다. 이 정도로는 다른 상품보다 나은 수익을 기대하기 어렵다.

많은 사람들이 보험에 대해 착각하는 것 중에 하나는 보험을 저축이라고 생각하는 것이다. 그렇게 생각하다 보니 필요 이상으로 많은 돈을 보험료로 내고 있어도 '미래를 위해 저축하는 건데…' 하는 생각에 문제의 심각성을 깨닫지 못한다. 특히 보험을 저축으로 더욱 착각하게 하는 것은 방카슈랑스나 금융그룹이다. 은행에서 보험을 파는 방카슈랑스 제도가 실시되면서 은행에서 보험을 저축 상품처럼 팔기 시작했다. 사람들은 '그래도 은행 이름을 걸고 판매하는 건데'라는 생각에 같은 보험 상품인데도 더 좋은 것처럼 생각한다. 또한 최근에는 시중은행들이 보험회사나 증권회사, 저축은행에 캐피탈사까지 다양한 금융회사를 끌어안고 금융그룹으로 변신하면서 사람들을 헷갈리게 만든다. 예를 들어 우리에게 친숙한 은행 이름에 생명, 화재와 같은 이름이 붙어 있으면 왠지 믿음이 가는데다가 여기서 파는 저축성 보험을 은행의 저축 상품처럼 착각하기도 쉽다.

회사나 병원, 학교 등의 주거래은행이 직원들을 모아 놓고 보험 상품 영업을 하기도 한다. 비과세 혜택을 받는 상품을 한 달에 50만 원씩 넣으면 최저보증이율이 이만큼이니 몇 년 지나면 얼마만큼의 돈이 된다는 식으로 표를 작성해 가며 열심히 마케팅을 한다. 학교 선생님들이나 병원의 인턴, 레지던트와 재무 상담을 하다 보면 두 명 중 한 명꼴로 한 달에 50만 원 안팎의 보험료를 내고 있다. 최저보증이율에, 비과세 혜택에 혹해서 보험을 든 사람들에게 원금을 건지려면 몇 년 이상을 유지해야 하는지 물어보면 아는 사람이 별로 없다. 이들이 가입한 저축성 보험 상품은 대개 7년까지는 유지를 해야 딱 원금이 나오도록 설계되어 있다. 이익이 나는 것이 아닌 원금을 건지는 게 7년이라는 것이다. 자기 금고에다가 돈을 넣고 7년 동안 묵혀 놨다가 도로 꺼내는 것이나 마찬가지다.

변액보험은 투자 실적에 따라 수익이 달라지는데, 보험회사에서는 해약환급금이 얼마나 되는지의 예시로 0퍼센트, 3.25퍼센트, 5.25퍼센트 세 가지를 제시한다. 0퍼센트일 때는 15년 이상 유지해야 원금을 건질 수 있다. 3.2퍼센트일 때는 10년, 5.25퍼센트일 때는 6년을 유지하면 원금을 건지고 그 이후로 수익을 기대할 수 있다. 그런데 5.25퍼센트를 내기는 쉽지가 않다. 변액보험은 일정 기간마다 투자 펀드를 바꾸는 것이 가능하다. 투자 시장의 상황을 보고 적절하게 펀드를 갈아타면 수익률을 높일 수 있다. 하지만 가입자들은 펀드 변경이 가능하다는 사실을 잘 모르고, 알아도 어떻게 하는지를 잘 모른다. 보험설계사들 중에 펀드 변경에 관한 안내를 제대로 해주는 사람은 많지 않다. 보통 3.25퍼센트 정도 수익을 낸다고 보면 10년을 유지해야 원금을 찾을 수 있다.

상담 고객을 대상으로 보험 플랜을 세울 때 가장 중요하게 생각하는 것은 '어떻게 보험 계약을 길게 유지할 수 있겠는가'이다. 앞서 살펴보았지만 계약을 오래 유지하지 못하고 중도해지하면 원금조차 건지지 못하고 손실만 입게 된다. 변액보험을 비롯한 저축성 보험들은 상품별로 차이는 있지만 10년 이상 장기로 계약을 유지해야 한다. 이 기간 이상 계약을 유지할 경우에는 원금 이상의 수익을 기대할 수 있는데다가 비과세 혜택을 받게 되기 때문에 은행 적금보다 나은 결과를 얻을 수 있다. 문제는 10년 이상 보험을 유지하기가 힘들다는 것이다.

미국인들도 변액연금이나 변액보험에 많이 가입한다. 우리나라와 가장 큰 차이라면 보험 계약 10년 유지율이 60퍼센트 이상으로, 20~30퍼센트 수준에 머물러 있는 우리나라에 비해 훨씬 비율이 높다는 점이다. 우리나라는 10년을 못 채우고 연금보험을 해지하면 그동안의 세금 혜택을 모두 추징하는 페널티를 받는데도, 그와 같은 불이익이 없는 미국보다도 10년 유지율이 낮다. 미국인들이 변액 상품을 활용하는 패턴은 단순하다. 적은 금액을 20년, 30년 이상의 긴 기간 동안 적립한다. 평균 수익률도 보통은 20년을 기준으로 본다. 반면 우리나라는 그보다 훨씬 짧은 5년이나 7년 수익률에 관심이 집중되어 있고, 언론들도 그 틀에서 벗어나지 못한다. 이 기간이면 적금이 더 좋은 선택이다. 장기간에 적합한 금융 상품을 단기간에 끼워 맞춰서 마케팅을 하니 가입자들이 이득을 못 보고 불신만 쌓이는 것이다.

저축성 보험은 은행의 적금과는 목적과 방향이 다르다는 사실을 이해해야 한다. 금융 상품은 저마다 본연의 의미가 있다. 적금은 보통 3년에서 5년, 길어야 7년에서 10년을 적립해서 목돈을 만들어 집이나 자녀의 대학 등록금과 같은 큰돈을 충당하는 데 적합하다. 펀드와 같은 투자 상품은 자산을 불리기 위해 가입한다. 저축성 보험이나 변액보험을 적금이나 펀드와 같은 목적으로 가입하면 안 된다. 어떤 종류의 보험이든 장기간에 걸친 계약 유지를 통한 위험 보장에 그 목적을 맞춰야 한다. 연금보험도 마찬가지다. 나이가 들면 일해서 얻는 수입이 크게 줄어들거나 끊기기 때문에 오래 사는 것 자체가 위험이다. 이 위험을 연금보험으로 보장해 주는 것이다.

변액유니버셜보험의 장점으로 보험회사나 보험설계사들은 종종 중도인출을 내세운다. 목돈이 필요하면 적립되어 있는 보험료 가운데 일부를 언제든 중도인출할 수 있으므로 적금의 목돈 마련 효과가 있는 것처럼 이야기하고, 보험과 적금 기능이 다 있으니 두 개를 들 돈으로 유니버셜보험 하나만 들라고 유도한다. 하지만 중도인출은 그만큼의 보험료를 해약하는 것이나 마찬가지기 때문에 특히 원금 손실 상태에 있을 때에는 인출한 만큼의 손해를 확정하는 결과가 된다. 따라서 중도인출은 생각하지 말고 목돈 마련은 적금으로 해야 한다.

저축성 보험을 활용할 때에는 보험료를 절대 무리해서는 안 되는 이유가 이해가 갈 것이다. 예를 들어 사회생활을 시작하고 2~3년 정도가 지나면 어지간히 과소비에 빠지지 않는 한은 저축 여력이 있다. 이때 당장의 여유만 생각하고 30~40만 원씩 변액보험을 들었다가 시간이 지나서 결혼과 출산 같은 이유로 생활비 부담이 커지면 보험 계약을 유지하기 힘들다. 이런 일들은 10년 안에 충분히 일어날 수 있다. 저축성 보험은 10년 이상의 긴 기간을 보고 그 안에 일어날 수 있는 재무구조의 변화에도 부담 없이 계속 불입할 수 있는 액수를 보험료로 정해야 한다.

또한 추가 납입을 적극 활용하는 것이 좋다. 예를 들어 기본 보험료의 최소한도가 15만 원이라고 가정하고 변액연금보험으로 월 30만 원을 불입할 계획이라면 30만 원 전부를 기본 보험료로 내는 것이 아니라, 최소한도 15만 원만 기본 보험료로 내고 나머지 15만 원은 추가 납입으로 내는 것이다. 추가 납입의 장점은 무엇보다도 수수료로 빠지는 돈이 1~3퍼센트 정도에 불과하다는 점이다. 납입금의 유연성을 가질 수 있다는 것도 장점이다. 지금은 30만 원의 보험료가 부담스럽지 않지만 10년 이상의 장기 가입을 유지하는 과정에서 결혼이나 출산, 내 집 마련으로 큰돈이 들어가거나 실직을 해서 그만한 보험료를 내기 어려운 상황이 올 수도 있다. 만약 30만 원을 전부 기본 보험료로 내고 있다면 계약 유지가 힘들어진다. 납입 유예를 이용할 수도 있지만 유예 기간 동안에도 사업비나 위험보험료는 적립된 보험료에서 빠져나가며 유예 기간도 제한이 있다. 연금보험이라면 연금 개시일은 유예 기간만큼 밀린다. 반면 기본 보험료와 추가 납입으로 나눠서 내고 있다면 기본 보험료만 내도, 즉 위의 예에서는 월 15만 원만 내면 정상적으로 계약이 지속된다. 추가 납입은 기본 보험료의 두 배까지 낼 수 있으므로 적극적으로 활용하면 같은 돈을 내고도 더 많은 수익을 기대할 수 있다.

저축성 보험은 장기간으로, 보장성 보험은 중기간으로

우리나라 사람들이 보험을 생각하는 시각을 보면 뭔가 거꾸로 되어 있다는 생각이 든다. 긴 시각으로 봐야 할 저축성 보험은 적금처럼 단기적인 시각으로 보고, 반대로 보장성 보험은 지나치게 멀리 보는 것이다. 최근에 보험회사들은 100세 만기 어린이보험 상품을 내고 젊은 엄마들을 상대로 열심히 마케팅을 하고 있다. 엄마들로서는 이 상품

하나면 요람에서 무덤까지 아이의 의료비를 보장해 줄 수 있다는 생각에 혹하기 쉽다. 하지만 두 가지 측면에서 생각해 봐야 한다. 첫째는 아이가 스스로 결정할 수 있는 기회를 빼앗는 결과가 된다. 아이가 커서 돈을 벌 때가 되면 스스로의 필요에 따라 금융과 재무의 플랜을 세우고 어떤 보험이 필요할지를 선택해야 한다. 엄마의 보험 가입은 이런 자녀의 선택을 봉쇄하는 결과가 될 수 있다. 또 한 가지 문제는 질병도 시대에 따라 달라진다는 점이다. 보험은 이 세상 모든 질병을 다 보장해 주지 않는다. 보장해 주는 질병과 그렇지 않은 질병이 보험약관에 구분되어 있다. 30년 전에는 C형 간염이라는 질병은 아는 사람들이 거의 없었다. 의학계에서 C형 간염이 처음 확인된 때는 1989년이다. 에이즈도 역사가 짧은 질병이다. 앞으로 시대가 변하면서 어떤 신종 질병이 나타날지 모른다.

지금 나이가 40세인 사람이 어릴 때 부모님이 가입해 준 100세 어린이보험을 가지고 있다면(물론 30년 전에는 그런 보험이 없긴 하지만 이해를 돕기 위한 가정이다) C형 간염에 걸렸을 때 보장 대상이 되지 않는다. 30년 전에는 알려지지 않은 질병이라 보장 범위에 들지 않기 때문이다. 만약 C형 간염에 걸려서 사망했을 경우에도 일반 사망보험금밖에 받을 수 없다. 그러나 지금은 C형 간염이 법정전염병으로 지정됐기 때문에 지정된 이후에 보험에 가입했다면 일반 사망보험금에 더해 재해사망 보험금까지 나온다. 그 밖에도 생활환경의 변화에 따라 보험으로 보장되거나 보험금이 많이 나오는 질병이나 재해도 변화가 있다. 보험을 일찍 그리고 길게 드는 것이 무조건 좋은 선택은 아니다.

자녀의 어린이보험을 들고자 한다면 24세~30세 정도에 만기가 되는 상품을 선택하는 것이 현명하다. 100세 만기를 선택하면 보험료를 10년 동안 더 내야 한다. 10년을 더 내서 수십 년을 더 보장 받을 수 있다고 하면 부모님은 100세 만기가 훨씬 좋다고 생각하지만, 그 10년 치 보험료를 부모 자신의 노후를 위한 상품에 넣는 것이 부모와 자식 모두에게 더 좋은 선택이다. 보장성 보험은 10년이나 15년 단위로 점검해 보고 그대로 유지할지, 아니면 갈아타거나 추가를 하는 조정 과정을 거치는 것이 좋다. 그런데도 자신의 노후를 위해 필요한 연금은 10년을 유지 못하고 깨면서 아이는 100세까지 책임져 주려고 한다. 자녀를 위하는 부모의 마음이야 누구나 마찬가지겠지만 100세 어린이보험이 자녀에게 도움이 되는 선택이 절대 아니라는 사실을 알아야 한다.

　　물론 자동차도 크면 클수록 편하고 집도 크면 클수록 편하다. 보험도 재정적 부담이 없다면 모든 특약을 모조리 들 수도 있을 것이다. 그러나 우리가 쓸 수 있는 돈은 한정되어 있고 모든 선택은 적절한 타협점을 찾아야 한다. 평균수명이 길어지다 보니 이제는 100세 만기 보험이 많이 나온다. 만약 지금 35세인 사람이 중증 질병 진단금으로 3,000만 원을 보장 받는 100세 만기 보험을 들었다면 만기까지 기간이 65년이다. 95세에 암 진단을 받아서 3,000만 원을 받으면 과연 얼마나 도움이 될까? 60년 후라면 인플레이션 때문에 3,000만 원의 가치는 크게 줄어들어 있을 것이다. 또한 그 사이에 새로 출현하는 질병이나 재해와 과거보다 환자가 늘어나는 질병에 대한 보장은 구멍이 난다. 불필요하게 긴 만기를 선택하면서 비싼 보험료를 낼 이유가 없다.

보험 구조조정, 어떻게 해야 할까?

이미 생활비 때문에 빚이 늘고 있는 상태에서 한 달에 60~70만 원 이상씩 과도한 보험료를 내고 있는 40~50대는 어떻게 해야 할까? 일단은 올 스톱하고 빚부터 청산하는 게 답이다. 지금까지 상담을 진행했던 사례들을 종합해 보면, 이와 같은 상황에 놓인 가정이 보험을 모두 해지했을 때 5,000만 원 정도의 자금이 생긴다. 그 자금으로 생계비 빚을 갚는 것이다. 예를 들어 빚이 2,000만 원이라면 이 돈을 갚고 나머지 3,000만 원은 사업비가 거의 빠지지 않는 일시납 연금보험을 드는 방법을 생각해 볼 수 있다. 그다음 월 20만 원 정도의 연금보험을 하나 더 가입하고 돈의 여유에 따라 추가 납입을 활용한다.

노후를 대비한다는 이유로 1억 원이 넘는 돈을 들여서 오피스텔을 사는 사람들이 적지 않다. 월세로 받는 돈이 40~50만 원 선이지만 관리도 필요하고 때때로 수리비도 들어간다. 부동산 보유에 따른 세금도 있기 때문에 실제 수입은 그보다 적다. 시간이 지나면 건물이 낡아지면서 상품성도 점점 내려간다. 오피스텔은 아파트 같은 일반적인 주택보다 얼마나 새것이냐가 민감한 문제다. 그런데 비슷한 돈으로 일시납 개인연금을 들면 비슷하게 한 달에 40~50만 원 정도의 수입이 나온다. 오피스텔과는 달리 나가는 비용은 거의 없다. 과도한 보험료로 빚지는 것도 문제지만 노후 연금에 대해서 무조건 고개를 저을 일도 아니다. 무조건 많은 액수로 가입할수록 좋다는 생각만 버리면 충분히 지혜롭게 활용할 수 있다. 보험료가 너무 과다한 상태라면 과감한 보험 구조조정을 통해 부채도 해결하면서 노후 대비도 가능한 계획을 짤 수 있다.

또한 종신보험에 가입되어 있다면 정기보험으로 바꾸는 것을 고려해 볼 수 있다. 종신보험이나 정기보험 모두 사망 또는 80퍼센트 이상 장해를 당하면 보험금을 지급하는 것이 기본적인 보장이다. 종신보험은 계약을 유지하고 있으면 100퍼센트 보험금을 받을 수 있는 반면, 정기보험은 만기가 정해져 있으며 이 기간이 지나면 납입한 보험료는 환급되지 않는다. 그 때문에 정기보험을 꺼리고 어쨌든 한 번은 보험금을 받게 되어 있는 종신보험을 선호하는 사람들이 많다. 문제는 종신보험의 보험료가 정기보험의 3~4배에 이른다는 것이다.

위험 보장이라는 면에서 볼 때 은퇴 시기 이전에는 사망이나 장해는 큰 위험이다. 가족들의 수입이 갑작스럽게 끊기거나 대폭 하락하기 때문에 이를 대비한 보험금이 필요하다. 반면 은퇴 이후의 노년에는 사망이 주는 위험이 그리 크지 않다. 이때는 오히려 오래 사는 것이 위험이다. 수입은 없이 지출만 계속 생기기 때문이다. 따라서 노후의 위험 대비는 연금과 같은 수입 보장이 더욱 중요하다. 종신보험 중에는 노후에 연금보험으로 전환할 수 있는 옵션을 제공하는 상품도 있지만, 이 경우는 사망 보장이나 연금 보장 모두가 보험료에 비해 어중간한 수준이다. 하나의 보험 상품으로 이것저것 다 보장 받으려 하기보다는 각각을 별도의 상품으로 보장 받는 것이 효율적이다. 즉, 은퇴 이전까지는 정기보험, 은퇴 이후에는 연금보험을 중심으로 보험 플랜을 세우면 보험료를 절약하면서도 각각의 보장 기능을 최대한 살릴 수 있다.

실제 보험 구조조정의 사례를 살펴보자. 40대 초반의 상담 고객 최종현 씨는 한 달에 540만 원의 수입이 있지만 지출이 567만 원으로 한 달에 27만 원씩 적자를 보고 있었다. 부동산담보대출 8,000만 원 이외에도 신용 대출과 할부, 기타 대출로 8,500만 원의 빚이 있었다. 최 씨는 적자 구조를 흑자로 전환해서 중·장기적으로 현금 자산을 늘리고 싶었다. 자신의 재무 상황에서 눈에 뜨이는 것은 보험료였다. 한 달에 보험료로 72만 원을 내고 있었기 때문이다. 여기에 보험약관 대출이자까지 합치면 한 달에 84만 원이 보험 관련 지출이었다. 최 씨는 보험 구조조정을 통해서 다음 표와 같이 보험료를 절반 이상 절약할 수 있었다.

■ 최종현 씨의 보험 구조조정 내역

조정 전	금액	조정 후	금액	조정 효과
종신보험(남편)	27만 원	정기보험(남편)	11만 원	−16만 원
종신보험(부인)	16만 5,000원	정기보험(부인)	5만 6,000원	−10만 9,000원
의료실비(부부)	23만 원	의료실비(부부)	12만 원	−11만 원
의료실비(자녀)	5만 5,000원	의료실비(자녀)	5만 5,000원	0
합계	72만 원	합계	34만 1,000원	−37만 9,000원

최 씨 가족은 부부가 각각 종신보험에, 그리고 부부와 두 자녀가 모두 의료실비보험에 가입되어 있었다. 그리고 연금으로 50만 원이 나가고 있었다. 이에 연금은 그대로 유지하고 종신보험 대신 막내의 대학 졸업 때까지 가장의 사망 위험을 보장하는 15년 만기 정기보험으로 바꾸었다. 이를 통해 보험료를 거의 3분의 1 수준으로 대폭 낮추는 것은 물론, 종신보험을 해지한 해약환급금으로 보험약관 대출을 비롯한 부채 약 3,500만 원을 상환했다. 의료실비보험의 경우에는 '위험 보유'의 방법으로 해결할 수 있는 특약 보장을 제외하는 방법으로 보험료를 절감했다. 위험 보유란 앞에서 잠깐 언급했듯이 자신의 소득이나 비축한 자금, 또는 제도의 도움을 받는 방식으로 문제를 해결하는 것을 뜻한다.

최 씨는 이러한 보험 구조조정을 통해 매달 보험료 37만 9,000원, 그리고 보험약관 대출이자 11만 원을 합해 48만 9,000원의 보험 관련 비용을 절약하게 되었다. 이것만으로도 27만 원 적자는 21만 9,000원의 흑자로 돌아서게 된다. 여기에 추가하여 생활비 절감으로 25만 원의 추가 여유를 만들고, 종신보험 해약환급금으로 카드 및 자동차 할부금도 상환함으로써 최종적으로 86만 원 이상의 흑자 구조를 만들 수 있었다.

제 **4** 장

재무 체질 개선으로 **노후파산을 막아라**

부채 청산 3단계

빚지지 않는 재무 시스템 만들기

01

우리 집 재무구조,
어떻게 바꿀까?

노후 준비, 자금 마련보다
빚지지 않는 체질이 중요하다

최근 일본의 NHK에서 방송한 다큐멘터리 〈노후파산〉이 일본은 물론 한국에서도 화제가 되었다. 한국에서 책으로도 출간된 《노후파산》에서는 우리나라보다 20년 이상 일찍 고령화 사회로 진입해서 비교적 노후 준비를 잘하고 있다는 일본의 노인들 중에도 상당수가 빈곤한 삶을 살고 있는 냉혹한 현실을 보여주고 있다. OECD 국가 중 노인 빈곤율 1위라는 불명예를 안고 있는 한국의 앞날은 그보다 더 우울할 수도 있다.

이렇듯 우울한 미래 앞에 우리는 마냥 불안해한다. '뭔가 준비해야 하는데', '그냥 이렇게 넋 놓고 있다가는 큰일날 텐데' 하고 생각한다. 하지만 어디서부터 뭘 해야 할지는 막막하다. 그런 불안감을 금융회사, 특히 보험회사들은 잘 파고들어서 노후 자금이 10억이 필요하다면서 큼직한 보험 상품 보따리를 풀어놓는다. 불안감의 포로가 된 사람들은 과연 그만한 보험료를 20~30년 동안 낼 수 있는지도 따져 보지 않고 계약서에 서명을 한다. 하지만 10년도 못 가서 보험료 부담 때문에, 혹은 자녀의 진학이나 결혼으로 자금이 필요해서 손해를 감수하면서 보험을 해약하거나, 보험은 깨면 안 된다는 생각 때문에 빚을 져 가면서 보험료를 내기도 한다.

노후를 위해 돈을 얼마나 모아야 하는가 하는 문제 이전에 생각해 봐야 할 것이 있다. 먼저 삶에 대한 진지한 접근이다. '인생을 어떻게 살 것인가?', '노후에는 어떻게 살 것인가?', '하고 싶은 것은 많지만 미래를 생각한다면 무엇을 포기하고 내려놓아야 할 것인가?'를 생각해 봐야 한다. 그다음에는 자기의 현실을 직시해야 한다. 재테크 문제는 그다음이다.

노후는 나의 삶을 준비하고, 빚지지 않고, 우리 가정의 재무 체질을 개선하고, 그리고 부부가 재무에 대해 대화함으로써 제대로 준비할 수 있다. 더 나아가서는 부모의 노후에 자녀들을 참여시키도록 한다. 자녀들이 지금의 현실과 부모의 노후를 함께 공유할 수 있다면 자녀들도 지나친 요구를 하지 않고, 자신의 인생에 좀 더 책임감을 가지게 된다.

노후 자금 이전에 재무와 관련해서 가장 먼저 생각해야 할 것은 역시 빚이다. 빚은 내가 돈을 벌고 있을 때, 노동력이 있을 때는 그나마 낫다. 어떻게든 돈을 벌어서 빚을 갚거나, 그렇지 못할 경우 개인회생이나 개인파산과 같은 제도의 도움을 받아서 빚을 정리하고 새 출발의 기회를 가져 볼 수 있다. 하지만 노후에 소득 능력이 상실되었을 때의 빚은 인생을 포기하고 싶을 정도의 고통으로 다가온다. 빚은 곧 노후의 삶을 결정한다고 봐도 과언은 아니다. 빚지는 생활을 계속하고, 그 같은 삶에 대해 별 위기의식을 못 느끼고 있다가 은퇴가 현실이 되면 노후파산이 남의 일이 아니게 되는 것이다. 설령 개인회생이나 개인파산을 받았다고 해도 새 출발이 여의치 않다. 과거에 평균수명이 짧았을 때에는 노후에 빚을 지고 위기에 몰린다고 해도 노후가 10년 정도였다. 파산하고 나서도 '내 인생이 몇 년이나 남았다고' 하는 생각에 위로 아닌 위로가 되었겠지만, 이제는 그 암흑기를 20~30년 이상 살아가야 한다.

그다음으로 생각할 것은 생활수준이다. 은퇴 이후에는 수입이 줄어들지만 생활 패턴은 돈을 벌 때의 수준에서 내려오지 못하는 사람들이 많다. 이렇게 되면 노후 자금이 빠르게 바닥나거나 빚이 늘어난다. 사회 활동이 줄면 생활비도 줄어들긴 하지만 은퇴 이후 수입의 변화에 맞춰서 생활수준의 조절도 필요하다. 은퇴를 맞아 강제로 갑자기 생활비와 생활수준이 하락하면 적응이 힘들고 우울해진다. 따라서 자신의 현실 그리고 그 현실 안에서 할 수 있는 노후 준비의 수준을 감안해서 미리 은퇴 이전부터 적용하는 기간을 가지는 것이 좋다.

예를 들어 현재는 월수입이 600만 원 정도지만 은퇴 이후에는 여러 연금 수입을 합쳐 월 300만 원 정도가 될 것이라고 가정해 보자. 이때 바깥 활동이 줄어들어서 100만 원 정도의 지출이 줄어들 것으로 보이지만, 여전히 200만 원 정도의 생활수준 조정이 필요하다. 바람직한 방법은 4년 정도의 시간을 두고 해마다 월 지출을 50만 원씩 줄여서 300만 원 정도의 생활수준에 맞춘다고 목표를 잡아 보는 것이다. 은퇴 이전의 생활 습관을 계속 유지하면서 노후에 걱정 없이 살 수 있는 사람들은 많지 않다. 늘 자동차를 타고 다녔다면 대중교통을 이용하는 습관을 조금씩 들이고, 외식이나 휴가, 레저, 취미 생활의 패턴이나 습관도 차츰 노후에 맞춰서 조정해 나갈 필요가 있다. 물론 나 혼자서는 힘들다. 배우자 그리고 자녀와도 이런 현실을 이야기하면서 함께 생활수준을 조정해 나가야 한다.

노후가 오기 전
수입 절벽에 대비하라

흔히 과소비나 과시성 지출, 개성을 표현하기 위한 지출은 젊은 세대들이 많이 한다고 생각한다. 아직 수입이 많지 않은데도 개성을 표현한다는 명목으로 빚을 지면서 소비하는 젊은이들이 많은 것도 사실이다. 하지만 이 문제는 더 이상 젊은이들만의 일이 아니다. BC카드는 '2017년 소비 트렌드' 중 하나로 이른바 '뉴노멀 중년'New Normal Middle Age을 꼽았다. 이는 젊은 세대의 취미 활동이라고 여겼던 일들을 즐기는 40~50대를 뜻한다. 실제로 BC카드의 분석에 따르면 헬스클럽, 수영

장과 같은 자기계발 업종과 편의점, 온라인 쇼핑, 피부 미용, 애완동물 업종과 같은 분야의 매출이 크게 늘고 있는 것으로 나타났다. 반면 주유소에서 지출한 금액은 줄어드는 추세다.

평균수명은 계속 늘어나고 있기 때문에 아마도 지금의 50대는 90세, 더 나아가서는 100세까지 살 확률이 높다. 50세면 대략 인생의 절반에 해당한다. 이 시점을 흔히 '중년의 위기'라고 한다. 영어에서도 같은 뜻으로 'midlife crisis'라는 표현이 있다. 이 시기에는 우울함, 후회, 걱정이 늘고 심리적 불안 속에서 라이프 스타일이 급격하게 변하는 현상이 나타난다. '내 삶을 찾자'면서 취미 생활을 찾는 비중도 늘어난다. 특히 혼자 사는 40~50대는 더더욱 자신을 위한 소비가 많다. 자녀가 있는 중년은 대개 양육과 교육으로 많은 지출을 하지만, 그렇지 않은 중년들은 자기를 위해 많은 지출을 한다. 사회적으로 봐도 1인 가구 비율이 높아지는 와중에 가장 빠르게 늘어나고 있는 연령층은 20대도 아니고 60대 이상도 아닌, 40~50대다. 젊은 층은 소비가 점점 위축되는 반면, 중년의 소비는 빠르게 늘어나면서 이들의 소비를 잡기 위한 업계의 경쟁도 점점 치열해지고 있다.

중년층은 인생에서 대체로 수입이 가장 많을 때이기 때문에 소비에 따른 불안감도 적다. 가족들이 있는 중년이라면 보상 심리도 소비를 부추긴다. 흔히 40~50대가 모인 자리에서는 이런 이야기들이 오간다. "우리도 이제 좋은 거 먹을 때 되지 않았나?" 메뉴를 고를 때도 좀 더 높은 가격대 쪽에 눈이 간다. "지금까지 가족들을 위해 열심히 일했는데, 이제 나를 위해서 좀 써도 되지 않아?" 하고 말하는 사람들도 많다.

문제는 수입의 정점이 오래가지 않고, 그다음에 수입 절벽이 올 수 있다는 데에 있다. 대부분 직장은 은퇴하기 직전의 연봉이 가장 높다. 그 높은 지점에서 사람을 만나고 돈을 쓰고, 이 시기에 중년의 이른바 '뉴노멀'한 취미 생활이 시작된다. 정점이 지나면 노년과 은퇴가 찾아오고 수입이 빠르게 줄어들지만 이미 높아져 버린 소비지출을 쉽게 끊지 못한다. 경제학에서는 '소비는 하방경직성이 강하다'고 본다. 즉 소비는 높아지면 아래로 다시 내려가기 힘들다는 뜻이다. 자신의 수입이 줄었다고 해서 그에 맞게 삶을 바꾸기는 생각보다 어렵다. 돈을 덜 쓰려면 만나는 사람을 바꿔야 하고, 가는 곳을 바꿔야 하고, 먹는 것이 달라져야 한다. 그런데 수입이 정점이었을 때 5년, 10년을 해 오던 생활을 바꾸기 쉬울까? 힘들다. 결국 이리저리 돈을 빼 쓰게 된다.

최근에 사람들이 주택담보대출을 받아서 어디에 쓰는지를 살펴보면 생활비로 쓰는 비중이 높아지고 있음을 알 수 있다. 30대는 집을 살 때 담보대출을 받는 경우가 많은 데 반해, 50대는 자녀의 결혼 자금 지원과 생활비로 많이 쓴 것으로 나타난다. 실직이나 질병으로 가정의 현금 흐름에 갑작스러운 문제가 생기거나, 자녀 교육비 때문에 대출을 받기도 하지만, 수입이 정점일 때 높아져 버린 생활 패턴을 다시 낮추지 못해서 대출로 이를 메우는 사람들도 적지 않다.

이러한 문제에 빠지지 않으려면 수입이 많아진다고 해서 지출이 따라 늘지 않도록 통제해야 한다. 앞서 말했듯이 은퇴 직전 몇 년이 대체로 가장 수입이 많다. 은퇴 전에 수입이 많은 것은 한편으로는 '그 돈으로 노후 준비를 하라'는 의미도 담겨 있다. 라이프 사이클에 따라 나의 수입이 어떻게 변화하는지를 미리 펼쳐 놓아 보면, 당장 들어오는 돈이 늘었다고 해도 지출이 늘지 않도록 자제력을 발휘할 가능성이 높아진다. 중년의 위기 속에서 생활 패턴이 바뀌고, 건강관리나 자기 개성을 찾는 데에 소비를 하는 것을 무조건 나쁘게 볼 일은 아니다. 자신의 삶을 좀 더 건강하고 윤택하게 하는 데 도움이 될 수도 있다. 하지만 미래를 위한 파이를 지금 먹어 치워 버리는 정도로까지 소비한다면 중년의 위기는 부채의 위기, 삶의 위기로 번질 수 있다.

가계의 재무 구조조정은
통장 구조조정으로부터

가정의 재무 상황을 종합적으로 점검하기 위해 가장 중요한 것은 물론 소득과 지출의 구조를 정확하게 파악하는 것이다. 그중에서도 지출보다 먼저 소득 구조를 파악해야 한다. 흔히 직장인들은 매달 똑같은 월급이 나온다고 생각해서 소득 구조를 파악하는 것에 소홀할 수 있지만 상여금이나 성과급, 인센티브를 비롯해서 알고 보면 그리 단순하지 않다. 직장인이 아닌 사업자나 프리랜서들은 더욱더 소득 구조가 복잡하고 수입이 들쭉날쭉하다. 따라서 원천징수 영수증과 같은 정확한 서류를 통해서 소득이 어떤 구조로 발생하는지를 확인해야 한다.

예를 들어 재무 상담을 진행했던 어느 대기업 직원은 이른바 '원투'

급여 체계로 월급을 받고 있었다. 연봉이 5,000만 원이라면 이를 20으로 나누고(250만 원), 홀수 달에는 20분의 1인 250만 원, 짝수 달에는 20분의 2인 500만 원을 받는 것이다. 그리고 설날과 추석 명절에 각각 20분의 1만큼의 상여금을 받으면 5,000만 원이 된다. 이 직원의 월급은 최저 250만 원에서 명절이 짝수 달에 끼어 있으면 최고 750만 원까지가 된다. 연봉 5,000만 원을 12등분하면 약 416만 7,000원이 되는데, 실제의 지출 구조를 보면 매달 500만 원을 버는 것처럼 지출을 하고 있었다. 즉 250만 원밖에 월급이 안 나오는 홀수 달에도 고정 지출이 350만 원이나 나가고 있었다. 홀수 달에 적자가 나도 '다음 달에는 500만 원이 나오니까' 하고 생각하는 것이다. 그리고 막상 짝수 달에는 월급이 많이 나온다는 생각에 돈을 더 쓰게 되고, 명절 보너스가 나오는 달에는 그보다도 더 쓴다. 결과적으로 남는 게 없고 만성 적자 구조가 되는 것이다.

이른바 '공돈의 경제학'이라는 말이 있다. 상여금도, 성과급도 급여의 일부지만 받을 때는 마치 하늘에서 뚝 떨어진 공돈처럼 쓰는 것이다. 급여가 적을 때 모자라면 급여가 많을 때 보충이 되어야 하지만, 막상 보너스가 나오는 달에는 지름신의 욕구가 터져서 돈을 더 많이 쓴다. 따라서 지출을 파악하기 전에 내 소득이 어떤 구조로 나오며, 매달 소득의 변화에 따라 지출은 어떻게 달라지는지를 파악하는 것이 건강한 재무구조를 만드는 첫걸음이다.

소득 구조가 파악되었다면 이제 지출 구조를 파악하기 쉽도록 만들어야 한다. 먼저 해야 할 것은 앞서도 설명한 바 있는 '통장을 합치고 쪼개는 것'이다. 부부들과 상담하면서 주로 주문하는 것은 통장을 합치라는 것이다. 결혼 전에 각자 통신비나 월정액 서비스들이 자동이체 되는 통장을 가지고 있는데, 결혼 후에도 이 통장을 각자 따로따로 유지하고 있으면 돈이 어떻게 얼마나 빠져나가고 있는지 파악하기 어려우며 그 결과 지출의 통제가 힘들어진다. 심지어 어떤 부부는 신용카드로 자동이체가 빠져나가는데, 통신비가 어떻게 나가는지를 보니 빠져나가는 구멍이 네 개나 있었다. 각자 자기 휴대폰 요금이 따로따로 나가고, 또 각자의 부모님 통신비가 별도의 카드나 통장에서 빠져나가고 있었다. 인터넷 요금은 또 다른 통장에서 빠져나간다. 상담 전까지는 부모님의 통신비를 내주고 있는 것을 상대가 서로 모르고 있었다.

가능하면 부부는 같이 쓰는 생활비 통장에 자동이체를 다 몰아주는 것이 좋다. 자동이체가 여기저기 분산되는 이유 중에 요금 할인 혜택이 있다. 특정 카드로 자동이체를 하면 통신비가 할인된다거나 하는 혜택이 있다 보니 휴대폰 요금 따로, 인터넷 요금 따로, 다른 공과금 따로 빠져나가는 식이 되는데 그렇게 혜택을 보는 수준이라는 것이 한 달에 몇 천 원 정도다. 이렇게 보는 이득보다는 자동이체를 한 곳으로 몰아서 지출의 파악이 되고, 이를 통해 재무구조를 개선시킴으로써 얻는 이득이 훨씬 크다. 통장 하나만 확인해 보면 부부의 자동이체가 어디로 얼마나 빠져나가는지 확인될 수 있도록 하는 것이 좋다.

지출을 통제하기 위해서는 지출 용도에 맞게 통장을 나누고 매달 수입이 들어오면 지출 통장에 돈을 배분해서 입금하고 그 한도 안에서만 지출하는 것이 좋다. 그렇다고 통장을 너무 잘게 나눌 필요는 없다. 자동이체를 비롯한 가족 생활비가 나가는 생활비 통장, 부부의 용돈 통장, 그리고 자녀에 관련된 비용이 나가는 통장 정도면 통장쪼개기는 충분하다. 물론 자녀한테 쓰는 돈도 기준이 필요하다. 학원비나 준비물비 같은 비용도 매달 지출의 기준을 잡지 않으면 그때그때 덮어놓고 쓰다가 지출이 많아지므로 자녀 통장을 따로 만들어서 매달 필요한 만큼을 넣어 둔다. 급여가 들어오면 생활비 통장으로 얼마, 부부 용돈 통장으로 얼마, 자녀 교육 통장으로 얼마를 보내도록 자동이체를 미리 해 놓으면 지출에 관한 문제는 끝난다.

저축 역시 자동이체로 돈이 나가도록 하면 매달 저축 목표도 잡힌다. 예를 들어 500만 원을 벌어서 300만 원을 지출한다면 300만 원을 생활비, 용돈, 자녀 교육 통장으로 각각 자동이체 시키고, 200만 원은 개인연금 20만 원, 적금 150만 원, 펀드 20만 원, 청약저축 10만 원과 같은 식으로 자동이체 시키는 것이다. 이런 식으로 수입이라는 파이를 지출과 저축으로 잘라서 나눠 주고 0을 만들어 주면 지출과 저축의 구조가 잡히고 계획적인 재무관리가 가능하다.

흔히 재무구조를 개선하라고 하면 지출을 줄일 생각부터 한다. 이런 식으로 접근하면 습관도 잘 바뀌지 않고 실패하기 쉽다. 가계부를 쓰는 것도 좋지만 바쁜 시대에 꼼꼼하게 가계부를 쓰는 것도 여간 힘든 것이 아니다. 그리고 지출을 하고 나서 가계부만 열심히 쓴다고 지출 구조가 바뀌지는 않는다. 현재의 총소득, 총지출, 총저축을 먼저 파악하고 총소득이라는 파이를 어떻게 지출과 저축으로 분배할 것인가 하는 목표를 세워야 한다. 그다음에 주어진 총지출이라는 파이를 어떻게 나눌까를 고민한다면 지출 통제가 훨씬 쉬워진다. 이때 우선순위는 저축이 지출보다 앞에 와야 한다. 내 집 마련, 자녀의 대학 등록금이나 결혼, 노후 대비와 같은 큼직한 사건 또는 목표, 그리고 이를 위해 필요한 자금을 생각하고 얼마를 저축해야 하는가를 먼저 생각하는 것이다. 파이에서 지출을 떼어 낸 나머지가 저축이 되는 것이 아니라, 저축을 떼어 낸 나머지가 지출이 되는 것이다. 앞에서 살펴본 통장 구조조정 테크닉은 각각의 총액을 쉽게 파악할 수 있도록 돕는다.

이제 지출이라는 파이를 어떻게 나누어야 할 것인가가 가장 큰 고민거리다. 중요한 것은 대화다. 부부가 재무에 관한 대화를 나누면서 지출의 우선순위를 정해서 파이를 어떻게 나눌지 머리를 맞대야 한다. 물론 부채 문제도 이야기해야 한다. 그리고 어디에 돈을 쓰는 것이 같은 돈이라도 더 많은 기쁨을 누릴 수 있을지, 그와 같은 기쁨을 위해서는 무엇을 줄일 것인지를 이야기해 보자. 즉, 양에 관한 것만이 아니라 질에 관한 이야기도 나누어야 한다. 파이 게임은 한쪽이 많이 먹어 버리면 다른 한쪽의 몫이 줄어들게 되어 있다. 수입에서 저축을 제한 총지출이라는 파이를 나누는 법에 대해 부부가 대화를 통해 합의가 되고 우선순위를 정해 지출을 한다면 지출의 구조조정이 고통스럽지만은 않을 것이다.

특별히 주의할 점은 지출을 통제할 때 숫자부터 줄일 생각을 하면 안 된다. 맞벌이 부부의 한 달 외식비가 100만 원을 넘는다고 가정해 보자. 상담하는 과정에서 외식비 지출이 너무 많다고 지적하면 십중팔구는 "그럼 외식비를 30만 원 줄일게요."라는 식의 말이 나온다. 이렇게 이야기하는 사람들 치고 실제로 지출을 줄이는 데 성공하는 사례는 별로 없다. 먼저 생각할 것은 '얼마'가 아니라 '어떻게'다. 우리는 삶을 위해 돈을 쓴다. 외식비를 줄이고 싶다면 먼저 어느 그룹과 함께 어디에 가서 무엇을 먹고 왜 먹는지, 그리고 먹어서 누리는 것, 얻는 기쁨이 무엇인지를 생각해 봐야 한다.

외식비를 줄이고 싶다면 무턱대고 30만 원을 줄이는 것이 아니라 '먹는 횟수가 너무 많으니까 좀 줄여야겠구나', '그동안 너무 비싼 음식을 먹었나? 앞으로는 가격대를 좀 낮춰야겠네', '이 모임은 밥값이 너무 많이 나가. 모임에 안 나가든지 횟수를 줄여야겠어' 하는 식으로 무엇을 내려놓을지를 생각하고, 이를 통해서 어느 정도 절약할 수 있을지를 구체적으로 따져 봐야 한다. 외식비만이 아니라 지출이 너무 많이 나간다고 생각하는 항목이 있으면 항목마다 부부가 대화를 해야 한다. 얼마를 줄이는가보다 어떻게 줄일 것인지를 함께 고민해 보자. 왜 거기에 돈을 쓰는가? 그 지출로 내가 받게 되는 즐거움은 무엇인가? 지출을 줄였을 때에는 어떤 대가나 어려움이 있는가를 곰곰이 생각해 보자. 단순히 100만 원에서 30만 원을 줄인다는 식으로는 오래 지출을 통제하기 어렵고 몇 달 안에 무너지기 마련이다. 돈의 목표만 있을 뿐이지 생활의 마인드는 변하지 않기 때문이다.

지출 관리,
모바일 앱을 활용해 보자

요즘 지출이나 자산, 부채의 관리를 도와주는 편리한 웹사이트나 모바일 앱이 많이 나와 있다. 단순히 가계부를 쓰는 차원을 넘어 카드의 지출 패턴을 분석해 주거나, 여러 곳으로 흩어져 있는 자산 및 부채를 모아서 종합적으로 보여 주는 앱도 있다. 이런 도구를 잘 이용하면 재무구조 관리에 큰 도움이 된다.

여러 가지 좋은 앱들이 나와 있고 계속해서 새로운 앱이 등장하면서 경쟁을 벌이고 있지만 여기서 몇 가지만 추천해 본다면, 먼저 '뱅크샐러드'라는 앱이 있다. 이 앱을 설치하면 신용카드 사용 문자메시지를 분석해서 다양한 형태의 통계와 그래프를 보여 준다. 예를 들어 최대 지출 분야가 의료인지, 음식인지와 같은 패턴을 파악하고 이를 그래프로 보여 준다. 각 카드번호별로 자신이 가지고 있는 카드의 종류를 등록하면 더욱 편리하다. 내가 가지고 있는 카드의 혜택을 활용하는 법은 물론 현재 시중에 나와 있는 3,300여 가지의 신용카드와 체크카드를 분석해서 각각의 특징과 소비 패턴에 따른 혜택을 보여 준다. 무엇보다도 카드를 쓸 때 이번 달에 얼마를 썼는지, 그리고 어디에 많이 썼는지 한눈에 그래프로 뜨면 긴장감이 생길 수 있고 어느 부분에서 지출이 많이 생겼는지를 보면 지출을 줄이는 방법을 모색하는데 도움이 될 수 있다.

또 한 가지 추천할 만한 앱은 '브로콜리'다. 이 앱은 은행에 돈이 얼마가 있고, 대출이 얼마가 있는지와 같은 정보들을 파악하기 좋다. 은행에서 제공하는 앱은 해당 은행에 관한 내역만 볼 수 있지만, 이 앱은 여러 은행이나 금융기관에 흩어져 있는 금융자산과 부채를 합쳐서 보여 준다는 면에서 편리하다. 대출만이 아니라 신용카드를 등록하면 지출 내역이나 결제 예정 금액을 확인할 수 있다.

두 앱 모두 신용카드를 사용하거나 은행 거래를 하면 카드 사용 문자메시지를 자동으로 인식하거나, 정기적으로 은행 거래 내역을 조회해서 업데이트하므로 일일이 은행이나 카드사 웹사이트를 들어가 보지 않아도 자주 자신의 자산이나 지출, 부채 상황을 체크할 수 있으므로 재무관리에 큰 도움을 준다.

그 밖에도 편리하게 자산과 부채, 지출을 관리하도록 도움을 주는 앱들이 많이 나와 있고, 이미 사용하고 있는 앱들이 있을 것이다. 여러 가지 앱을 사용해 보고 자신의 필요와 편의에 맞는 것을 선택한다면 좋을 것이다.

숨어 있는 1인치의 자산 찾기

빚을 줄이는 과정에서 '숨은 자산 찾기'가 의외로 상당한 도움이 될 수 있다. 마치 소풍 때 보물찾기를 하듯 여기저기 숨어 있는 자산을 찾아내면 개별적으로는 얼마 안 될지 몰라도 모아 놓으면 의외로 부채 상환에 도움이 되는 의미 있는 액수로 쌓일 수 있다.

가장 먼저 휴면계좌가 있다. 2016년 12월부터 계좌정보 통합관리

서비스가 시작되었다. 'www.accountinfo.or.kr'에 접속하면 한 번에 내 명의로 된 모든 은행 계좌를 조회할 수 있다. 게다가 어느 은행이든 장기간 거래가 없는 휴면계좌에 잠자고 있는 30만 원 미만의 잔액을 계좌를 해지하면서 내 명의의 다른 통장으로 바로 옮길 수 있다. 2017년 3월부터는 오프라인에서도 서비스가 가능하다. 하지만 각각의 은행을 모두 다녀야 하기 때문에 불편하기도 하고, 장기간 동안의 휴면계좌라면 내가 어느 은행에 통장이 있는지도 모를 수 있기 때문에 온라인으로 조회하는 것이 훨씬 간편하고 정확하다. 적게는 몇 천 원에서 1~2만 원일 수도 있지만 휴면계좌를 모으다 보면 수십만 원 또는 그 이상까지도 나올 수 있다.

다음으로는 펀드나 증권 계좌도 찾아볼 필요가 있다. 증권투자 경험이 있다면 계좌를 확인해 보자. 한두 주 또는 몇 주 정도의 자투리 주식들이 남아 있는 사람들이 생각보다 많다. 60대 이상 세대들이라면 과거에 유행했던 포스코나 한국전력 국민주가 아직도 장롱 속에 잠자고 있을 수 있다. 국민주의 경우는 증권회사에 계좌를 개설한 다음에 입고해서 처분해야 한다. 이렇게 하지 않으면 현금화도 안 되고 배당도 못 받는다. 그런데 뒤늦게 이 사실을 알고 계좌를 개설해서 입고하면 그동안 누적된 배당금까지 들어온다.

숨은 자산 중에 보험도 있을 수 있다. 보험에 가입했다가 보험약관 대출을 한도까지 받아 버린 후 상환을 포기하고 '이 보험은 끝났다'고 생각해서 더 이상 보험료 불입도 하지 않고 잊어버리는 경우가 있다. 그런데 보험약관대출은 해지환급금의 80퍼센트까지 대출이 되므로 해약을 하면 나머지 20퍼센트를 찾을 수 있다. 게다가 의료비 보험의 경우 2년 전 것까지는 청구가 가능하다. 액수가 얼마 안 돼서 청구하지 않은 의료비들이 있을 수 있다. 이런 것들도 영수증이 있는지 확인해 보고 모아서 청구하면 역시 숨은 자산이다.

잘 몰라서 청구하지 못한 의료비도 있다. 예를 들어 통원 치료를 받는 과정에서 MRI 촬영을 받았는데, 가입된 의료비 보험이 MRI는 보장이 안 돼서 청구를 아예 안 한 적이 있을 수 있다. 그런데 통원 치료로 받을 수 있는 보험금이 있다는 것을 뒤늦게 알게 된 것이다. 이 경우 MRI 비용 40만 원을 다 받지는 못해도 통원 치료 보장으로 최대 25만 원까지는 받을 수 있는데, 'MRI는 보장이 안 돼'라는 생각으로 통원 치료비를 청구를 안 한 것이다. 이런 것들도 숨은 자산이다.

아이들 명의로 가입해 놓고 불입하다가 중간에 돈이 없어서 더 이상 붓지 못하고, 그렇다고 해약도 하지 않고 잊어버렸던 적금 통장이 있는 집도 은근히 많다. 이 역시 숨어 있는 자산이다. 다 찾아내서 긁어모으면 최소 몇 십만 원은 빚을 갚을 수도 있고, 심지어 백만 단위 이상의 자산을 찾아 갚을 수도 있다. 액수가 크든 적든 숨어 있는 자산들까지 찾아내서 조금이라도 빚을 줄이는 것이 중요하다.

02

노후 준비,
겁먹지 말고 소걸음으로

노후를 위한
4. 4. 2 저축 전략

미래를 위한 계획을 세울 때에는 크게 두 가지의 목표가 있다. 하나는
내 집 마련이나 자녀의 진학, 결혼과 같이 목돈이 필요한 사건에 대비
한 자금 마련이고, 또 하나는 노후 대비다.

  그런데 우리나라에서는 이 두 가지를 구분하고 자금을 적절하게
배분하기보다는 어느 한쪽에 자금이 쏠려 있는 사람들이 많다. 어떤
사람들은 노후 공포 마케팅의 영향 때문에 노후 대비라는 명목으로
연금으로 잔뜩 쏠려 있는가 하면, 또 어떤 사람들은 연금은 쳐다도 안
보고 적금 저축만 열심히 하는 사람들도 있다. 이렇게 자금이 한쪽으

로만 쏠려 있으면 다른 한쪽이 문제가 된다.

생애의 재무 목표 관리에서 미국인과 한국인의 준비 패턴을 비교해 보면 이 같은 문제가 좀 더 잘 드러난다. 우리나라는 가령 소득이 500만 원인 사람이 노후를 준비한다고 하면 한 달에 100만 원에서 200만 원 정도의 저축 여력을 노후를 위한 보험이나 연금에 올인하다시피 한다. 노후 자금은 많으면 많을수록 좋으니 이 정도로 집중한다면 노후 자금 준비는 완벽할 것 같은 기분이 든다. 하지만 살아가면서 중간에 목돈이 필요할 때 계속 해약을 하거나 보험회사에서 권하는 대로 중도인출로 자금을 해결하다 보니 오히려 노후 자금이 준비가 안 되는 결과를 맞게 된다. 반면 미국인들은 노후 준비를 위한 연금은 작은 금액을 장기간에 걸쳐서 적립하고, 나머지 자금은 펀드를 활용한 단기 또는 중기 투자에 주력한다.

보험회사에서는 월 소득의 30~40퍼센트 정도까지 노후 준비에 투입하라고 권하지만 사실은 20퍼센트도 많은 편이다. 우리가 주로 상담 고객들에게 권하는 기본 원칙은 '4. 4. 2 전략'이다. 즉, 저축 여력이 되는 자금을 단기 40퍼센트, 중기 40퍼센트 그리고 장기 20퍼센트로 배분하라는 것이다.

여기서 '장기'에 관해 생각해 볼 것이 있다. 장기라고 하면 흔히 노후 자금만을 생각하지만 자녀의 교육 자금도 장기적인 관점에서 생각해야 한다. 예를 들어 학원비나 초·중·고등학교 때 들어가는 비용은 단기적으로 필요한 돈에 해당되지만 대학 때부터 들어갈 돈은 장기적으로 준비를 해놓지 않으면 자녀가 학자금 빚을 지거나 부모가 대출을 받아서 지원해 줘야 한다. 사립인지 국공립인지, 전공이 무엇인지에 따라 다르겠지만 등록금의 하한선을 한 학기에 400만 원 정도라고 계산하면 4년 동안 들어갈 총 등록금은 3,200만 원이 된다. 여기에 교재비와 같은 기본적인 학업 비용까지 합치면 자녀 한 명의 대학 학자금으로 최소 4,000만 원은 준비해야 한다는 계산이 나온다.

자녀 한 명의 대학 학자금을 10년 동안 준비한다고 가정하면, 한 달에 10만 원씩만 적립해도 큰 도움이 된다. 원금으로는 1,200만 원이지만 펀드를 활용한 장기 투자로 하면 평균적으로 2,000만 원 정도를 기대할 수 있다. 그러면 절반은 확보된다. 조금 더 여유가 있어서 월 20만 원씩 준비하면 4년 기본 학자금이 준비된다. 이렇게 이야기하면 '그럼 20만 원으로 시작해야겠네' 하고 생각하겠지만, 상담을 할 때에는 일단 부담 없이 10만 원으로 시작하라고 권한다. 처음부터 목표를 100퍼센트 채우겠다는 욕심으로 크게 시작하면 유지하기 힘들다. 부담 없이 스타트를 끊어서 작게 그리고 길게 유지하는 습관을 들이고 여력이 되면 더 늘려 가는 것이 좋다.

이렇게 계획을 세우는 과정에서 중요한 것은 혼자 끙끙 앓지 말고 가족들과 공동의 목표를 공유하는 것이다. 노후 자금을 물통이라고 생각해 보자. 내가 필요한 노후 자금의 물통은 한 달에 250만 원 정도만 나오면 될 거야 하고 생각한다면, 먼저 국민연금이 물통을 채워 줄 수 있는지 생각해 보자. 그리고 공적인 일을 하고 있다면 공무원연금이나 군인연금, 사학연금과 같은 공적연금이 어느 정도나 그 물통을 채워 줄 수 있는지 생각해 보자. 주택연금이나 퇴직연금이 있다면 물통을 얼마나 더 채워 줄 수 있을까? 그래도 여전히 물통을 채우기에 부족하다면 개인연금으로 채워야 할 것이다. 이런 관점으로 보면 막연한 노후의 불안 때문에 과하게 연금에 가입하는 문제를 막을 수 있고, 용돈 연금으로 치부하던 국민연금이 노후에 얼마나 중요한지 존재감을 알게 된다.

학자금도 마찬가지다. 대학 학자금이라는 물통을 놓고, 이것을 어떻게 채워야 할지를 고민해 보자. 자녀 한 명의 대학 학자금이 4,000만 원이 필요하다면 현재의 자산 중에 활용할 수 있는 부분으로 얼마를 채울 수 있을까? 얼마나 부족할까? 생각해 보고 적금이나 투자 상품을 계획해 보자. 지금의 소득 수준을 생각해서 일단은 월 10만 원으로 시작하자. 이 금액으로 물통을 채우기는 부족하지만 살면서 소득이 늘고 여유가 생기면 소비에 쓰지 말고 물통의 부족한 부분을 채우는 것이다. 그래도 부족할 수 있다. 그러면 혼자 끙끙 앓으면서 빚으로 해결하려고 들기 전에 먼저 자녀들에게 솔직하게 이야기하라. "대학 학자금을 계산해 보니 이만큼이 필요한데, 엄마 아빠가 열심히 노력해도 절반밖에는 못 해결할 것 같다. 나머지는 네가 좀 도와줘야 할 것 같아." 그러면 자녀가 아르바이트 등의 일을 해서 부족한 부분을 채우려고 노력할 것이다.

가정에서 돈을 관리하는 어느 한쪽에서만 물통을 채우는 고민을 하면 힘들다. 돈을 쓰는 모든 가족 구성원들이 목표 관리 개념을 가지고 있어야 한다. 물통을 남편이나 아내 모르게, 자녀들 모르게 창고에 넣어 두지 말고 잘 보이는 거실에 놓아 두어야 한다. 가족들이 함께 그 물통을 바라보고 물통을 채우기 위한 공동의 목표에 함께한다면 충분히 물통을 가득 채울 수 있다.

노후 준비를 위해
연금 빌딩을 쌓아 올리자

노후 자금 계획을 세울 때 흔히 사람들은 한 달에 생활비가 얼마나 필요한지를 기준으로 생각한다. 국민연금관리공단이 노후 준비 종합 진단을 받은 1만 2,429명의 데이터를 분석해서 2016년 10월에 발표한 자료에 따르면, 우리나라 사람들이 노후에 필요하다고 생각하는 생활비는 부부 기준으로 월 217만 8,000원으로 나타난다. 이렇게 보면 노후 준비를 위해 엄청난 돈을 모아야 할 것처럼 생각된다. 한 달에 217만 8,000원이 필요하다면 1년에는 2,613만 6,000원이 필요하고, 은퇴 후 기간을 40년으로 잡는다면 10억 4,544만 원이 필요하다는 계산이 나온다.

많은 사람들이 '노후 자금 10억!'이라면 겁부터 집어먹는다. 월 500만 원을 버는 사람이 월급 전체를 털어도 20년을 모아야 하는 돈이니 겁을 안 먹으면 이상한 일이다. 보험 영업을 하는 사람들은 이러한 공포심을 자극해서 수입의 상당 부분을 들여 연금 상품에 가입하도록 유도한다. 하지만 노후 자금을 전부 연금 상품으로 마련해야 하는 것은 아니다. 일단 국민연금과 퇴직연금으로 상당 부분이 뒷받침되고, 내 집이 있다면 주택연금을 활용할 수 있다. 이를 제외한 나머지를 별도로 준비하면 된다.

그런데 보험 영업을 하는 사람들은 이런 장치들을 싹 무시하고 10억 원만 내세운다. 국민연금도 못 믿겠고, 퇴직연금도 못 믿겠고, 다믿을 것이 못 되니까 자기들이 판매하는 상품에 들라는 식으로 기존제도의 불신을 자극한다. 그러면 겁을 먹고 연금 상품에 많은 돈을 집어넣는 사람들이 많다. 장기적으로 그만큼의 돈을 계속 불입할 수 있는지는 깊게하지 않고 '돈이 그만큼 필요하다는데' 하는 생각에 가입했다가 중도 해지하고 보험회사에게 좋은 일만 하는 일들이 비일비재하다.

국민연금은 '용돈 연금'?

물론 국민연금만으로 충분한 생활비를 확보할 수는 없다. 현재의 국민연금은 명목소득 대체율, 즉 40년 동안 보험료를 납부했다면 일하고 있을 때의 평균 소득 대비 받을 수 있는 연금 액수는 2016년 기준으로 46퍼센트가 되도록 설계되어 있다. 처음 국민연금이 나올 때에는 60퍼센트였지만 기금 고갈을 늦추기 위해 해마다 0.5퍼센트씩 낮추어 2028년까지는 40퍼센트 수준까지 낮추도록 되어 있다. 하지만지금 실제 연금을 받고 있는 사람들 중에 40년을 유지한 장기 가입자는 적은 편이다. 2015년 기준으로 실질소득 대체율, 즉 실제로 국민연금을 받고 있는 사람들의 소득 대체율은 21.9퍼센트다. 시간이 흐를수록 장기 가입자가 늘면서 실질소득 대체율은 명목소득 대체율에점점 가까워질 것이다. 지금의 40대라면 대략 30퍼센트 선까지는 이를 것이다.

20퍼센트든 40퍼센트든 일할 때의 소득에 절반에도 미치지 못하기 때문에 '용돈 연금'이라는 말이 나오기는 하지만 이 정도의 기반이 안정적으로 평생 공급되는 것은 절대 무시할 일은 아니다. 예를 들어 평균 소득이 월 400만 원이던 사람이 실질소득 대체율 30퍼센트로 국민연금을 만 65세부터 20년 동안 받는다면 2억 4,000만 원에 이른다. 노후 자금이 정말로 10억 원이 필요하다면 4분의 1에 가까운 금액을 뒷받침해 주는 것이다. 이 돈을 스스로 준비해야 한다고 생각해 보라. 국민연금을 용돈 연금 정도로 치부해서는 안 된다.

하지만 더 중요한 점이 있다. 국민연금은 물가 상승률에 맞춰서 연금 액수가 오르도록 설계되어 있다. 즉 인플레이션으로 돈의 가치가 떨어져도 소득 대체율을 유지할 수 있다. 개인연금 상품도 이자를 통해서 어느 정도 보상은 되지만 국민연금의 인플레이션 보상 효과에는 미치지 못한다. 변액연금은 투자를 통해서 수익률이 결정되므로 장기 가입을 하면 좀 더 많은 보상 효과를 얻을 수 있겠지만 역시 국민연금의 수준에는 미치지 못할 확률이 높다. 게다가 이것은 돈이 적립될 때의 이야기고, 연금을 받을 때는 인플레이션 보상이 사실상 없다. 시간이 흐를수록 개인연금의 소득 대체율은 점점 하락한다. 국민연금의 소득 대체율이 당장은 용돈 정도 수준으로 보일지 몰라도 개인연금으로 그만한 '용돈'을 받으려면 국민연금 불입액보다 훨씬 많은 돈을 넣어야 한다는 사실을 기억하자.

퇴직연금과 노란우산공제를 활용하라

그다음으로는 퇴직연금이 있다. 직장인의 경우에는 국민연금과 퇴직연금을 합치면 노후 자금의 상당 부분을 확보할 수 있지만 문제는 자영업자나 프리랜서다. 여기서 생각해 볼 수 있는 것이 노란우산공제다. 이것은 원래 중소 상공인들을 위한 정책 금융 상품이지만 가입 범위가 확대되어 연예인, 방송작가, 프리랜서, 일용직 근로자, 아르바이트 근로자들까지도 가입할 수 있다. 심지어 직장인도 가외로 수입을 얻어서 사업소득 원천징수를 받은 기록이 있으면 가입할 수 있다.

2016년 12월 기준으로 한 달에 25만 원씩 10년을 불입하면 원금은 3,000만 원이지만 세후 실지급액은 약 3,325만 원으로 수익률도 좋은 편이다. 그런데 노란우산공제의 진짜 중요한 장점은 소득공제다. 연 300만 원까지 추가 소득공제를 받을 수 있으므로 월 25만 원을 불입하면 전액 소득공제를 받아 10년 동안 총 792만 원의 절세 혜택을 받을 수 있다. 또한 공제금은 법적으로 압류가 금지되어 있기 때문에 위기 상황에서도 최소한의 자금으로 활용할 수 있다.

노란우산공제는 만 60세 이상으로 10년 이상 납입을 했다면 지급 청구를 할 수 있으며, 그 전에는 폐업이나 법인 대표의 질병 또는 부상으로 인한 퇴임과 같은 특정한 사유가 있어야 페널티 없이 지급 청구를 할 수 있다. 지급은 일시불이 원칙이지만 공제금이 5,000만 원 이상 적립되어 있고 만 60세를 넘었다면 5년, 10년, 15년 중 한 가지 기간을 정해서 매월 또는 분기 단위로 분할 지급을 받을 수 있다. 중도 해지를 하더라도 31회 이상, 즉 2년 7개월 이상 납입했다면 원금은 건질 수 있으므로 일반 보험 상품보다는 나은 편이다. 분할 지급을 받을 만큼 적립하지 못했다고 해도 일시 지급을 받아서 즉시 연금과 같은 상품에 넣어서 연금을 받을 수 있으므로 자영업자와 프리랜서라면 미래를 대비해서 노란우산공제를 적극 활용하는 것이 좋다.

주택을 가지고 있다면 주택연금을 생각할 수 있다. 주택연금은 현재 살고 있는 집을 담보로 한국주택금융공사로부터 평생 연금을 받고, 사망 후에는 집의 소유권이 공사로 이전된다. 부부가 모두 사망할 때까지는 연금 액수가 그대로 유지된다. 만약 받은 연금의 총액이 주택 처분 금액보다 적다면 남은 차액이 상속인에게 돌아가고, 반대로 연금 총액이 처분 금액보다 많아도 상속인에게 부담을 지우지 않는다. 현재의 주택연금은 수급자에게 상당히 유리하게 설계되어 있다. 이는 반대로 보면 한국주택금융공사에게는 별로 좋지 않은 조건이라는 뜻이 될 수 있으므로 앞으로는 조건이 나빠질 가능성이 높다. 또한 앞으로 주택 가격은 여러 가지 구조적 요건으로 길게 보면 하락 쪽으로 향할 확률이 높고, 그러면 주택연금으로 받을 수 있는 돈도 줄어들 것이다. 따라서 가입 요건이 된다면 제도가 바뀌기 전에 신청하는 것이 좋다.

개인연금은 내가 정한 노후 생활 기준에 따른다

국민연금, 퇴직연금이나 노란우산공제, 그리고 주택연금과 같은 수단으로 마련되는 노후 생활비에 더해서, 이제 개인연금을 생각해 보자. 개인연금으로 어느 정도의 노후 대비를 할 것이냐는 노후 생활에 대한 만족도를 얼마로 정하느냐에 따라 달라진다. 노후의 만족도를 위한 경제적인 기준이 높으면 높을수록 연금에 투입해야 할 금액이 많아지고, 기준이 낮아지면 그 반대일 것이다. 더 많은 돈을 불입하는 것도 방법이지만 만족도의 기준을 낮추는 것도 방법이다.

이와 같이 여러 가지 제도와 상품을 사용하면 노후에 정상적인 생활이 가능한 생활비를 마련하는 것은 그렇게 겁먹을 일이 아니다. 오히려 보험 영업자들의 공포 마케팅에 넘어가서 지나치게 많은 보험료를 연금 상품에 투입했다가 계약 유지를 못하고 중도 해지를 하면 노후 대비에도 더 좋지 않다. 일반적으로 노후 준비는 '국민연금-퇴직연금-개인연금'으로 이어지는 3층 구조로 준비하면 큰 걱정 없이 노후를 맞이할 수 있다. 물론 주택연금이나 노란우산공제 같은 추가적인 수단을 활용할 여력이 있다면 더더욱 안정된 노후를 맞이할 수 있다.

또한 은퇴 이후 노후의 삶이 어떻게 변하는지도 고려해야 한다. 많은 사람들이 노후 전체를 하나의 범위로 생각하지만 노후에도 각각의 시기별로 무엇이 중요한지를 생각해 볼 필요가 있다.

먼저 노후 기간 동안의 '일'에 관한 문제가 있다. 평균수명이 70세 정도일 때에는 은퇴 후 10년 정도를 살다가 세상을 떠난다. 10년 정도라면 퇴직금과 그동안 모아 놓은 자산으로 충분히 생활할 수 있기 때문에 이 기간에 굳이 일할 필요를 느끼지 못했다. 그 시대에는 이 기간을 '여생', 즉 남아 있는 여분의 삶으로 여겼다. 지금은 은퇴 이후의 기간을 즐기고만 살기에는 너무나 길다. 이제는 은퇴 이후의 삶이 여생이 아닌 인생의 제2막인 시대다. 즉, 은퇴 이후에도 일하면서 인생

2막의 소득을 생각할 필요가 있다. 일을 하면 돈을 벌기 때문에 은퇴 이전의 수입에 미치지 못한다고 해도 노후의 재정에 큰 도움이 되는 한편 몸을 움직이므로 건강에도 도움이 된다. 꼭 돈을 버는 일이 아니라고 해도 자원봉사 같은 일 역시 자신이 여전히 사회에서 필요로 하는 존재라는 보람을 느끼게 되고 소비적인 노후로 흐를 위험을 막아주는 긍정적인 기능을 한다.

70세 이후에는 의료와 요양 문제가 중요해진다. 대개 70세부터는 몸에 이상이 오기 시작하고, 80세 이후부터는 병석에 눕게 되는 시간이 점점 많아진다. 따라서 70세부터 80세까지는 병원을 오가는 의료비가 중요해지고, 80세 이후에는 요양 치료가 은퇴 대비의 주안점이 된다. 시간의 흐름에 따른 노후의 변화를 이해하고 이에 맞춰 연금과 보험을 준비하면 효율적인 맞춤형 노후 준비가 이루어질 수 있다.

노후를 대비한
보장성 보험 구조 만들기

노후의 의료비나 요양을 위해서 많은 사람들이 선택하는 것은 아무래도 보장성 보험이다. 이 상품을 지혜롭게 활용하면 노후에 도움이 되는 것이 사실이다. 하지만 많은 사람들이 과다한 보험료를 내면서도 정작 필요한 보장을 받지 못하는 것이 현실이다. 나중에 노후가 되어서야 나에게 필요한 치료비가 제대로 보험 보장이 안 된다는 사실을 알고 후회하곤 한다.

보험을 가입하는 기준으로 우리가 권하는 것은 이른바 '다섯 손가락' 구조다. 엄지는 나중에 이야기하기로 하고, 검지는 의료실비 보장, 중지는 암 보장, 약지는 2대 성인병 보장이다. 이 중 2대 성인병 보험, 즉 뇌졸중과 심장 질환에 관한 보험을 선택할 때에는 특히 뇌졸중 부분의 보장 범위에 주의해야 한다. 뇌졸중은 크게 뇌출혈과 뇌경색으로 나눌 수 있는데, 생명보험회사의 상품들은 뇌출혈만 보장된다. 사실 뇌졸중 중에 뇌출혈보다 뇌경색이 4배 이상 많은데, 수지 타산이 맞지 않으니 뇌경색을 빼 버린 것이다. 많은 사람들이 이 점을 정확히 모르고 뇌출혈 보장을 뇌졸중이 다 보장되는 것으로 착각하고 가입을 한다. 뇌경색을 보장 받기 위해서는 손해보험회사 쪽의 상품을 별도로 가입해야 한다.

새끼손가락은 질병후유장해 보장이다. 생명보험회사에서는 종신보험이 기본적으로 주 보험이 되고 여기에 실비, 암, 성인병을 특약으로 가입하는데, 이것에 저렴한 특약인 후유장해까지 넣어서 가입하면 30대 중반 여성의 경우 6~7만 원 정도로 보장이 가능하고, 남자라면 8~9만 원 선에서 보장이 가능하다. 소득 수준이 높지 않은데 노후 의료비 공포 때문에 많은 보험료를 내고 있다면 끝까지 유지하지 못할 위험이 크다. 따라서 소득 대비 보험료를 10퍼센트 이내로 정하고 그 안에서 보험을 설계하는 것이 안전하다.

이미 앞에서도 말한 바 있지만 이 10퍼센트를 맞벌이 소득 대비로 잡아서는 안 된다. 여성이 고소득 전문직으로 일하고 있는 경우가 아니라면 대부분의 부부는 출산과 육아의 과정에서 외벌이가 된다. 부부가 정년이 될 때까지 맞벌이를 하는 경우는 정말로 드물다. 한쪽의 소득을 기준으로 해야 한다. 대부분 가정에서는 남자가 외벌이를 하겠지만 여성이 더 많은 소득을 올리고 더 오래 일할 가능성이 높다면 반대일 것이다. 어느 경우든 부부 중에 더 오래 일하고 가정의 수입을 책임지는 사람의 소득만을 기준으로 10퍼센트로 잡아야 한다.

또한 연봉을 기준으로 하지 않고 세금을 제하고 실제로 들어오는 월 소득을 기준으로 해야 한다. 월 소득이 들쭉날쭉한 경우에는 소득이 많이 들어오는 달이 아니라 적게 들어오는 달, 또는 성과급이나 명절 보너스를 제외한 평균 월 급여를 기준으로 해야 한다. 아직 자녀가 없는 집이라면 앞으로 출산이나 육아 비용이 들어가는 것을 감안해서 7퍼센트 정도로 설정한다.

미혼은 혼자만의 보험료만 내면 되고 본격적인 노후 대비는 결혼 이후에 시작해도 늦지 않으므로 4퍼센트를 넘지 않도록 계획을 잡는다.

미혼인데 이미 소득의 10퍼센트를 보험료로 내고 있다고 가정해 보자. 그러면 두 사람이 결혼했을 때 보험료가 전체 수입의 20퍼센트가 된다. 이는 맞벌이에서 외벌이로 전환되면 보험료가 소득의 40퍼센트까지 치솟을 수 있다. 실제로 미혼일 때 250만 원을 벌면서 20만 원 정도의 보험료를 내던 두 사람이 결혼해서 월수입 500만 원 중 40만 원을 내는 가정이 많다. 출산 후에 외벌이로 전환되면 그 사이에 남편의 월급이 올라서 300만 원 정도의 월수입이 되기도 하지만, 생활비에 육아 비용도 팍팍한데 보험료가 40만 원이나 되어 허리가 휘는 가정을 많이 보아 왔다.

만약 현재의 사정으로 앞서 이야기한 네 손가락의 보장을 받기가 부담스럽다면 어떻게 해야 할까? 제한된 보험료로 최대한 효율을 생각하는 것이 좋다. 네 가지 보장의 우선순위는 검지, 중지, 약지, 새끼 손가락 순서로 보면 된다. 만약 2~3만 원 정도밖에 여유를 내기 어렵다면 의료실비보험만이라도 들어 두는 것이 좋다. 가장 저렴하게 가입할 수 있는 단독 실비보험은 보통 1만 4,000원 정도이고, 50대에 가입해도 2만 5,000원이므로 큰 부담이 없을 것이다. 종신보험을 들 것인가 정기보험을 들 것인가의 선택도 있다. 종신보험으로 30대 남성이 사망 또는 장해보험금 1억 원을 보장 받기 위해서는 25만 원가량의 보험료를 내야 한다. 반면 정기보험으로는 2만 원 정도의 보험료로 충분하다.

그러면 마지막 엄지 손가락은 무엇일까? 건강한 몸과 마음을 유지하는 것이다. 이것을 엄지에 놓은 이유는 앞에서 설명한 네 가지 보장보다 중요하기 때문이다. 그 어떤 보험보다도 좋은 것은 건강관리다. 건강할 때 잘 관리하고 좋은 생활 습관을 들이기 위해 노력하자.

03
최고의 노후 준비는
부부의 대화다

노후의 주거,
무엇을 하고 살지 생각하라

중앙부처의 공무원으로 오랫동안 일해 온 박건우 씨는 주거를 구할 때도 늘 세종로 중앙청사 접근성을 생각해서 지하철 5호선과 3호선 라인에서 가까운 집에 살아왔다. 이제 3년 후면 은퇴를 앞둔 박 씨는 요즘 새로운 집을 알아보고 있는 중이다. 10년 이상 재무 상담을 받아 오면서 계획적인 재무구조를 유지해 온 박 씨 부부는 아내도 공무원으로 생활해 왔기 때문에 그동안 모은 자산과 부부의 공무원연금이면 노후는 걱정할 것이 없었다. 머지않아 장남이 결혼을 하게 될 때에 맞춰 부부는 지금의 집을 아들에게 물려주고, 대신 결혼 비용은 아들이 전적으로 책임지게 한 후 그동안 모아 놓은 자산으로 부부가 살 집을 알아보고 있었다.

그런데 상담 과정에서 어디를 생각해 보고 있는지 알아보니 동대문 인근에 새로 분양되는 재개발 아파트 단지였다. 아직은 직장에 다니고 있기 때문에 이전처럼 광화문 접근성을 먼저 생각한 듯했다. 모델하우스를 보고 왔다면서 조감도를 보여 주는 박 씨에게 "그러지 말고 실제로 단지가 들어서는 지역에 한 번 가 보시죠." 하고 권했다. 3~4년을 살고 말 집도 아니고, 10~20년을 살아야 할 집인데 과연 그곳에서 노후를 보내는 것이 좋을지 생각해 보라는 뜻이었다. 1주일 동안 고민하면서 지역을 둘러본 박 씨는 이렇게 이야기했다. "직장에 다니지 않는다고 생각하면서 거기서 눈떠서 하루 종일 있다고 생각해 보니 최악이네요." 분명 교통의 요지이고 도심 접근성도 좋지만 노후의 주거 공간으로 필요한 곳은 어디일까? 게다가 아파트가 완공되고 입주할 때쯤이면 잘해야 정년까지 1년 정도 남을 것이다.

다시 박 씨에게 한 달 정도 시간을 가지고 노후의 삶을 어디에서 살 것인지를 생각해 보라고 권했다. 박 씨가 처음에 생각한 곳은 강동 지역이었다. 하지만 이쪽은 재건축 붐 때문에 가격이 너무 올라서 맞지 않았고, 결론적으로는 덕소나 미사 신도시 쪽을 선택하기로 했다. 부부가 손잡고 낮에만 가 보지 말고 밤에도 가 보면서 정말 노후에 살 만한 동네인지를 찬찬히 생각하고 대화해 보라고 권했다. 그리고 무엇을 하면서 일상을 보낼 것인지도 생각해 보라고 조언했다.

"그곳에 가면 하루를 어떻게 보낼지 스케줄을 잡아 보세요. 눈을

떠서 내가 누구를 만날 것인지도 생각해 보세요. 남편하고 부인이 늘 붙어 다닌다고 생각하지 말고요. 각자의 일상이 있으니까 남편과 부인이 각각 어디에 커뮤니티가 있고, 어떤 친구가 있고, 어떤 여가 생활을 할지 이런 것들을 함께 생각해 보세요."

박 씨 부부는 주말에 또는 함께 휴가를 내고 그곳을 여러 번 다녀왔다. 집만 알아본 것이 아니었다. 눈앞에 다가온 노후를 실감하면서 부부가 함께 대화를 나누는 그 시간이 좋았다는 게 박 씨의 이야기였다. 노후 이야기를 할 때 항상 비용만 이야기하지 말고 '무엇을 하고 살지'를 먼저 생각해 볼 필요가 있다. 별 생각 없이 소비적인 노후를 보낸다면 아무리 자금을 많이 마련해 놓아도 시간이 지나면 바닥이 난다.

여기에 중요한 영향을 미치는 것이 거주다. 어디에 사느냐에 따라 만나는 사람이 달라지고, 일상생활이 달라지고, 여가와 레저도 달라진다. 만약 자녀 교육 때문에 강남에 있는 사람이 노후에도 강남에 그대로 남아 있으면 생활비로 많은 비용이 들어가는 데다가 분주하고 북적이는 동네의 분위기도 감수해야 한다. 매일 바쁘게 살고 많은 사람들을 만나고 일하는 활동적인 삶을 유지하고 싶다면 강남에 그대로 있는 것이 좋을 수 있지만, 노후에 바쁜 일상보다는 여유로운 일상을 원한다면 이사를 고려해 봐야 한다. 단지 집값 문제만이 아니라 자신이 추구하는 노후의 삶에 따른 선택이 필요하다.

여유로운 노후 생활을 원하는 사람들은 종종 전원주택을 생각하지만 이 역시 신중한 선택이 필요하다. 예를 들어 전원주택 단지는 이웃과 자주 만나고 관계를 맺게 된다. 그런데 이웃이 자기와 안 맞으면 그만한 스트레스가 없다. 또한 전원주택은 교통이 불편해서 자동차가 필요한 경우가 많으며, 노후에 갑자기 몸이 아프거나 병원에 통원 치료를 받거나 해야 할 때에는 불편할 수 있다. 그래서 공기 좋은 곳에서 편안한 노후를 보내겠다면서 전원주택으로 이사를 갔다가 돌아오는 노년 부부들도 적지 않다. 그러므로 노후의 거주지를 선택할 때에는 한두 가지 주목되는 부분에 너무 꽂히지 말고 여러 가지 요소들을 함께 고민하면서 시간을 두고 선택해야 한다.

또한 노후의 인간관계도 미리 생각할 필요가 있다. 은퇴를 하면서 직장을 통해 맺은 인간관계는 대부분 유지하기 어렵다. 은퇴 이후에 인간관계가 급속도로 위축되는 사람들이 많다. 하지만 인간은 사회적 동물이고 죽을 때까지 사회적 관계를 맺고 살고 싶어 한다. 은퇴는 한편으로 인간관계의 구조조정을 필요로 한다. 교회나 사회단체, 봉사 단체, 여가 레저 모임과 같은 곳을 통해 인간관계를 유지하게 되므로 주거를 선택할 때에는 인간관계의 문제도 염두에 두어야 한다.

박 씨는 살면서 삶의 여유를 찾을 수 있는 그런 공간을 원했다. 예를 들어 낮에 차 한 잔 들고 창가에 앉으면 한강이 펼쳐 보인다거나 하는 공간이라면 좋을 것 같다고 생각했다. 최종적으로 박 씨는 덕소에 새로 분양되는 아파트를 선택했다. 48평형도 4억 원 정도의 가격이었기 때문에 큰 부담도 없었다. 이처럼 거주지의 집값이 싸면 상가 역시 임대비가 저렴하기 때문에 대체로 생활비도 저렴하다.

부부의 노후 준비,
돈보다 대화가 중요하다

앞서 언급했듯이 인간은 사회적 동물이고 평생 사회적 관계를 맺으면서 살아간다. 인간은 삶 속에서 자기 가족이나 주변 사람들과의 나눔, 그리고 사람들과 부대끼면서 느끼는 정서적인 교류가 없으면 외로워진다. 많은 돈을 가진 기업인이나 유명인이 방탕한 생활 끝에 빈털터리가 되거나, 심지어 마약이나 도박 때문에 법의 심판을 받는 일도 있다. 이들에게 왜 그랬는지 물어보면 '외로워서'라고 답하는 사람들이 많다. 돈은 많지만 인간관계가 고립되면 술이나 유흥, 소비에 빠지고 그러한 자극조차도 재미가 없어지면 극단적인 재미를 추구하는 단계로까지 나아간다.

나이가 들면 돈이 있어도 외롭다는 사람들이 많다. 노후를 위협하는 주요한 문제로 꼽히는 세 가지는 빈곤, 질병 그리고 고독으로 꼽힌다. 돈으로 인간관계를 살 수 있을지도 모른다. 사람들을 초대해서 파티를 열고 거기서 즐거움을 찾을 수도 있다. 하지만 그렇게 돈을 쓰다가는 오래가지 못한다. 또한 돈으로 맺어지는 인간관계에서 깊은 정서적인 교류를 느끼기에는 한계가 있다. 나이가 들면 비즈니스를 매개로 맺어진 관계의 상당 부분이 끊어지고 이익 관계가 아닌 사람들과의 인간관계가 중요해진다. 따라서 가장 가까운 곳에 있는 부부 사이에서부터 대화가 시작되어야 하는데 부부 사이에도 불통이 되면 노후의 인간관계는 큰 어려움에 봉착한다.

노후 준비에서 제일 중요한 것은 돈보다는 오히려 '대화'라고 할 수 있다. 부부가 충분한 대화를 하면서 서로를 이해하고 무엇을 하면서 노후를 보낼지 합의할 수 있다면, 노후의 그림이 명확하게 그려지고 재무에 관한 계획을 세우기도 쉬워진다. 그런데 대화에 어려움을 겪는 부부들이 의외로 많다. 우리나라의 노년 부부들이 흔히 겪는 주요한 문제 중 하나는 시간이다. 직장에 다닐 때에는 회사에 많은 시간을 쓰면서 모든 것을 쏟아붓는다. 가족과 함께하는 시간은 상대적으로 적고 아내가 주부라면 집안 살림은 거의 아내에게 맡기고 별 신경을 안 쓰다시피 한다. 아침에 남편은 회사에 서둘러 나가고, 밤에는 녹초가 되어 들어오면서 부부간 대화는 많지 않다. 그러다가 남편이 갑자기 퇴직하면 아내하고 붙어 있는 시간이 확 늘어난다. 시간은 늘어났는데 서로 관계는 서먹하다. 대화에 어려움을 겪기 때문이다. 서로 소통이 안 되면 함께 있는 시간이 늘어날수록 오히려 부부 관계가 더 나빠진다.

대화를 위해서 중요한 것은 대화의 자세다. 부부의 대화는 100분 토론이 아니다. 자기주장을 앞세우기보다 상대의 이야기를 잘 듣는 것이 중요하다. 나이 든 부부든 젊은 부부든 서로를 바라보면서 '저 인간은 왜 지금까지 안 변할까' 하고 생각하는 부부들이 많다. 대화를 하다 보면 서로 자기가 상대에게 뭘 해줬는지를 강변하고, 그러면 대화는 싸움이 되거나 끊어지고 노후 생활은 지옥이 된다. 생각을 바꾸어 "내가 당신한테 뭘 해줬으면 좋겠어?" 하고 물어보면서 서로가 원하는 것들을 이야기하고, 이러한 것들을 하나하나 실천해 나가면 부부는 노후를 행복하게 살 수 있다.

그렇다면 노후를 위해 남편은 무엇을 해야 할까? 첫째는 아내와의 대화 기법을 찾아내는 것이고, 둘째는 아내와 함께할 수 있는 취미 생활을 찾는 것이다. 이 두 가지를 찾아내야 노후에 소비 습관도 좋아진다. 약속이 있어서 친구들이 만나자고 해도 오늘은 아내와 약속이 있어서 안 되겠다고 거절할 줄 알아야 한다. 그런데 많은 남자들은 아내와 어디 가기로 약속을 해놓고서 친구에게 전화가 오면, 아내에게는 "다음에 가자."라고 말하고 친구한테 가 버린다. 이런 식이라면 노후의 부부 관계가 행복해지기 어렵다.

　노후의 초기에는 남편은 은퇴해서 집에 있는 시간이 많아지고, 오히려 부인이 밖으로 나가는 시간이 많아지는 부부가 많다. 자녀들도 다 키웠고 아침 일찍 출근에 맞춰서 식사 준비하고 출근 준비를 도와줄 일도 없으니 여러 가지 모임에 나가면서 남자 혼자 집에 있는 시간이 많아진다. 하지만 시간이 지나면 아내도 점점 바깥 활동이 줄어든다. 결국 남편하고 같이 보내는 시간은 길어지게 된다. 한 번쯤 곰곰이 생각해 보자. 아니면 휴가를 내고 아내와 함께 하루 종일 같이 있어 보자. 여행과 같은 거창한 계획이 아니라 평범한 하루를 아내와 함께 보낸다면 무엇을 할 것인가? 각자가 뭔가의 일에 몰두하거나, 함께 무엇인가 같이 즐길 수 있는 것을 하거나, 또는 특별한 일 없이 무척이나 지루한 하루를 보낼 것이다. 노후에는 날마다 그와 같은 일상을 살아야 한다. 20년, 30년 동안 무엇을 하면서 살까? 노후를 맞이하고 나서 후회하기 전에 부부가 더 많이 대화하고 더 많은 것을 함께할 수 있도록 준비해야 한다.

아무리 좋은 계획이라도
혼자서만 세우면 무용지물

상담 고객 중에는 노후 준비나 자녀 교육 문제와 같은 이유로 부부 사이에 불화가 생긴 뒤에 우리를 찾아오는 경우도 종종 있다. 30대 후반으로 두 자녀를 두고 있는 두 부부도 그와 같은 사례였다. 남편은 현재 직장인이지만 독립해 사업을 준비하고 있었고 아내는 전업주부로 아이들을 키우고 있었다. 이 부부에게 불화가 생긴 발단은 서울에서 지방으로 이사를 가려고 하는 아내 때문이었다.

아내는 자녀들을 치열한 경쟁 속으로 내몰기보다는 좋은 자연 환경 속에서 행복하게 자랄 수 있도록 만들어주고 싶었고, 그래서 지방으로 이사를 가고 싶어 했다. 남편도 개인사업을 시작하면 사업의 특성상 꼭 서울을 고집할 필요는 없었다. 그래서 아내는 별 문제가 없을 것이라고 생각했다. 그런데 의외로 남편의 반대가 거셌다. "내려가려면 당신 혼자 내려가라!"고 완강한 남편의 태도에 아내도 마음이 상했고 다툼으로 이어졌다. 두 사람을 만나서 상담을 해 보니, 자녀 교육에 대한 생각은 비슷했다. 남편 역시 아이들을 교육 경쟁으로 내몰고 막대한 돈을 쓰기보다는 아이들을 행복한 환경에서 자라게 해 주고 싶었다. 지방에 내려가서 아이들을 키우는 것에도 별 거부감은 없었다.

문제는 아내가 가려는 곳이 친정, 즉 남편에게는 처가 근처였기 때문이다. 아내의 생각으로는 친정에서 가지고 있는 땅이 있었기 때문에 여기에 집을 지으면 비용이 별로 안 들 것이라고 생각했지만 남편은 '자녀 교육 핑계를 대고 친정 근처에서 살고 싶어서 저러는 거 아니야?' 하고 생각했던 것이다. 부부가 앞으로의 계획이나 자녀 교육 문제를 놓고 그동안 꾸준히 소통을 해 왔다면 서로 이런 오해는 생기지 않았을 것이다. 하지만 서로 바쁘다는 이유로 그동안 대화를 많이 하지 않다가 아내가 지방으로 이사를 가고 싶다는 계획을 풀어놓자 부부 사이에 오해가 생기고 부부관계 악화로까지 이어진 것이다.

다행히 자녀 교육에 대한 생각은 부부가 같았기 때문에 상담을 통해서 서로가 가지고 있던 오해를 풀 수 있었다. 부부 사이에 소통만 계속 해왔다면 그다지 불화가 생기지 않을 문제들이었다. 남편으로서는 초기에 사업을 정착시키기 위해서는 시간이 필요하기 때문에 지방으로 내려가는 시기는 5년 후 정도로 잡고 준비를 해 나가기로 합의했다. 남편의 수입에 더해서 아내는 집에서 몇 달 전부터 개인 인터넷 쇼핑몰 운영을 시작했는데, 수입이 조금씩 발생하고 있어서 지방에 내려가더라도 큰 문제없이 한 달에 50만 원 이상 수입이 발생할 것으로 예상했다. 이 정도면 수도권에 비해 훨씬 저렴한 지방의 각종 생활비 덕분에 지금보다 남편의 수입이 줄어든다고 해도 여유 있는 생활이 가능하다.

이 부부는 서로 자녀 교육이나 생활에 대해 건강한 사고를 가지고 있었지만 소통 부족으로 불화가 생긴 경우다. 이와 비슷한 사례들이 중년이나 은퇴를 앞둔 부부들 사이에서도 종종 일어나는데 대표적인 경우가 귀농이다. 남편은 은퇴 후에 공기 좋은 농촌에 내려가서 농사를 지으면서 살고 싶어서 땅도 사 두고 집도 알아봤는데 은퇴를 얼마

남기지 않고 아내에게 자신의 계획을 이야기하니 아내가 '나는 못 가겠으니 이혼하라'고 펄펄 뛰는 바람에 부부가 냉전 상태가 되기도 한다. 아내로서는 갑작스럽게 서울 생활을 정리하고 농사를 짓자고 하니, 게다가 자기에게는 이야기도 제대로 안 하고 벌써 땅이나 집까지 알아봤다고 하니 아내는 더욱 화가 나는 것이다. 최악의 경우에는 부부 관계가 파탄으로 갈 수도 있고, 설령 어쩔 수 없이 귀농을 했다고 해도 부부관계의 불화가 한동안 이어질 가능성이 높다. 애초에 꿈꾸었던 자연 속의 행복한 귀농은 물 건너가 버리는 것이다.

계획을 세웠다면 배우자에게 이를 이야기하고 동의를 구해야 한다. 처음에는 반대할 수도 있다. 설득을 하고 타협해 가면서 합의점을 찾아야 한다. 합의를 보기 전에는 실행에 옮기지 않는 것이 좋다. 상대에게 이야기도 안 하고 몰래 준비했다는 사실을 나중에 알면 더욱 분노할 수 있기 때문이다. '상대가 내 뜻을 알면 좋아하겠지', '내가 이렇게까지 준비했다는 걸 알면 깜짝 놀랄 거야' 라든가 '반대하면 어떻게 하지? 그럼 내가 일단 준비 다 해 놓고 나서 이야기하면 나중에 가서 어쩌겠어.'라는 식으로 생각해서는 안 된다. 아무리 좋은 계획이라고 해도 부부 사이에 공유되지 않으면 불화의 씨앗이 되고 미래에 나쁜 영향을 미친다는 사실을 잊지 말아야 할 것이다.

두려움을 꿈으로 바꾼다면
당신의 삶은 달라질 수 있다

빛이 주는 고통을 조금만 알 수 있다면 누구나 빚지는 인생을 선택하지 않을 것이다. 출연료를 받는 즉시 빛 갚는 데 사용한다는 연예인 이상민 씨처럼 빛의 고통을 크게 겪어본 사람은 흔치 않을 것이다. 그가 TV에서 보여주는 모습을 보면, 빛을 갚기 위해 얼마나 절제해야 하는지 얼마나 많은 인내심이 필요한지를 짐작할 수 있게 한다.

앞서 이야기했듯 우리 두 사람 역시 뜻하지 않게 거액의 빚을 지고 어두운 시절을 보낸 적이 있다. 김의수는 부모님의 사업 부도로 연대보증의 부채를 안아 무려 20억 원이 넘는 부채로 파산에 이르게 되었고, 설상가상으로 아이가 중증장애를 갖고 태어나면서 그야말로 하루하루 입에 풀칠을 하며 생계를 이어 갔던 적이 있다. 백정선은 신중하지 못한 판단으로 30억 원이 넘는 엄청난 금액의 보증 부채를 지면서 자살 시도를 했을 만큼 고통스러운 시간을 보낸 적이 있다. 많은 사람들이 이러한 히스토리를 들으면 다들 어떤 방법으로 빛을 청산했는지만 궁금해 한다. 하지만 그보다 선행되어야 할 것은 '어떻게'가 아닌 '왜'다. 우리가 빚을 이겨 낼 수 있었던 중요한 동력은 가족의 행복을 위한 '작은 꿈'이었다. 가족이 흩어지지 않고 살 수 있는 작은 공간, 아이의 입에 들어갈 밥 한 공기 같은 것 말이다. 빚은 우리의 삶에 치명적인 타격을 주기에 두려워해야 하는 게 맞다. 하지만 그 두려움에 잠식되어서는 안 된다. 빚의 터널에서 빠져나오기 위해서는 돈을 쓰고, 누리는 것보다 나의 삶의 원천이 되는 가족들과 누리는 '삶의 기쁨'을 찾는 것이 필요하다. 더 자극적이고, 뭔가 가져야만 다른 사람과 차별되는 것처럼 보이는 현실 속에서 가족들과 함께 작은 것들을 행해보는 것이 우리의 미래에 희망을 가져다줄 것이라 생각한다.

가계 부채 문제를 해결하기 위해 정부와 사회 각계각층이 수많은 대안을 제시하고 있지만, 정작 가장 중요한 문제인 빚에 대한 개인의 이러한 태도 변화는 생각하지 못하는 것 같다. 우리는 이 책에서 빚으로 고민하고, 좌절하고 있는 분들에게 빚에 대한 태도를 바꾸고, 빚을 해결하는 방법을 실행할 수 있도록 용기와 희망을 전하고 싶었다.

너무나 빚지기 쉬운 세상이다. 시대의 조류를 따라가다 빚이라는 엄청난 늪에 빠지기 전에 삶에 대한 태도를 결정하자. 빚을 두려워하고, 가족들 안에서 누리는 작은 행복들을 찾아보자. 빚을 극복할 수 있다는 의지를 가져보자. 의외로 빚은 굳은 의지를 가지고 도전하는 사람에게 실타래처럼 풀리는 길을 열어준다. 희망의 사다리를 하나씩 놓는 작업부터 시작해야 하는데 가족의 지원이 가장 큰 힘이라는 사실을 기억하길 바라며 긴 글을 마친다.